DE L'ÉQUILIBRE

DU POUVOIR

EN EUROPE.

DE L'ÉQUILIBRE

DU POUVOIR

EN EUROPE.

TRADUIT DE L'ANGLAIS

DE GOULD FRANCIS LECKIE.

PARIS,

BAUDOUIN FILS, IMPRIMEUR-LIBRAIRE,

RUE DE VAUGIRARD, N° 36.

1820.

PRÉFACE

DU TRADUCTEUR.

C'est en vain que les peuples s'efforceraient d'affermir, par des institutions grandes et fortes, la liberté et la paix intérieures de leurs pays, si chaque jour des causes extérieures pouvaient menacer leur sécurité et leur indépendance. Il est donc aussi important de poser une balance égale entre les divers pouvoirs de l'Europe, que d'établir un juste équilibre entre les pouvoirs établis par le système constitutionnel d'une nation; et, travailler à l'amélioration du droit public général entre les puissances, c'est asseoir sur des bases plus solides le droit public particulier à chacune d'elles.

Ces considérations m'ont fait penser que, dans un temps où tous les esprits s'occupent avec ardeur de ce qui peut tendre au perfectionnement du système social, et dans un moment où le nouveau congrès d'Aix-la-Chapelle a fait éclore une foule de traités sur l'équilibre politique de l'Europe (1), le public ne lirait pas sans intérêt un ouvrage qu'a publié récemment à Londres un écrivain qui s'est fait connaître par plusieurs critiques estimées sur la politique de l'Angleterre (2). On trouve dans ce livre des développemens historiques qui pourraient presque le faire considérer comme un manuel de diplomatie, et une foule de vues, hardies à la vérité,

(1) Par MM. Jouslin de la Salle, Rey, de Pradt, etc.

(2) On foreign affairs (1806) on the practice of british governement distract, etc.

mais à la fois neuves et profondes. Mais le mérite qu'on se plaît surtout à y reconnaître, consiste dans l'esprit d'impartialité avec lequel il est écrit. Cette impartialité est telle, que je suis persuadé qu'il serait difficile au lècteur de deviner quelle est la nation de l'auteur, si les anglicismes, qui me sont échappés dans un travail précipité, ne décelaient assez son origine britannique. Je ne dirai rien de cette traduction ; le public la jugera, et je crains bien que ce ne soit pas avec trop d'avantage : mais, au reste, j'espère qu'il voudra bien pardonner les fautes qu'il pourra y rencontrer, en faveur de la jeunesse de celui qui les a faites.

Quelques personnes qui connaissent le texte anglais s'étonneront peut-être, en remarquant un changement, ou plutôt une transposition d'épigraphe. Un souverain seul pourra en concevoir les motifs ; mais ils sont d'ailleurs de peu d'intérêt pour le public, et je me dispenserai de les énoncer ici.

DE L'ÉQUILIBRE

DU POUVOIR

EN EUROPE.

INTRODUCTION.

Les peuples pourraient peut-être dégénérer, si quelquefois des guerres ne s'élevaient entre eux; mais, quand ces guerres se prolongent et se multiplient, elles deviennent alors un des plus grands fléaux qui puissent affliger l'humanité. On doit donc voir avec étonnement qu'aucun homme d'état n'ait cherché jusqu'ici à découvrir quelles sont, dans les principes et la politique des nations, les causes qui rendent le retour des hostilités si fréquent, leur durée si prolongée et l'état de paix si précaire.

L'idée abstraite et spéculative de quelques philosophes de cabinet, qui ont supposé qu'un jour la sagesse et la vertu des hommes donnerait au monde une paix éternelle, est une de ces magnifiques chimères qui peuvent amuser un moment, mais qui ne sauraient instruire; car, en supposant même que les leçons des moralistes pussent produire assez d'effet sur les peuples pour les conduire à un aussi haut degré de civilisation, l'oisiveté et la mollesse, suites ordinaires d'un long repos, ne tarderaient pas à jeter partout le trouble et la confusion; et nous nous retrouverions alors au même point d'où nous serions partis. D'ailleurs les irruptions des barbares éloignés, contre lesquels l'ordre établi ne donnerait plus de suffisantes garanties, ramèneraient bientôt la guerre. L'histoire des nations, après les bouleversemens que produirait inévitablement l'arrivée de ces peuples belliqueux, nous offriroit de nouveau le même chaos de traités d'invasions et de conquêtes, dont l'histoire du temps passé a été remplie. Le but de cet ouvrage n'est pas d'occuper le lecteur avec de pareilles théories. Nous chercherons si, en établissant un vaste système d'états indépendans, combinés d'après de justes proportions, on ne pourrait point assurer la paix pour des périodes plus longues, et mettre les puissances dans une position relative telle que les guerres devinssent moins générales, et leurs causes moins puissantes et moins nombreuses.

Les écrits des plus grands historiens, et ceux des philosophes, sont pleins de reproches contre les souverains et leurs états, pour leur aveugle et déplorable ambition, qui plonge l'humanité, pour les causes les plus frivoles, dans les débats les plus désastreux. Cependant, aucun d'entre eux n'a cherché encore, jusqu'ici, à trouver, sinon les moyens de l'enchaîner entièrement, au moins de la modérer en partie. La soumission des états indépendans aux jugemens d'un conseil amphictyoniqne, ou à une diète générale, comme en Allemagne, est un système dont l'insuffisance est depuis long-temps reconnue.

Le lecteur judicieux n'attendra pas de moi des plans aussi futiles. Des considérations sur les événemens passés, et en même temps sur la nature de l'homme, formeront la base du plan que je me propose de développer, pour donner aux différentes nations de l'Europe une tranquillité plus durable et plus sûre. A cet effet, il est nécessaire d'attacher des idées claires et nettes à une expression dont beaucoup de monde se sert, mais que peu de personnes savent apprécier à sa juste valeur; c'est-à-dire, l'équibre du pouvoir.

La première idée de cet ouvrage m'a été suggérée par les discours de quelques nobles lords de la chambre des pairs, en 1814, qui espéraient, disaient-ils, voir la balance du pouvoir en Europe se rétablir sur les ruines du trône de Napoléon. Ils n'expliquaient pas néanmoins ce qu'ils se proposaient par le rétablissement de cet équilibre : s'ils espéraient remettre tout dans l'ancien état de choses, ou bien s'ils comptaient en établir un nouveau, soit général, soit partiel. Je songeai alors que des recherches bien dirigées sur la nature, l'histoire, les vicissitudes et les oscillations de l'équilibre du pouvoir, pourraient améliorer la diplomatie des temps modernes. Mais, comme l'histoire du genre humain présente presque toujours, d'un côté, des efforts pour renverser, et de l'autre, des efforts pour maintenir cet équilibre, j'ai pensé que quelques considérations historiques sur les différentes phases qui se sont succédées depuis les dix derniers siècles, c'est-à-dire, depuis la conquête des Francs sur les Gaules, en Germanie et en Espagne, pourraient présenter quelque intérêt, en répandant une vive lumière sur l'état présent de la politique. Quoique je ne me dissimule pas que l'importance d'un tel sujet demanderait une main plus habile que la mienne, j'ose me flatter, néanmoins, de démontrer clairement que les désordres et les révolutions qui, durant cette période, ont désolé l'Europe, ne proviennent que du défaut d'équilibre dans le pouvoir, de l'inexpérience des peuples, et de l'ignorance et de la superstition, qui ont si long-temps ensanglanté le monde, et, plus encore que tout cela, des prétentions inconciliables, laissées par les princes à leurs successeurs, sur leurs couronnes. Le temps seul peut montrer si l'adoption ou le rejet des conséquences que j'ai tirées du tableau que j'ai tracé, pourra améliorer ou non l'état des nations. Si une heureuse expérience établit la vérité de mes raisonnemens, et si une favorable combinaison d'événemens fait tourner mes vues à l'avantage du bien public en Europe, j'aurai eu le bonheur d'avoir été utile à l'humanité. Je n'ose espérer voir l'accomplissement de ces vœux : le peu de temps que nous avons à vivre m'empêche d'y songer. Mais quelques diplomates pourront peut-être un jour tirer quelque fruit de mes réflexions, et cela seul suffit pour m'encourager à achever la tâche que je me suis imposée.

Tel est le plan de cet ouvrage : tracer

d'abord le système partiel de l'équilibre dans les anciens temps, et sa rupture lors de la domination universelle des Romains; en second lieu, décrire l'irruption des barbares, et les troubles qui ont précédé le temps de Charlemagne, et la naissance du pouvoir ecclésiastique jusqu'au commencement du 9e. siècle; considérer ensuite dans quatre périodes le poids et l'influence respective des différens états dans la balance générale; indiquer enfin une division de territoire possible, capable et d'assurer la durée de l'équilibre du pouvoir, et de conduire à une paix et à une prospérité générale.

L'état perpétuel de guerre entre les républiques de la Grèce aurait dû porter quelques hommes distingués de ce temps à s'occuper de ce sujet; mais, privés de monumens historiques, dont ils pussent tirer des conséquences, ils semblent ne s'en être occupés que superficiellement. Un seul ouvrage de ce genre est parvenu jusqu'à nous, c'est le fameux discours, ou plutôt le pamphlet, adressé à Philippe de Macédoine par Isocrate; il consiste à démontrer les avantages que retireraient les Grecs, en s'unissant dans une ligue offensive avec ce prince contre l'empire des Perses. Mais ce plan est imparfait, puisqu'il ne s'occupe point de la politique intérieure des différens états. Il ne propose aucun système d'une union fédérative; et, en conservant à chaque ville ses lois particulières, il n'investit pas seulement la couronne de Macédoine du droit d'arbitrer les différens qui pourraient naître entre elles.

Le défaut d'une telle convention devait être fatal à la Grèce aussi-bien qu'à la Macédoine; car, lorsque la guerre des Perses fut réalisée par Alexandre, les discussions entre ses généraux, pour le partage de sa succession, replongèrent tout dans le désordre; et la Grèce et la Macédoine, séparées de leurs conquêtes en Asie, devinrent dans la suite trop faibles pour résister aux Romains.

Plutarque, dans sa vie de Pyrrhus, s'avoue en défaut sur cet intéressant sujet. On ne peut concevoir, dit-il, comment ceux dont les idées de conquête embrassaient les mers, les montagnes et les déserts, et dont les vues n'étaient pas bornées par les limites naturelles de l'Europe et de l'Asie, pouvaient rester long-temps en repos, lorsqu'ils se touchaient et se querellaient les uns les autres.

Nous avons, dans un discours de Démosthène, en faveur des Mégapolitains, une preuve que les hommes instruits de la Grèce avaient conçu quelques idées sur l'établissement de l'équilibre du pouvoir. Dans ce discours, les raisons qu'il apporte pour persuader aux Athéniens de secourir les Arcadiens dans la guerre qu'ils faisaient aux Spartiates, alliés d'Athènes, présentent en petit un tableau des principes sur l'équilibre du pouvoir, comme on l'a conçu jusqu'ici. Deux causes en rendaient l'exécution impossible : la premiere provenait de la nature de leur gouvernement républicain, turbulent et peu stable; la seconde, de la petitesse de leur territoire, que l'on pouvait ruiner entièrement en un seul jour, en s'emparant de la capitale.

Ces considérations historiques et ces réflexions nous conduisent à examiner en quoi le système européen des temps modernes s'éloigne de ces inconvéniens, et quels sont les obstacles qu'il présente à l'établissement d'un état de choses plus ferme et mieux établi.

La génération présente est en possession de mémoires plus ou moins parfaits des différentes nations, qui, sans remonter trop avant dans les fabuleuses légendes de l'antiquité, comprennent un espace de près de vingt-quatre siècles.

Le lecteur philosophe voit avec peine que ces annales ne présentent, pour la plupart, qu'une série de guerres, de crimes et de calamités de toute espèce.

Les états limitrophes n'ont jamais manqué de prétexte pour se faire la guerre. Les talens des plus grands hommes d'état se sont exercés à former les arrangemens les plus convenables pour assurer et prolonger les bienfaits de la paix. Mais les traités, si souvent formés et si souvent violés, sont une triste preuve de l'impuissance de leurs efforts. Le système d'un contre-poids entre les nations, pour rendre la guerre moins séduisante pour la rapacité et l'ambition des conquérans, n'est pas neuf parmi les hommes, ainsi que nous venons de le voir. Ses effets, néanmoins, ont été si infructueux, que tout ce qui a été établi s'est trouvé insuffisant, et quelque défaut a toujours engendré de nouvelles guerres et de nouvelles misères.

Si nous remontons aux temps les plus reculés de l'antiquité, nous trouvons la paix générale établie sur une vaste étendue de territoire, réduite sous la domination d'un seul chef. Mais cet état de choses entraîne nécessairement après lui l'établissement de lieutenans, chargés des pouvoirs du souverain; ce qui, joint à la dégénérescence, suite ordinaire d'un long repos, est une source inévitable de corruption dans chaque partie du gouvernement; et les voisins entreprenans sont bientôt engagés, par ces avantages, à renverser un pouvoir affaibli. L'empire des Mèdes fut renversé par les Persans, qui suivirent la même direction. Toute liberté civile s'est par degrés effacée de l'Asie, et c'est ainsi qu'elle est restée jusqu'à nos jours.

Tel était l'état de cette partie du monde lorsque les états de la Grèce, ayant établi de tous côtés des républiques guerrières, forment une lacune dans notre tableau. Les défauts de leur gouvernement intérieur, et les intérêts divers de tant d'états indépendans les uns des autres, produisirent une suite continuelle de guerres. Ce fut alors que les villes de Lacédémone et d'Athènes, soit pour leur propre défense, soit par ambition, formèrent autour d'elles une confédération. Thèbes s'éleva tout à coup avec une puissante influence, et l'intervention d'un troisième état semblait devoir rendre plus stable l'équilibre existant entre les deux premiers. Mais le moyen de les opprimer tous les trois fut trouvé par Jason, de Phère, comme on peut le voir dans le discours adressé aux Spartiates, par Polidamas le thessalien. La mort violente de Jason, et les troubles qui désolèrent ensuite la Thessalie, maintinrent, pour quelque peu de temps encore, l'indépendance de la Grèce, laissant le peuple se consumer en efforts impuissans pour donner de la consistance à un système trop susceptible de révolutions violentes. On vit s'élever ensuite le pouvoir de la Macédoine; et les Grecs, incapables de profiter de leur indépendance, ou de se soumettre aux Macédoniens, présentent le tableau d'un rassemblement d'états sans aucun équilibre.

Les conquêtes d'Alexandre, et sa mort prématurée, remirent tout en désordre. Son expédition d'Asie, en privant la Grèce de ses défenseurs, fut, en derniere analyse, la cause de l'invasion des Gaulois; et la chute de l'empire des Perses occasiona, entre ses successeurs, de longues et mémorables querelles. Depuis ce temps, l'importance des républiques de la Grèce commença à s'affaiblir; et nous voyons si peu d'efforts pour la recouvrer, que l'on n'est pas surpris de voir les princes de la Macédoine détruire entièrement leur indépendance. Différant, par leurs usages et leurs lois, du reste de la Grèce, les Spartiates, qui ne pouvaient se coaliser en une confédération avec leurs compatriotes, empêchèrent ainsi la réunion de tous les états sous une seule forme de gouvernement, et furent un des plus grands obstacles à la ligue achaïenne. Les armes d'Antigonus décidèrent du destin de Cléomènes. La rapacité et l'infâme injustice des Étoliens excitèrent de nouvelles discordes, et la Macédoine les eût tous subjugués, s'ils n'eussent appelé les Romains en Grèce.

Alors l'établissement de chaque système était empêché par l'apparition sur la scène de quelque nouveau pouvoir, qui changeait tout-à-fait les relations réciproques de chacun. Si nous traçons l'élévation du pouvoir de Rome, depuis son origine jusqu'à la période la plus rapprochée de nous, nous verrons les mêmes accidens exercer la même influence dans les relations des états voisins indépendans, mais amener des résultats bien différens. Bornés dans leur origine à un territoire très-étroit, les Romains conquirent par degrés les états voisins, ne formèrent qu'un corps avec ceux qu'ils avaient subjugués, et leur politique, que les Grecs n'eurent jamais, fut d'élever leurs alliés au rang de citoyens de l'état souverain. Par cette adroite conduite, Rome se vit bientôt à la tête d'une grande partie de l'Italie, et se mit en état de lutter avec la confédération étrurienne, et d'étendre enfin son empire jusqu'à l'extrémité méridionale de la péninsule. Cependant elle fut souvent attaquée par les Gaulois, qu'elle repoussa par sa discipline et son courage.

A l'époque que nous devons examiner, les peuples voisins de la Méditerranée perfectionnèrent, plus que toute autre nation de la terre, le système social et les arts; néanmoins on ne peut pas dire qu'il existât entre eux aucun équilibre de pouvoir. La Grèce, l'Asie-Mineure, la Syrie, l'Égypte, formaient une masse hétérogène de rapports confus, sans ordre ni stabilité, propres seulement à exciter et à nourrir l'ambition de chacun, suivant les occasions; et, quoique nous voyons une foule d'efforts infructueux pour les consolider, ils étaient en général mal compris, imparfaitement développés, et restaient sans effet. On vit dans la Grèce s'établir une seconde classe découlant naturellement de la position respective des différens états. Rome dominait sur l'Italie; l'Espagne, ravagée dans son intérieur par des chefs barbares, était en partie subjuguée par Carthage; la moitié de la Sicile était une province de cette république, que sa puissance et son commerce mettaient à la tête des nations de l'Afrique.

Ainsi, en trois différentes parties, se forma un système de relations extérieures, porté sur trois points principaux, la Grèce, Rome et Carthage.

Ces deux dernières puissances se rencontrèrent en Sicile; mais leur pouvoir ne fut balancé que le temps nécessaire pour savoir laquelle des deux l'emporterait. Carthage fut soumise, et la scène devint plus vaste. Les affaires de la Grèce furent impliquées par degrés avec celles de l'Italie; mais son peu d'union, et l'infériorité du pouvoir de la Macédoine, décidèrent en faveur de Rome. Antiochus, le plus puissant de ceux qui, en Asie, avaient succédé aux dépouilles d'Alexandre-le-Grand, s'aperçut, lorsqu'il était trop tard, du tort qu'il avait eu de laisser les Romains prendre des points d'appui dans la Grèce et dans la Macédoine, et son exemple n'instruisit pas davantage le roi d'Égypte et les autres princes de l'Asie, qui furent soumis à leur tour par ces conquérans de l'univers.

Si nous réfléchissons sur ces vicissitudes, nous trouverons qu'une de leurs principales causes provient de ce que dans l'Asie-Mineure, la Grèce, l'Afrique et l'Italie, la science politique du gouvernement se concentrait dans elle-même. Ceux qui le composaient s'étudiaient à établir un équilibre entre eux, sans prendre garde au contact de leurs voisins ; le théâtre de la politique extérieure venant s'offrir tout à coup à leurs yeux étonnés, leur position respective venant à changer, tout tombait dans la confusion. Dans ce moment les Romains, meilleurs hommes d'état et meilleurs soldats, surent faire tourner les événemens à leur avantage, et finirent par tout dominer. Lorsque la suprématie de Rome fut ainsi établie, les guerres civiles terminées, les formes républicaines abolies, et les formes monarchiques introduites dans le gouvernement, les idées de conquête furent abandonnées; alors toute balance cessa d'exister, excepté à l'égard de la Perse; les barbares du Nord n'avaient pas encore paru sur la scène, et le monde civilisé ne formait qu'un empire.

L'imperfection de l'équilibre de l'ancien monde, et ses vacillations continuelles, avant que les Romains ne réunissent par leurs conquêtes l'Europe en un seul corps civilisé, ne peuvent avoir que peu de connexion avec le système politique des temps modernes. La période dans laquelle nous allons diriger nos recherches, commencera donc de l'établissement des nations qui se formèrent sur les ruines de l'empire romain ; et c'est véritablement à l'origine et à l'histoire de ces nations que les états de l'Europe doivent leur forme actuelle. Si l'on ne décrit les différentes combinaisons de circonstances qui amenèrent ces résultats, il est impossible de porter un jugement éclairé sur l'état politique de cette partie du globe. Ces recherches seront utiles et même nécessaires pour l'homme d'état qui, non-seulement à présent, mais encore dans la suite, pourra être employé à la négociation et à la conclusion des traités de paix. N'est-il pas, en effet, impossible de proposer des arrangemens pour l'avenir, sans connaître l'état de l'Europe au commencement de la guerre de la révolution, et quelle série d'événemens amenèrent à cet état de choses? Pour remonter à leur source, nous jeterons un coup d'œil rapide sur ces nations dont l'établissement dans les temps reculés a amené la formation des royaumes actuels de l'Europe.

Un désir effréné de conquête engagea les différentes hordes des barbares qui se succédèrent rapidement, à envahir le continent. Chacune avance sur le théâtre de la guerre sans vues déterminées, et la réaction de ces différentes impulsions finit enfin par tracer le tableau si chargé qui se développe à nos yeux. Il est évident que nos ancêtres grossiers n'eurent, pendant longtemps, aucune idée de l'équilibre du pouvoir; elle leur fut suggérée, à la fin, par la crainte et le sentiment de leur propre conservation. Quoique notre intention ne soit pas de tracer une histoire générale des événemens, mais d'indiquer seulement l'origine et les progrès de l'équilibre politique, il ne sera peut-être pas hors de propos de suivre ces nations depuis eurs premières expéditions militaires, jusqu'à leur fixation et leur mélange avec les peuples subjugués par elles. Quelques dates seront notées, et les progrès de chacune seront suivis séparément, mais brièvement établis, pour l'intelligence de la situation politique des affaires dans la période que nous entamons. Passons donc en revue les Goths, les Vandales, les Sarmates, les Huns, les Francs, les Allemands, les Lombards, les Sarrazins, les Saxons et les Normands. Ce seront eux qui, avec les papes, nous conduiront jusqu'au temps de Charlemagne, époque d'où est évidemment dérivé l'état présent de l'Europe moderne. Une connaissance préliminaire des événemens qui nous conduiront à ce point, me paraît digne de quelque attention; et, en vérité, il doit paraître difficile que sans elle un homme d'état ait des idées nettes sur l'état présent des affaires.

Les barbares qui renversèrent l'empire romain sont connus sous des noms divers aussi barbares qu'eux ; et cependant il ne paraît pas que toutes ces nations différassent entièrement de langage et de mœurs. Elles seront classées ici dans un autre ordre que celui qui a été suivi jusqu'ici par les autres historiens, afin d'éviter la confusion qui doit naturellement survenir, si on les considère séparément, sous les noms que chacune d'elles ont affectés : nous les diviserons en Goths ou Teutons, Sarmates et Huns. Les tribus celtiques paraissent avoir, dans des temps reculés, bouleversé l'Espagne, la Gaule et la Bretagne ; mais, après que les Romains eurent conquis ces contrées, elles n'ont rien fait de remarquable. Leurs descendans sont reconnus à leur langage, qui se parle dans l'Écosse occidentale, l'Irlande, le pays de Galles et la Bretagne ; et aussi, comme quelques écrivains l'assurent, dans une partie des Pyrénées. Dans tous les revers éprouvés par les Romains, cette nation ne se montra nulle part, et fut toujours en déclinant. César, dans ses Commentaires, dit qu'ils furent soumis par les Belges et les Aquitains, d'origine gothique : il est donc inutile de s'occuper plus long-temps de ce peuple.

La race gothique ou teutonique est la plus distinguée dans ces annales de barbarie. Les Goths, les Francs, les Bourguignons, les Lombards, les Normands issus de cette souche, les Gépides, les Hérules, les Alains et d'autres, parlaient tous la langue teutonique, dont l'allemand moderne est dérivé.

Les Sarmates sont un peuple distinct; les peuples illyriens sont aussi leurs descendans : le mélange de leur langage avec celui de la Russie et de la Bohême montre la connexion de ces dernières nations avec la horde sarmate. Les Bulgares, originaires du Volga, dans le voisinage d'Astracan, décèlent leur origine tatare; enfin le peuple de la Hongrie est issu de la partie orientale de la Sibérie, près des déserts de la Chine. Ces races n'intéressent que par la grandeur des nations qui en sont descendues, et, conséquemment, elles ne nous occuperont que par l'importance et la durée de leurs différens établissemens.

Pendant la période qui suivit la chute de la république dans Rome, et tandis que les armées romaines avaient encore conservé la discipline et l'énergie des temps anciens, les contrées de la Gaule restèrent provinces romaines, et les Germains, gouvernés par de petits princes, étaient incapables de résister au pouvoir des empereurs. Nous devons aux historiens de Rome l'histoire des premiers âges de la Germanie. Les guerres de Varus et de Germanicus prouvent combien il était difficile de les contenir. Il paraît qu'ils vivaient sous les ordres de chefs indépendans, qui, de temps en temps se confédéraient et se choisissaient un chef, lorsqu'ils méditaient quelque guerre ou quelque brigandage ; alors ils prenaient un titre. D'abord ce fut Goths, ou Gouten, c'est-à-dire, bon homme, brave et ferme. D'autrefois c'était une coalition universelle, et de là le titre d'Allemand, pour les mots *all men* tous les hommes; et de Francs, ou *free men*, hommes libres ; et de Vandales, du verbe *to wandilen*, *wander*, errer, parce que ces tribus menaient une vie errante et pastorale sur la côte de la Baltique. Les Longobards tiraient leur nom de leur longue barbe.

Vers le commencement du 5e. siècle, les Vandales, unis aux Alains et aux Suèves, envahirent l'Espagne ; et dans les mêmes temps, Stilicon appela ces nations dans la Gaule. Les Vandales demeurèrent dans la contrée anciennement appelée Bétique : les Alains se fixèrent en Portugal et dans le territoire de Carthagène ; étant entrés en Espagne sous le commandement de Genséric, roi des Vandales, ils furent engagés par le comte Boniface à passer en Afrique, où leur royaume exista près de deux siècles, jusqu'à ce qu'il fut enfin renversé par les armées de Justinien, dirigées par le célèbre Bélisaire. Cette guerre, dont Procope nous a transmis les détails, est un des plus déplorables événemens de l'histoire. Les qualités de Bélisaire soutenaient encore l'empire d'Orient penchant vers sa ruine ; mais les Byzantins ne purent conserver ce qu'avait acquis la valeur de ce général. Si les Vandales n'eussent pas été subjugués par les empereurs d'Orient, ils auraient pu dans la suite résister aux musulmans, qui envahirent la côte septentrionale de l'Afrique. Ils eussent cessé d'être barbares, et le pays qu'ils possédaient si près de l'Europe eût fait aujourd'hui partie du monde civilisé. Mais les Vandales sont depuis long-temps éliminés des annales de l'histoire, et ne sont plus, en conséquence, dignes de notre attention. L'irruption des Goths en Italie dans le 4e. siècle, sous le règne d'Honorius, et ensuite l'oppression de cette contrée par Ricimer, qui fit et défit des empereurs, ne doit être considérée que comme préparatoire à l'établissement du royaume des Goths en Italie. L'histoire de ce peuple (1), comme toutes les annales des barbares, présente peu d'intérêt au lecteur. Sans parler des ravages qui désolèrent l'Italie sous l'empire de Gallien, il suffit d'observer qu'ils étaient divisés en deux branches principales, issues d'une source commune : les Ostrogoths, qui, avant que de s'établir en Italie, occupaient la Pannonie, et s'étaient alliés avec Zeno ; et les Visigoths, qui avaient conquis la province d'Aquitaine, et occupaient un vaste pays, depuis les Pyrénées jusqu'à Tolède.

Les Goths, suivant Jornandès, donnèrent naissance à deux familles principales : les Visigoths, qui furent gouvernés par l'illustre maison de Balti ; et les Ostrogoths, qui le furent par celle d'Amalà. Sous le règne d'Honorius, la province d'Aquitaine fut assignée aux Visigoths. Toulouse était la capitale de ce royaume, qui prit alors le nom de Gascogne (2). Ce nouveau pouvoir, comme celui de tous les conquérans de nos jours, chercha, par diversmoyens, à étendre

---

(1) *Voyez* Jornandès, chap. 14.

(2) *Voyez* Paul Emile, de Reb. francorum, lib. 1

son empire par des empiétemens sur des provinces voisines. L'Espagne, comme nous l'avons vu, avait été occupée par les Vandales, lorsque Vallia, le troisième prince qui succéda à Autolphus, successeur de Rigurius, battit les Vandales en plusieurs rencontres. Ce prince mourut à Toulouse, au milieu de son triomphe, en 428. Après une suite de quatre rois, Théodoric V fut tué à Châlons dans une bataille contre les Huns, dont l'invasion avait été réprimée par les Visigoths dans l'Aquitaine. Alaric, le dernier roi de cette nation, fut tué en 507, à Poitiers, par Clovis, roi des Francs; et ainsi, tout le terrain depuis la Loire jusqu'aux Pyrénées fut ajouté aux possessions de ce dernier. Les Visigoths, chassés ainsi de Toulouse, s'établirent à Tolède. Il est inutile d'énumérer les successeurs de Gesalaric, qui rétablit la monarchie après les désastres que les armes de Clovis lui avait fait éprouver, et qui étendit son empire sur la plus grande partie de l'Espagne. On pourra se faire une idée du point de civilisation et de perfection auquel ces peuples étaient parvenus, en lisant l'ouvrage du savant Gianone. Le royaume des Visigoths florit en Espagne, depuis leur émigration de France jusqu'en 713, lorsque l'invasion des

Sarrazins altéra sa position, et rendit pendant plus de sept siècles cette péninsule le théâtre de guerres intestines.

Il faut rappeler ces circonstances au lecteur. Ces souverains de l'Espagne, qui reconquirent par degrés leur pays sur les musulmans, tiraient leur origine des rois goths; et l'union de ce royaume en un seul, sous Ferdinand et Isabelle, concentra en un seul point toutes les prétentions au trône qui dérivaient originairement de l'illustre maison de Balti.

Tous les écrivains assurent que les Francs, comme nous venons de le dire, étaient une branche de la souche des Goths (1). Il sera nécessaire de suivre les progrès de ce peuple, depuis les forêts de la Germanie jusqu'à leur établissement, en le considérant comme une des principales nations de l'Europe. Nous trouvons, depuis les temps anciens jusqu'à l'an 260, ces tribus teutoniques attaquant la Gaule sous le nom de Francs; elles furent repoussées par les

---

(1) Constantin Porphyrogenète, en parlant de ces nations, dit: εν ονομασιν μονον καὶ ουδενι ετερῳ διαλλαττοντεσ, *différentes seulement par le nom, mais en rien autre chose;* et dans le même chapitre, il dit: καὶ Γερμανους τους νυ καλομενους Φραγγους, *et ces Germains maintenant appelés Francs*, Part. 2, chap. 25. Const. Porphyrr;

empereurs Gallien et Aurélien, et enfin par Julien (1), après la mort duquel, suivant Sozime, ils passèrent le Rhin de nouveau sous le règne de Valentinien.

Il paraît qu'avant le temps de Clovis, les Francs avaient été établis dans la Gaule par un traité avec Julien, dans les environs de Cambray; vers l'an 486, ils battirent Siagrius, et placèrent le siége de leur monarchie à Soissons; et depuis ce temps, jusqu'à l'année 496, ils conquirent jusqu'aux Pyrénées, en chassant, comme nous l'avons observé, les Visigoths en Espagne; trois ans avant, Clovis avait épousé Clotilde, fille de Chilpéric, roi de Bourgogne.

Lorsque le royaume de France s'étendait entre la Wahal et le Rhin, en l'année 495, l'Armorique, ou la contrée placée entre les embouchures de la Seine et de la Loire, se soumit volontairement à sa domination.

Théodoric, roi des Ostrogoths, épousa Audeflède, sœur de Clovis, et ils formèrent entre eux une alliance, à laquelle Gondebaud, roi de Bourgogne et successeur de Chilpéric, fut sacrifié. Ses possessions furent donc divisées entre les Francs et les Ostrogoths (2). Ce fut par ces

(1) Constantin Porphyrogenète, lib. 4, chap. 3.

(2) M. Gentz, dans ses Fragmens sur l'équilibre du

moyens que les Francs prirent de l'extension en Gaule, et formèrent le royaume de France actuel. Il est inutile de nous occuper de la confusion qui exista dans la succession des princes qui suivirent Clovis : d'abord ils divisèrent l'empire en quatre royaumes ; il fut ensuite réuni sous les deux Clotaires et sous Dagobert. Cette politique vicieuse qui consiste à diviser les états des princes entre leurs enfans, fut une cause fréquente de guerres, que l'on a su prévenir dans les temps modernes. La faiblesse et la dégénérescence des princes mérovingiens, Clovis III, Childebert III, Dagobert II, Chilpéric II, établirent l'autorité de Pepin et de Charles Martel ; et Pepin, père de Charlemagne, est proclamé roi en 751 ; Charlemagne lui succéda en 786.

Ayant tracé brièvement l'élévation de la monarchie française jusqu'au huitième siècle,

---

pouvoir, considère le système de partition comme une invention nouvelle. Tout ce qui est physiquement possible sera un jour entrepris, à l'instigation des passions ou des intérêts du genre humain, et dans des états balancés par un bon système de politique internationale, un tel événement doit être prévu et calculé ; et il ne faut point déclamer contre, parce que déclamer est inutile en politique.

jetons un coup d'œil sur les contrées qu'arrosent le Rhin et le Danube, afin d'acquérir les notions nécessaires pour une revue politique de l'Europe, depuis cette même période jusqu'à l'histoire moderne.

Le commencement du 5e. siècle nous montre l'origine des principales nations de l'Europe et l'enfance du système politique actuel. Des troupes de barbares sortent de la Germanie, se jettent de tous côtés sur l'empire romain, le renversent, et établissent sur ses ruines les royaumes et les états des temps modernes. Ce désordre étonnant parmi les nations fut causé par l'émigration des Huns, des frontières de la Chine, leur sol natal. Cette race de Sibériens, chassée par les Chinois, gagna l'ouest, et s'établit sur le Tanaïs et sur les côtes du Pont Euxin. Leur aspect sauvage et leur langage inconnu jeta une telle terreur parmi les peuples limitrophes de l'empire romain, que Jornandès nous dit très-gravement, qu'on croyait que les Huns étaient une race de magiciens engendrés par le diable, les esprits et les démons, dans les déserts de la Sibérie. De cette nouvelle position ils chassèrent les Alains, qui chassèrent eux-mêmes les Goths; et ceux-ci, sous le règne de Gallien, se fixèrent entre le Danube et le Dniester. Les Goths, ainsi poursuivis, se jetèrent sur la Pannonie, où ils restèrent quelque temps. Là étaient les Ostrogoths, dont nous avons déjà parlé. Les Alains, s'unissant avec les Vandales, se frayèrent, à travers la Germanie et la France, un chemin jusqu'à l'Espagne.

Les Visigoths attaquèrent d'abord l'Italie; mais, se trouvant repoussés, ils marchèrent sur les pas des Vandales et des Alains en Aquitaine et en Espagne. Les Vandales furent donc introduits dans cette contrée par l'impulsion de ces derniers, et par l'invitation de Boniface qui les appelait en Afrique : ce fut là qu'ils établirent un royaume florissant, qui fut renversé dans la suite par les armes de Justinien.

Dans le même temps les Suèves, joints aux Allemands, prenaient possession non-seulement depuis la rive droite du Rhin jusqu'à celle du Mein, mais encore depuis l'Helvétie réthienne et la Vindilicie, jusqu'à la rivière Lech, qui fut en conséquence la limite de leur territoire, et qui de nos jours encore est frontière du cercle de la Souabe.

Les Angles et les Saxons, anciens habitans de Sleswic et du Holstein, passèrent en Bretagne sous la conduite d'Hengist et de Horsa, et y établirent la domination saxonne. Les

Hérules et les Ruges, peuples de la Poméranie, commandés par Odoacer, bouleversèrent l'empire de l'Occident, et formèrent le royaume d'Italie, après la mort du Goth Recimer.

Le temps du séjour des Ostrogoths en Italie, dont l'histoire a déjà été rappelée à la mémoire du lecteur, fut (malgré les déclamations des écrivains modernes trop crédules dans les rapports des auteurs byzantins) une des époques les plus heureuses de son histoire. L'invasion de Bélisaire amena une nouvelle suite de désastres sur ce malheureux pays. L'état languissant de l'empire d'Orient empêchait les empereurs de veiller à sa sûreté et à son gouvernement. Les Italiens étaient opprimés par la puissance faible et corrompue des Grecs. Narsès, qui remplaça Bélisaire, était en possession de Bénévent, avec un territoire comprenant le moderne royaume de Naples (1). Le pape Zacharie, Athénien de naissance, occupait le siége papal; et Narsès, obligé de continuer la guerre contre Téja, le dernier roi gothique, successeur de Totila, se vit forcé d'appeler à son secours Alboin, roi des Lombards, vers l'an 553. Les Goths furent entièrement défaits au pied

(1) *Voyez* Const. Porphyr., part. 2, chap. 27.

du mont Vésuve, et leur prince fut tué. Les dépenses de cette campagne obligèrent Narsès à retenir les comptes des revenus d'Italie, au préjudice de la cour de Byzance: on se plaignit à Constantinople; Narsès répondit en alléguant les dépenses de la guerre, et fit même de nouvelles réquisitions d'argent. L'impératrice Irène lui envoya un rouet et une quenouille, disant que de tels instrumens convenaient mieux à son sexe équivoque que le commandement des armées romaines. Eh bien! répondit Narsès, j'ourdirai une trame que les Romains ne sauront jamais débrouiller. Cette impolitique plaisanterie porta Narsès à appeler les Lombards en Italie, qui, joints par 20,000 Saxons, suivant Warnefrid, vinrent y établir le royaume qui porte encore leur nom (1).

La contrée que les Saxons abandonnèrent fut occupée par les Francs sous Clotaire et Sigisbert, dans l'an 575. Il faut remarquer, à l'égard des Lombards, qu'ils étaient Teutons, et originairement venus de la Scandinavie. Leur histoire, avant le temps d'Alboin, n'est remplie que de leurs guerres avec leurs voisins (2), avant qu'ils n'occupassent la Panno-

(1) Warnefrid, liv. 4, chap. 10.

(2) Const. Porphyr., part. 2, chap. 25.

nie, quelque temps avant les événemens dont nous venons de parler.

Nous voyons donc que dans le 5e. siècle les Francs occupaient la Belgique; que les Thuringiens s'étendaient jusqu'au Scheld; que les Bogariens, qui habitèrent long-temps le pays des Marcomans, peuplaient nouvellement la province de Noric et le territoire d'Ausbourg, en fondant, par le moyen de leurs colonies, la Bavière; que les Bourguignons, anciens habitans de la Poméranie et du Brandebourg, s'étaient fixés dans le pays qui porte encore leur nom; pendant que les Slaves et les Vénètes prenaient possession des pays qu'arrose la Drave en Carinthie et en Carniole. Ainsi donc, aucune nation de l'Europe ne peut, après ce que nous venons de voir, accuser ses voisins de violence ou d'injustice, puisque chacune d'elles doit son état actuel aux mêmes moyens que toutes les autres : et si la conquête peut donner un droit à ceux qui occupent actuellement, une conquête nouvelle pourrait transporter ce droit en d'autres mains. Moins de tels événemens deviennent fréquens, plus la société demeure tranquille; mais comme l'immoralité d'une mauvaise action serait une considération trop faible pour empêcher le retour de ces maux, nous abandonnerons les considérations morales dont ce sujet est susceptible, à des mains plus habiles que les nôtres; et nous nous occuperons des moyens politiques de prévenir de tels maux, en rendant les conquêtes plus difficiles et moins utiles pour les différentes nations.

L'histoire de ces particularités n'est pas étrangère à notre objet. Il était nécessaire d'indiquer les changemens qui, dans le 5e. siècle, bouleversèrent l'empire romain, et y substituèrent un ordre de choses qui a donné naissance à l'état actuel de l'Europe. Ayant donc tracé brièvement ces circonstances, il ne sera pas nécessaire de considérer l'histoire de France avant la dynastie carlovingienne; nous verrions une race faible de princes dégénérés, renfermés dans leur palais, et abandonnant le soin des affaires publiques et le commandement de leurs armées aux maires du palais; et montrant une pusillanimité, cause de leur destruction. Pepin, fils de ce Charles Martel si fameux par la victoire qu'il remporta sur les musulmans de l'Espagne, fut le premier qui prit le titre de roi. Il eut pour successeur Charlemagne; et c'est à dater du temps de cet empereur que nous nous proposons d'envisager l'état politique de l'Europe dans sa marche et ses changemens ; depuis cet important et mémorable événement, nous le suivrons jusqu'à la révolution française. Alors se développe une nouvelle sphère d'idées tout à-fait étrangères aux anciennes prétentions et à l'ancienne politique de la cour du Vatican.

Nous verrons Bonaparte cherchant à exécuter le plan de Charlemagne ; mais avec cette différence, que, tandis que l'un soutint l'établissement du pouvoir des papes, et facilita, pour les pontifes, l'établissement de la suprématie sur tous les princes de l'Europe : l'autre entreprit au contraire de l'abaisser et de la réduire à l'état le plus humiliant d'impuissance. Quand nous aurons dévoilé l'ambitieuse et cruelle politique de ces prêtres audacieux, quoique notre intention ne soit pas de diminuer l'indignation contre un souverain qui entreprit de soumettre l'Europe à son sceptre de fer, la postérité rendra néanmoins à Napoléon cette justice, qu'il a su porter le coup fatal au pouvoir qui chercha toujours à entretenir l'abaissement de l'esprit humain, et à perpétuer le vice et l'ignorance, et dont l'atroce politique fut toujours d'exciter des guerres dans toutes les parties du monde, pour maintenir sa splendeur, aux dépens de la paix et de la tranquillité du genre humain. Les papes ne pourront désormais tenir que leurs propres états dans l'ignorance et la barbarie ; une politique que tout le reste de l'Europe approuve, continue à diminuer leur influence et leur pouvoir, et finira bientôt, on doit l'espérer, par leur enlever l'un et l'autre.

Je n'ai pas la prétention de traiter ce sujet en théologien, et d'entrer dans des controverses religieuses sur la vérité ou l'erreur de tel ou tel dogme ou de telle ou telle secte. Je ne m'occuperai des différentes opinions qu'autant qu'elles auront quelque influence sur les transactions des temps dont je tracerai l'histoire. Je ne ferai point d'objections aux dogmes des catholiques ; et, quoique enfant de l'église anglicane, je n'élèverai point le mérite de ma secte aux dépens d'une autre ; quelque prédilection que j'aie pour la religion de mes pères, son apologie serait ici hors de propos. Des considérations froides et impartiales sur les événemens sont le seul but de cet ouvrage. Les catholiques verront néanmoins que c'est par des moyens qui ne sont pas essentiels à leur église, que leur chef s'est rendu un souverain indépendant, et qu'il n'est pas vrai qu'elle ne peut subsister sans un chef général ; que les papes ont été soumis au pouvoir séculier des empereurs d'Orient et d'Occident, et aux successeurs de Charlemagne, qui exerçaient un droit de patronage sur les affaires de l'église, et que cependant la religion florissait ; que la souveraineté de Rome fut une usurpation, et que la prétention de nommer à tous les bénéfices, fut un empiétement sur le pouvoir temporel, arraché à la lâcheté et à l'ignorance des princes et du peuple dans des temps de superstition et de barbarie, et que l'église ayant long-temps subsisté sans difficulté, malgré sa soumission au pouvoir temporel, rien ne pourrait l'empêcher d'exister de même encore.

La restauration de l'empire d'Occident par Charlemagne nous présentera un point principal d'observation. Cet empire avait été renversé par Ricimer le goth, et Odoacer roi des Hérules. Depuis environ 260 ans, les Italiens avaient cessé d'être Romains ; et, certes, les Francs n'avaient pas de droits à ce nom. Le pape, qui n'était pas alors un souverain (il était le sujet de l'empereur Léon), n'avait pas le droit de disposer d'une couronne détruite depuis long-temps, et de l'empire d'un corps politique qui avait cessé d'exister. Cependant cette jonglerie devint le principe actif de la politique en Europe, et ceux qui ont porté cette couronne de Birmingham(1), n'ont jamais entièrement abandonné leurs prétentions à l'empire d'Occident, tel qu'il existait du temps de Dioclétien.

Il ne sera pas étranger à mon sujet de dire quelques mots du couronnement de Charlemagne à Rome; le détail des circonstances qui attirèrent ses armes en Italie sera donné dans un prochain chapitre, où nous considérerons les événemens qui accrurent le pouvoir des papes.

Charlemagne fut reçu à Rome par le pape Léon, le 24 septembre 779, à la tête du clergé et du peuple, qui faisaient retentir l'air de leurs universelles acclamations. Léon, comblé des bienfaits de l'empereur, cherchait comment il ponrrait faire pour lui témoigner sa gratitude de sa libération du pouvoir de Didier, roi des Lombrads, et pour s'assurer un si puissant protecteur; il sentait qu'il avait plus à craindre qu'à espérer de l'empereur grec. Il imagina alors la ruse la plus ingénieuse pour rendre ce prince le patron du siége apostolique (2). Ce projet, qui n'était rien moins que d'élever Charles au rang d'empereur de l'Est, il osa l'exécuter. Et cet événe-

(1) L'auteur veut désigner par là le peu de solidité de cette couronne.

(2) Gianone.

ment a conduit les jurisconsultes à considérer l'empire d'Occident comme virtuellement transféré en France, quoique dans le fait ce ne fut dans le temps qu'un titre que les rois d'Italie prenaient, mais qu'ils avaient négligé. Cette prétention a été, comme nous l'avons vu, renouvelée par Bonaparte; et si nous remontons à son origine, nous la trouverons aussi juste et aussi fondée que celle de Charlemagne ou celle des empereurs d'Allemagne qui le suivirent. Cette vérité sera sensible si nous définissons clairement les termes. Le titre de roi annonce un souverain qui exerce son autorité sur un corps de peuple; et celui d'empereur, s'il ne signifie rien de plus, est un titre insolite, un vain apanage; mais s'il a quelque autre signification, il doit désigner un souverain seigneur de plusieurs autres princes souverains: ce qui non-seulement implique contradiction, mais encore dénote des prétentions incompatibles avec la tranquillité des nations. Si la maison d'Autriche élève ces demandes, elles doivent être regardées comme des folies; si elle les maintient, elle est aussi ennemie de ses voisins que Bonaparte l'était des siens, sans avoir la puissance de faire autant de mal. Pour démontrer que Charlemagne n'acquit rien de plus, qu'un vain titre, par la farce jouée par Léon, nous remarquerons que le pape et le peuple de Rome ne pouvaient lui donner un pouvoir sur le royaume d'Occident, qui pendantlong-temps s'était trouvé sous la domination d'autres princes. Il sera bon aussi de considérer que long-temps avant l'événement dont nous parlons, les empereurs grecs avaient perdu leur pouvoir sur presque toutes les provinces de l'Occident, que le droit de conquête avait fait tomber entre les mains de différens princes, et principalement dans celles de Charlemagne même; ainsi par cette acclamation il n'accrut point son empire, et ne priva l'empereur grec que de ce qu'il avait eu le soin d'acquérir par son épée. Gianone rapporte un passage de la vie de Charlemagne par Éginhard, qui raconte que les rois saxons qui régnaient en Angleterre, étaient si bien soumis à lui, que dans leurs lettres ils se reconnaissaient solennellement pour leurs vassaux. Si Napoléon n'avait pas été arrêté dans sa course, il aurait pu amuser et peut-être même troubler les Anglais par ses prétentions de supériorité sur les îles britanniques, quelque absurdes qu'on voulût les supposer, en tirant parti de ces monumens historiques. Comme une preuve des hautes prétentions des barbares empereurs de l'Occident, en conséquence de la farce jouée par Léon, il ne sera pas hors de propos de faire connaître quelques faits curieux. Ainsi, se regardant comme les légitimes successeurs de César, ils affectaient de croire que leur souveraineté s'étendait sur tout l'empire de l'Occident; et comme le sénat romain avait le privilége de créer des rois durant la république, ils pensaient pouvoir user des mêmes priviléges, comme si les papes avaient changé la face de la république, et comme si le pontife chrétien avait pu appeler Auguste à son rang élevé, dans le temps où le christianisme n'existait pas. Nous en avons un exemple dans Frédéric Ier. Au dixième siècle, il envoya à Pierre, prince de Danemarck, une épée et une couronne, en lui donnant libéralement le titre de roi, comme une distinction honorifique, comme Napoléon créait son fils roi de Rome, avec une expresse réserve au suprême pouvoir de la couronne impériale. Par cet acte d'ostentation, le Danemarck devint, quelque temps après, un état détaché de l'empire germanique.

De ces prétentions des empereurs s'éleva une doctrine que tout droit de souveraineté émanait d'eux, et que tous ceux qui leur disputaient ce droit étaient des hérétiques et des rebelles, les empereurs étant seigneurs du monde, et les princes étant leurs vassaux. Ces idées furent dans la suite plutôt tacitement négligées que formellement abandonnées, et Bonaparte était sur le point de les faire renaître.

Quand nous traiterons du pouvoir des papes et de ses progrès, nous les verrons non-seulement prétendre aux mêmes priviléges, mais même assurer que la couronne impériale était un don de l'église, et que tous les états, et tous les rois, étaient ses vassaux. Des doctrines opposées des jurisconsultes, qui favorisaient les papes d'un côté et de l'autre les empereurs, s'éleva la faction des Guelfes et des celle Gibelins, qui, grâces aux papes et aux empereurs, couvrirent, pendant plus de quatre siècles, la terre de sang et de carnage.

ÉQUILIBRE DU POUVOIR.

NAISSANCE ET PROGRÈS

DU POUVOIR ECCLÉSIASTIQUE EN EUROPE.

Comme on le verra dans le cours de cet ouvrage, une grande partie des troubles qui ont désolé le monde, ont été le résultat des intrigues, de l'injustice et de l'ambition des papes. Il faut absolument, pour bien concevoir les agitations produites en Europe, examiner l'influence qu'exercèrent sur elle l'église, et en particulier la cour du Vatican.

Avant l'introduction du christianisme, le polythéisme des anciens n'admettait point de distinction entre le pouvoir spirituel et le pouvoir temporel. Le roi présidait aux sacrifices en qualité de grand-prêtre ; les prêtres étaient soumis aux chefs de la nation sous quelque forme qu'elle existât ; et les oracles étaient convenus d'avance, et souvent dictés par eux. Toutes les disputes étaient donc purement politiques, et étaient occasionées par les imperfections du gouvernement, résultats naturels de l'inexpérience des hommes dans la science difficile et délicate de la législation. Dans le second siècle de l'ère chrétienne, on professa une doctrine inconnue jusqu'alors aux hommes (1), et qui tendait à accomplir cette prophétie du Christ : *Je ne viens point vous apporter la paix, mais une épée.* Cette doctrine prêchait l'obéissance à deux pouvoirs, le temporel et le spirituel. Comme chacun de ces pouvoirs avait un objet séparé, chacun devait avoir aussi des droits de suprématie séparés. Cependant, suivant Mosheim, Constantin s'assura de la puissance que l'église ne lui contesta pas ; et les empereurs qui lui succédèrent, convoquèrent et présidèrent des conciles, et exercèrent toute l'autorité extérieure, excepté dans les matières purement ecclésiastiques, jusqu'à ce que l'on établit une distinction entre le pouvoir spirituel et le temporel, que l'on ne regarda pas pour cela comme indépendant.

L'expérience de dix siècles nous a montré que ces deux pouvoirs séparés et rivaux ne pouvaient vivre en paix. Et, en conséquence, si nous consultons les pages de leur histoire, nous trouvons de la part de l'un ou de l'autre des efforts perpétuels pour établir sa supériorité en inondant l'Europe de sang et de carnage.

Les prêtres du christianisme considèrent

(1) Gianone. Histoire de Naples, liv. 1 chap. 2.

leur vocation dans ses rapports seulement avec le ciel, et point du tout avec la tranquillité civile et politique des états. Et de là ils concluent que leurs fonctions sont bien plus sublimes que celles des laïques, comme les choses divines sont supérieures aux choses humaines, et comme l'âme l'est au corps. Ce fut sur ces maximes, par l'imprudence des empereurs, par l'adresse des prélats de Rome et la maladresse des évêques, que s'établit par degrés le pouvoir des papes. Nous nous occuperons dans ce chapitre à suivre les progrès de ces empiétemens sur la justice et le sens commun. C'est ce dont nous allons nous occuper dans ce chapitre. Nous rendrons en même temps justice aux chefs de l'église d'Angleterre, et nous applaudirons à la prudence qu'ils ont eue de remettre à leur souverain le pouvoir si bien placé entre leurs mains, lorsqu'ils ont joui de de leurs dignités d'accord avec le gouvernement. En cessant d'exciter des troubles comme au temps de Henri II, ils sont devenus un corps distingué par leur savoir, leur sagesse, leur vertu et leur piété.

Dans les trois premiers siècles de l'ère chrétienne, on ne connaissait de dignités que celles d'évêques, prêtres et diacres. Le premier de ces grades, qui d'abord était égal aux autres, finit par devenir supérieur ; et, environ vers le milieu du 2e. siècle, lorsque chaque église abandonna son indépendance primitive pour entrer dans l'association de toutes les églises de la même province, les divers évêques de ces associations s'assemblaient dans certains temps, pour délibérer sur des questions d'intérêt général.

Mais l'égalité entre les évêques eux-mêmes ne se maintint que jusqu'au temps de Constantin, qui rendit la religion chrétienne prédominante. Un prêtre supérieur, ou archevêque, fut donc établi comme surintendant des affaires ecclésiastiques dans chaque province. La distribution de celles-ci devint la mesure des évêchés métropolitains, et chacun d'eux, par degrés, acquit une supériorité sur le diocèse de sa province.

L'empire de l'Est était divisé en cinq préfectures, formées de provinces qu'il est inutile d'énumérer ici ; et celui de l'Ouest était divisé suivant la même organisation.

Dans la préfecture de l'Italie, il y avait trois diocèses métropolitains : l'Illyrie, l'Afrique et l'Italie : il est inutile de suivre les progrès du pouvoir ecclésiastique dans les deux premiers. Il y avait en Italie deux lieutenances : celles de

Rome et celle d'Italie. Il y avait dans celle de Rome dix provinces : la Campanie, l'Apulie, la Calabre, la Lucanie, le Brutium : le Samnium appartenait à Rome : la Toscane, l'Imbrie, la Pouille, la Sicile, la Sardaigne et la Corse, lui appartenaient aussi. La lieutenance d'Italie, dont Milan était la capitale, consistait en sept provinces : la Ligurie, l'Émilie, la Flaminie, Venise, l'Istrie, les Alpes cottiennes, et les Alpes réthiennes : tel était l'état de la division ecclésiastique du temps de Constantin. L'égalité des évêques s'anéantit par degrés, et le titre de patriarche fut graduellement introduit. On le confondit d'abord avec le titre de métropolitain; mais il s'appliqua seulement, à la fin, aux chefs de l'église de Constantinople, d'Antioche et d'Alexandrie. On se servait de ce nom à Rome, avant que celui de pape fût introduit. Le patriarche de Constantinople réclama la suprématie sur toutes les églises de l'Est : celui de Rome seul osa lui disputer la préséance. Le premier, ayant son siége dans la capitale de l'empereur, fondait là-dessus ses prétentions : le second les appuyait sur l'ancienne supériorité de Rome, et sur la tradition de saint Pierre, qui avait prêché dans ces lieux l'Évangile, et y avait introduit la foi de Jésus-Christ.

Pendant la période qui s'écoula entre le règne de Constantin et celui de Valentinien III, les pontifes romains ne furent que des archevêques régissant les métropoles dont nous avons parlé, et sujets des empereurs ; même dans un temps plus reculé, après la mort de Théodoric, fondateur du royaume des Goths, Cassiodore (1) loua Atalaric, successeur de la couronne, de ce qu'il avait choisi ceux qu'il jugeait les plus capables pour remplir les siéges vacans, sans même excepter celui de Rome ; et ce droit de présentation fut accordé par le clergé catholique de ces temps là, *quamvis in alienâ religione*, car Atalaric était Arien (2).

Tel fut pendant quelques siècles l'état de dépendance dans lequel resta le pouvoir temporel, et aucun des chefs de l'église, soit de Rome ou de Constantinople, n'avança des prétentions contraires. L'établissement des Lombards et des Goths en Italie étendit la juridiction des évêques romains sur tout le reste de cette contrée, et augmenta le nombre des dotations ; mais le patrimoine de l'église fut considéré comme une propriété particulière, sans

(1) On prie le lecteur de remarquer cette circonstance.

(2) Lib. 8, chap. 11.

qu'on entendît lui donner aucun pouvoir de principauté sur le territoire. Rome et son territoire, ainsi que la marche d'Ancône, étaient administrés par des ducs ou des gouverneurs envoyés par la cour de Byzance : et cette coutume subsista même après l'établissement des Lombards. Le but de cet ouvrage n'est pas l'histoire ecclésiastique. Nous éclaircissons ces événemens, et nous les faisons remarquer pour faire voir comment, par degrés, les patriarches de Rome parvinrent à la dignité de souverains indépendans.

L'église catholique, dans le commencement, n'eut d'autre règle de conduite et de foi que les saintes écritures; et les canons que les évêques publièrent de temps en temps, ne furent regardés que comme des règlemens permis par le souverain, avec cette précaution : *ne quid ex publicâ lege corrumpant* (1). Ces canons devinrent bientôt des lois qui, dans la suite des temps, furent, par l'adresse des papes, non-seulement les rivales des lois civiles, mais même leur furent bientôt préférées. Ainsi, au mépris de tout principe, on vit dans un seul état deux codes de lois contraires, d'une égale

(1) Gianone, Hist. civ., lib. 1, chap. 2, sect. 5.

autorité, et dont on tolérait également l'existence ; et c'est à cette source que le savant Gianone rapporte toutes les contentions sur les juridictions par toute l'Europe. Luitprand, roi des Lombards, fixa, dans l'année 711, le siége de son gouvernement à Pavie ; Léon Isaurien, contemporain de ce prince, était empereur de l'Est ; Rome, comme nous l'avons observé, était gouvernée par un duc de la cour de Byzance, soumis à l'exarche de Ravennes, que l'on pouvait considérer comme le gouverneur général de toutes les possessions grecques en Italie (1).

Léon Isaurien, sectaire de la doctrine de Bardanne défendait le culte des images. Il est inutile de tracer l'origine de cet usage dans une religion qui, dans ses commencemens, déclama contre ce culte comme impie et profane. Cette coutume a prévalu dans l'église chrétienne, et dans ce temps là, les préjugés des peuples étaient si forts en sa faveur, que l'essai de Léon, auquel on donna depuis le surnon d'Iconoclaste, ne fit que donner aux papes une occasion d'étendre leur autorité, et d'établir par suite leur pouvoir temporel. Les circonstances qui

---

(1) Gianone, Hist., lib. 6, chap. 2.

suivirent cet événement sont d'autant plus curieuses, que le pouvoir temporel des papes, une fois établi en Europe, produisit dans la suite une foule de crimes qui troublèrent la paix du monde; pendant que, d'un autre côté, leurs possessions considérables en Italie, en affaiblissant ce royaume, l'exposèrent constamment à une invasion et à une domination étrangères. Un tel état de choses est subversif de tout principe de stabilité, non seulement pour l'Italie elle-même, mais encore pour les états limitrophes, ou pour ceux que des relations politiques lient avec elle.

L'empereur Léon résolu de rendre à la religion sa simplicité primitive, en purgeant l'église du culte des images, commença sa dangereuse réforme par défendre qu'on les adorât, et il finit par ordonner qu'on les enlevât de toutes les églises de Constantinople et de l'Est. Il étendit ses défenses jusqu'à l'Ouest, et il chargea Scolasticus, alors exarque de Ravenne, de faire exécuter ses ordres dans toutes les parties de l'Italie soumises au trône de Byzance.

Cependant il trouva dans les Italiens une répugnance invincible pour cette innovation; et quelque part que l'exarque voulût faire exécuter ses ordres, une sédition éclatait. Ses efforts furent vains dans le duché de Rome et dans celui de Naples ; ils ne servirent qu'à mettre Luitprand en possession de la ville et de son territoire, dont il forma un duché de son royaume (1). Grégoire II était alors pontife de Rome ; il partagea l'attachement des Romains au culte établi des images, et leur opposition aux vues de l'empereur. Il craignait, comme ses prédécesseurs, que le pouvoir des Lombards, en s'étendant trop loin, ne devînt un jour un obstacle à l'indépendance dans laquelle les papes méditaient déjà de s'établir. De là vint leur politique de se maintenir en Italie, en rendant ce pays le théâtre de guerres continuelles. C'est ce principe charitable que nous observerons dans l'histoire des périodes que nous allons parcourir. Mû par ces motifs, Grégoire veilla toujours aux intérêts des empereurs grecs en Italie et chercha à les y maintenir pour les opposer aux Lombards, espérant balancer un pouvoir par l'autre. En conséquen-

(1) Cet exemple peut montrer le danger qu'il peut y avoir à s'immiscer dans les affaires de religion des provinces soumises : espérons que la démangeaison de prêcher le christianisme aux Indous ne nous donnera pas une nouvelle preuve de la folie de cette politique, en trompant notre espoir, et en nous faisant perdre la contrée.

ce, il fit tourner contre les Lombards le duc de Bénévent, et donna des secours aux Grecs de Naples pour empêcher Cumes de tomber sous la domination de ce peuple qu'il redoutait. Ce n'est que de cette manière que l'on peut expliquer sa conduite ; car, quoique l'on dût s'attendre à le voir s'opposer de toutes ses forces aux desseins de l'empereur Léon pour détruire le culte des images, d'autant plus qu'il était traité très-durement par lui et menacé même de l'exil ; il fit néanmoins tous ses efforts pour s'opposer à la révolte des Italiens contre le gouvernement de Byzance, afin de diminuer le pouvoir des Lombards. La même politique a toujours été depuis suivie, pour tenir le pays divisé.

Conduit par les mêmes principes, il trouva les moyens de persuader à la république de Venise d'entrer dans ses vues ; et, chassant par son assistance les Lombards de Ravenne, il parvint à rétablir l'exarque. C'est ici le lieu de faire remarquer les funestes effets de cette politique. Si les papes ne se fussent pas comportés ainsi, l'empire des Lombards eût envahi l'Italie entière : les papes eussent eté les évêques de Rome et les premiers du royaume. Ce royaume subsisterait encore de nos jours ;

nos pères n'eussent point connu les déplorables factions des Guelfes et des Gibelins ; et toute l'Europe eût envisagé sans doute les avantages de cet événement sous son vrai point de vue.

Grégoire s'attendait que Léon se montrerait reconnaissant envers lui ; mais ses espérances furent déçues. La reconnaissance ne fut jamais la vertu d'un pape ; et Grégoire n'avait pas le droit d'en attendre de l'empereur. Léon pénétra les motifs qui l'avaient engagé à jouer ce rôle, et il était d'ailleurs irrité contre lui pour son opposition constante à son dessein favori, et pour une rébellion si évidente au mépris de son autorité. Il conçut qu'il ne pourrait le réduire par la force ouverte : il envoya en conséquence le duc Maurice à Rome, avec des instructions pour remettre en ses mains le pape mort ou vif. Paulus Patricius fut en même temps envoyé comme exarque à Ravenne, dans l'an 725, avec ordre de seconder Maurice dans son entreprise, et de faciliter son exécution. Néanmoins le complot fut découvert par les Romains, devenus vigilans pour la sûreté de leur pontife : en même temps cependant, l'empereur pressait le nouvel exarque d'user de tous ses moyens pour remettre le pape entre ses mains. Celui-ci voyant qu'il était impossible de tromper la vigilance des habitans de Rome, se détermina à agir par la force pour remettre Grégoire en la puissance de l'empereur. Il envoya autant de troupes qu'il put en tirer de Ravenne pour renforcer la garnison de Rome, et leur donna l'ordre de lui amener le pape. L'adroit Luitprand, quoique fortement offensé contre le pontife, parce qu'il avait engagé les Vénitiens à enlever Ravenne à sa domination, se détermina dans cette conjoncture à lui donner du secours; et, pour maintenir la balance entre l'un et l'autre, il les secourut tour à tour, en les affaiblissant tous deux, dans le dessein de les réduire sous sa dépendance. Cette politique finit par occasioner la ruine de l'empire des Lombards. Luitprand se déclara dans cette occasion pour les Romains, qui furent si bien renforcés, qu'ils arrêtèrent les progrès des Grecs près de Spolette, et qu'ils obligèrent l'exarque à abandonner ses projets.

L'impolitique conduite de Léon, dans cette circonstance, anéantit pour jamais tout espoir pour lui. Il ordonna que l'on exécutât par force dans toute l'Italie ses décrets contre les images, et déclara le pape en forfaiture s'il n'obéissait à l'instant. Cet impuissant manifeste ruina ses affaires. Grégoire sûr de l'appui de tous les partis en sa faveur, et de l'assistance des Lombards, excommunia l'exarque et tous ses complices, et adressa des bulles apostoliques aux Vénitiens, au roi des Lombards et à toutes les villes de l'empire, pour les exhorter à persister fermement dans leur opposition aux décrets iconoclastes. Ces lettres produisirent un tel effet sur les Vénitiens, les Lombards et les Romains, que tous s'unirent pour défendre la foi et la vie du pape. Celui-ci, avec tout le peuple du duché de Rome, rompit son alliance avec l'empereur; on proposa même d'en créer un nouveau pour l'Ouest; mais Grégoire s'opposa à ce projet, et il fut abandonné.

Cette politique du pape détruisit jusqu'aux traces du pouvoir que la cour de Bysance avait conservé jusque-là en Italie. L'obstination de l'empereur à insister sur la destruction des images, causa la perte de Ravenne et de la province du duché de Rome, de celui de Naples, et en même-temps de tout pouvoir sur ce pays. Une émeute s'éleva entre les iconoclastes et les catholiques de Ravenne; ces derniers l'emportèrent, et, pour la plus grande gloire de Dieu, massacrèrent tous leurs adversaires, sans même en excepter l'exarque. Ainsi une grande partie de la province, appelée nouvellement romaine, se déclara contre les Grecs, et se mit sous la protection du roi des Lombards. Nous avons donné plus haut les motifs de la neutralité que gardait ce prince. Le pape Grégoire était trop bon politique pour ne pas pénétrer les intentions de Luitprand; car, quoiqu'il se fût montré disposé à le défendre contre les attaques de l'empereur, il connaissait les motifs d'intérêt personnel et d'ambition qui l'y avaient engagé. Les prêtres de Rome, secondés par l'aveugle ignorance de ces temps, firent entendre au peuple par leurs perfides insinuations que, si l'empereur grec devait leur être odieux pour ses sacrilèges attentats contre les images, Luitprand n'était pas un ennemi moins dangereux ou n'était plutôt qu'un insidieux ami, à cause de ses vues sur le duché de Rome qu'il désirait joindre à son royaume. Ces considérations empêchèrent le plus heureux événement qui eut pû arriver à l'Italie, et les engagèrent tous à rester en faveur du pape, qu'ils résolurent de défendre et contre Léon et contre Luitprand. C'est à cette époque mémorable que l'on doit faire remonter l'établissement du pouvoir temporel des papes. Il commença durant l'interrègne produit par cet événement, et il a duré jusqu'à nos jours, quoique néanmoins les Romains ne regardassent pas encore le pape comme leur souverain.

Eutichius, le nouvel exarque, arrivé à Ravenne, parvint, malgré la violence des partis, à rétablir son pouvoir sur cette ville, au moyen des forces qu'il reçut de la Grèce. Considérant cependant que tant que le roi des Lombards serait contre lui, il ne pourrait renverser le pouvoir du pape et vaincre l'obstination des Romains, il usa de tous ses moyens pour le détacher de cette alliance et l'entraîner dans son parti. Il y parvint; et ce fut alors, au moment où les Grecs et les Lombards faisaient le siége de Rome, que Grégoire joua un rôle qui le ferait regarder aujourd'hui comme un fou incurable, ou comme un enfant imbécile. On va voir cependant qu'il n'était ni l'un ni l'autre. Ses forces étaient insuffisantes pour résister à ses ennemis. Il apparut tout à coup dans le camp des Lombards en présence du roi, avec quelques gardes, et sans autre sûreté pour sa personne, que quelques barons et le clergé qui l'accompagnaient. Grégoire connaissait bien la bigoterie, la stupidité de son siècle et l'ignorance du prince auquel il avait affaire. L'essai réussit; Luitpand, saisi de surprise, reçut le pape avec le respect dû à la sainteté de son caractère. Nous verrons dans peu comment il paya cette généreuse conduite avec cette ingratitude qui fut l'heureux apanage de ses successeurs. Il fut encouragé par là à suivre quelque temps après le penchant de sa politique à introduire de nouvelles guerres et des étrangers sur le sol de l'Italie. Si Luitprand eût saisi le pape et qu'il s'en fût servi avec adresse, il aurait pu devenir le maître des états romains, il aurait dicté des conditions au clergé et l'eût soumis au pouvoir temporel. Il eût fait revivre la loi de Justinien (1), qui autorisait le pouvoir civil à intervenir pour prévenir les abus de l'excommunication ; car dans la Basilique il la défend expressement sans que sa nécessité soit justifiée et sans l'approbation du souverain (2). Le droit de nomination eût été assuré à la couronne ; l'Italie, réunie sous l'empire des Lombards, n'eût pas été ensuite envahie par Charlemagne, dont la conduite à Rome a déjà été légèrement esquissée, et dont la politique inepte produisit l'hydre de ce pouvoir ecclésiastique qui opprima les peuples,

---

(1) Novell. 223.

(2) Basilica, lib. 3, cap. de Episcopis.

avilit et dégrada l'esprit humain pendant tant de siècles.

Grégoire, apercevant l'impression qu'il produisait sur Luitprand, prit un air de dignité; et d'un ton grave et modéré il lui reprocha son infidélité et l'injure qu'il faisait à cette religion pour laquelle il avait jadis montré tant de zèle; il eut même l'impudence de le menacer des malheurs qui accableraient ses états s'il cessait de protéger l'église. Il finit enfin par le conjurer de se désister de son entreprise et de porter ses armes ailleurs. Luitprand en cette occasion montra une imbécillité dont on chercherait vainement un exemple dans les annales de l'histoire. Sans chercher à faire sentir à un prêtre arrogant sa soumission au pouvoir temporel, sans offrir de protéger l'église parce qu'il n'était pas obligé de reconnaître un évêque comme souverain, il se jeta aux pieds du pape, lui demanda pardon en reconnaissant son impiété, et leva le siége de Rome. L'exarque Eutichius, abandonné et trahi, se retira à Ravenne.

Après avoir paralysé l'attaque des Lombards, et fait échouer les desseins des Grecs, Grégoire n'était pas encore regardé comme souverain de Rome. Cette dignité ne fut accordée au pouvoir des papes que long-temps après ces événemens. Nous aurons soin de faire remarquer cette époque. En même temps le clergé était décidé à empêcher l'élévation de tout nouveau pouvoir qui aurait pu contrarier ses vues ambitieuses. On vit alors paraître un imposteur qui prit le nom de Tibère et qui prétendit être descendu de l'ancienne famille impériale. Il engagea quelques parties de la Toscane à soutenir ses prétentions. Grégoire qui désirait se frayer le chemin pour arriver au pouvoir temporel sur Rome et les diocèses environnans, pensa qu'il ne devait pas perdre cette occasion de regagner la faveur de l'empereur Léon. Il lui procura des troupes romaines, qui, en joignant l'exarque, lui facilitèrent les moyens de prendre Tibère, et d'envoyer sa tête à Constantinople.

Cette conduite n'apaisa pas Léon. Quoique les historiens grecs et français prétendent que dans cette occasion Grégoire reçut du peuple la souveraineté de Rome, Giannone ne partage pas cette opinion. Il assure que le pontife ne fit point un pas aussi hardi. Il rapporte même des lettres de Grégoire à l'empereur de l'Est pour montrer avec quel ton soumis ce pontife parlait au monarque. Et pour prouver ce fait on n'a besoin que de la date de ces lettres où le pape comptait encore du règne de l'empereur de l'Est. Le pontife n'élevait point ses prétentions jusq'au droit d'excommunier les souverains ; et nous verrons dans la suite que ce fut Grégoire VII qui se vanta d'être le premier qui eut lancé les foudres de l'excommunication contre les têtes couronnées. Dans cet état de choses, Léon, irrité de ce que le pape ne voulait pas céder dans la dispute des images, confisqua toutes les terres de l'église dans Rome, la Sicile et la Calabre, et mourut pendant qu'il préparait une expédition militaire pour punir de son obstination et de sa désobéissance le pape Grégoire qu'il regardait comme la cause de tous les malheurs qui lui étaient arrivés. Il était néanmoins blâmable de son côté pour son entêtement à vouloir assouvir sa rage et sa bigoterie sur un peuple aussi bigot que lui. Grégoire, voyant la tempête prête à éclater, chercha un protecteur capable de le soutenir. Il ne pouvait se fier au roi des Lombards dont il connaissait trop bien l'ambition. La république de Venise, quelque zélée qu'elle fût pour la foi catholique, était trop faible pour pouvoir lutter avec les forces de l'empire grec, d'autant plus qu'elle n'était pas trop bien avec les Lombards, dont le voisinage était turbulent et entreprenant. Il n'avait rien à espérer de l'Espagne qui, bouleversée alors par les Sarrasins de l'Afrique, se trouvait dans l'état le plus déplorable. Il résolut donc d'appeler les Francs, qui avaient montré une foi exemplaire dans la religion catholique.

Charles-Martel était maire du palais; et, quoique Chilpéric fût mort et qu'il n'y eût pas de nouveau roi nommé, il continuait à gouverner le royaume sous ce titre. Vers l'an 730, Grégoire lui envoya une ambassade pour implorer son secours et sa protection en faveur de l'église et du peuple de Rome. Charles la reçut avec les plus grands honneurs et avec une munificence digne des plus grands princes de ce siècle. Par cette négociation il parvint à engager Charles à marcher sur l'Italie pour protéger l'église et le territoire de Rome, dans le cas où ils seraient attaqués par les Grecs ou les Lombards. De son côté, le peuple de Rome le reconnut pour son protecteur et lui donna le titre de consul, comme il l'avait déjà donné avant à l'empereur Anastase, et à Clovis après la défaite des Visigoths. Grégoire second mourut un an après, et fut remplacé dans le pontificat par Grégoire troisième du nom.

Charles-Martel et l'empereur Léon moururent aussi vers le même temps. Ce dernier eut pour successeur son fils Constantin Copronyme, qui continua le système *iconoclastique* de son père avec le même aveuglement. Trois ans après, le roi Luitprand paya aussi son tribut à la nature.

Astolphe, étant monté sur le trône de Lombardie vers l'an 750, finit par chasser les Grecs de Ravenne, et par joindre cette ville à son royaume. Il résolut ensuite de subjuguer le reste de l'Italie et d'en expulser entièrement les Grecs. Il eût réussi certainement, si le pape Étienne, successeur de Zacharie, n'eût empêché un événement aussi heureux pour l'Italie. Les Lombards, comme les Goths, en résidant longtemps dans ce pays, avaient abandonné les barbares coutumes de leurs ancêtres. Ils avaient oublié le dialecte teuton qui était commun aux deux nations. La langue latine, corrompue par les établissemens successifs de ces étrangers, commençait à prendre les formes de l'italien de nos jours, moins régulier, moins simple, moins austère que le latin, mais plus flexible, plus mélodieux et peut-être plus propre à la poésie. Les Lombards cultivaient les lettres; ils étaient devenus un peuple poli et très-éclairé pour leur siècle, et il est certain qu'ils étaient plus avancés dans la civilisation que les Francs auxquels le pape livra alors sa patrie. Les Lombards, long-temps mélangés avec les Italiens, ne formaient plus qu'un peuple avec eux, et certes l'événement le plus heureux qui eût pu arriver, eût été l'établissement de leur pouvoir sur toute la Péninsule. On verra dans la suite de cet ouvrage les funestes résultats de cette infernale politique, inventée par Narsès, qui consistait à appeler les étrangers en Italie. Elle fut pourtant suivie par les papes pour maintenir leurs usurpations, et pour soutenir leur pouvoir toujours chancelant. Ils continuèrent ainsi pendant neuf siècles à être les instigateurs de toutes les guerres et de tous les massacres qui désolèrent l'Italie. Et cependant de nos jours on regarde comme politique et juste de rétablir ce pouvoir des papes, qu'ils possédèrent, et dont ils abusèrent si long-temps. La restauration de celui-ci enlève tout espoir de voir l'Italie réunie sous un seul chef. On verra cependant que la division de son territoire a été une des principales causes des guerres qui ont troublé l'Europe. On en fait de nouveau l'essai, et la même division produira les mêmes résultats. Les puissances, toutes également intéressés au maintien d'une paix générale, verront un jour que leurs négociateurs, en fermant les yeux à des vérités aussi évidentes, et en abandonnant à la discorde une si belle partie de l'Europe, ont perdu de vue la saine politique qui eut dû rendre les intérêts de ce pays l'objet des plus sérieuses attentions. Le pape Étienne vit que l'invasion des Lombards deviendrait funeste à l'établissement du pouvoir temporel des pontifes en Italie. Ce prêtre artificieux sentait bien que, pour qu'il pût s'élever au rang de prince, il fallait sacrifier son pays. Mais l'ambition ecclésiastique est incompatible avec aucun sentiment patriotique ; et ce serait injurier à la mémoire des Camille, des Fabius, des Scipions, des Trajan, des Antonin, que d'attendre des sentimens aussi généreux d'un Pie V, d'un Borgia, d'un capucin ou d'un dominicain arrivés à la tiare à force d'atrocités, de crimes et de bassesses.

Le pape, voyant que ses efforts avaient été vains pour engager l'empereur Constantin à le protéger contre les Lombards, eut recours à Pepin, père de Charlemagne : il vint en France implorer son assistance. Pepin, imbu de la superstition de ces temps, qu'il savait cependant faire céder à son ambition, promit, non-seulement de chasser les Lombards du duché de Rome, de Ravenne et de la marche d'Ancône, mais même d'assurer ces pays au successeur de saint Pierre. Étienne applaudit fort à l'offre généreuse que lui faisait Pepin de pays qui appartenaient à d'autres, et assura ce prince que, s'il continuait à mener une conduite aussi vertueuse, il ne pouvait manquer d'arriver à la béatitude éternelle. Pepin avait juré que ces provinces seraient données à l'Église ; il obligea ses deux fils, Charles et Carloman, à signer le traité.

Il semble que nos modernes diplomates ont pris exemple de ce prince, et qu'ils ont voulu aussi mériter le ciel, en disposant de la souveraineté d'un pays qui appartient à d'autres, sans s'inquiéter de leur propre sûreté ou de leurs affections ; et les prêtres et les moines d'Italie doivent bénir la piété des souverains du congrès, qui ont consenti à une division de leur pays, qui doit inévitablement amener dans cette contrée de nouveaux malheurs, et des guerres dans lesquelles l'Europe se trouvera impliquée. Ils ont remonté à un système toujours en désordre et radicalement défectueux : espérons néanmoins que quelque événement inattendu pourra le changer entièrement.

Pepin dota donc saint Pierre dans sa première expédition en Italie, des territoires de Ravenne, de Ferrare, de Boulogne et d'Ancône.

La souveraineté de Rome n'appartint aux papes que quelque temps après. Ce duché fut pris par les successeurs de Charlemagne. Nous avons donc observé la marche par laquelle la souveraineté de Rome fut, pas à pas, acquise par les papes; et, quoique ce soit hors de notre cadre, cependant le tableau ne serait pas complet si nous ne les suivions jusqu'à l'entier accomplissement de leurs projets.

Pepin, ayant cédé le territoire de Ravenne au pape, chassa l'exarque, et conféra l'exarchie au souverain pontife, qui ensuite présida les affaires civiles de Rome, en qualité de lieutenant. Le pouvoir civil des pontifes n'était donc qu'une délégation, et ils n'avaient en effet aucun autre droit, ou aucun autre titre. La souveraineté appartint quelque temps encore aux empereurs de l'Est; mais, comme Pepin et Charlemagne étaient devenus patriciens de Rome, ce titre renfermait celui de souverain de la ville; et le patricien et le pape étaient investis de son gouvernement.

Après la mort d'Adrien, son successeur, Léon III, laissa toute l'administration des affaires à Charlemagne, qui du rang de patricien élevé à la dignité d'empereur, exerça sur Rome un pouvoir qui n'appartenait qu'à lui, et non au pape ; et cependant, dans la suite, lorsque la puissance des successeurs de Charlemagne en Italie commença à s'affaiblir, les papes exercèrent le suprême pouvoir ; et enfin, dans l'an 876, Charles-le-Chauve renonça à tous ses droits, et céda la souveraineté de Rome au siége apostolique. Le trône de la Lombardie redevint vacant par la mort d'Astolphe, resté sans enfans, et par l'incapacité de son frère Zachi, qui s'était fait moine. Didier, duc de Toscane, ayant été créé grand connétable du royaume, avait des prétentions à la couronne. Zachi, malgré son état d'ecclésiastique, voulut jeter le froc et prendre le sceptre ; mais Didier eut recours au pape Étienne, qui engagea Zachi à retourner dans son cloître, sous la condition que l'on rendrait les villes d'Ancône, de Faenza, de Secchia et de Ferrare, qui ne lui ont pas été cédées par le dernier traité. Étienne mourut peu de temps après cette transaction, le 27 avril 1757. Le siége apostolique lui eut de grandes obligations, pour l'augmentation du pouvoir temporel : il le laissa dans un état brillant de prospérité, que ses successeurs, Paul et Étienne, ne manquèrent pas d'améliorer encore ; mais que surtout Adrien éleva à un point prodigieux de grandeur, par ses arrangemens avec Charlemagne, comme nous le verrons dans la suite.

Dans la seconde année de son règne, Didier eut l'intention de partager le poids de la couronne avec son fils Adalgisus, suivant l'antique usage de ses prédécesseurs; mais Étienne, qui était jaloux des plus petits mouvemens lorsqu'il craignait qu'ils ne pussent tourner au detriment du pouvoir papal, s'opposa à ses desseins. De nouvelles causes de jalousie survinrent bientôt, produisirent une rupture ouverte. Didier conféra l'archevêché de Ravenne (1), le regardant comme dépendant de lui : Étienne voulut faire abandonner le siége; il envoya deux légats, Christophe et Sergius, pour faire valoir le droit de nomination que les papes s'arrogeaient comme une de leurs prérogatives. Didier, furieux, ordonna qu'on les aveuglât et qu'on les renvoyât au pape; mais, réfléchissant sur les suites que pourrait avoir une démarche aussi cruelle, et craignant la férocité des vengeances du clergé, il fit des ouvertures pour s'allier avec la France, afin de priver le pape des moyens de troubler la tranquillité de son royaume, en ayant recours à Pepin.

---

(1) Gianone, lib. 5, chap. 4.

Charles et Carloman avaient succédé à leur père, qui venait de mourir après avoir partagé son royaume entre eux, et ils vivaient bien ensemble. Didier considéra les avantages que l'alliance de ces deux rois pourrait lui procurer, et leur offrit ses deux filles en mariage : mais Étienne, qui prévoyait les conséquences d'une pareille union, écrivit deux lettres très-sévères à Charles et à Carloman, leur annonçant, s'ils contractaient une pareille union, *anathematis vinculum et æterni cum diabolo incendii pœnam.*

Cette conduite du pape, écrivant gravement de pareilles sottises (1) à deux des premiers souverains de l'Europe, et la cruelle bassesse de ces prêtres, qui ne craignaient pas de méditer l'asservissement de leur pays à un joug étranger, sont une preuve bien frappante de l'immoralité de ces temps. En dépit de ces efforts, les deux filles de Didier furent mariées aux princes français, et le roi de Lombardie sut tellement intéresser Bertrude, mère de Charles et de Carloman, que ce fut par son secours principalement que se conclut cette double alliance. La mortification du pontife ne put être

(1) Je dis sottises, car je ne trouve nulle part dans les écritures que le mariage soit une action damnable.

être égalée que par la satisfaction de Didier, qui se flattait d'avoir privé son adversaire de ses ressources : malheureusement cette alliance ne fut pas de longue durée ; car on ne négligea aucun moyen de persuader à Charles de divorcer, sous prétexte de stérilité. Il n'eut pas besoin pour cela de l'assistance des prêtres, car il trouva les évêques prêts à déclarer son mariage nul, et à lui donner la permission d'épouser, dans l'année suivante, Ildegarde de Souabe. Didier fut désolé et indigné de cette conduite, et la mort de Carloman vint mettre le comble à ses malheurs. Sa veuve, la reine Berthe, craignant de n'être pas en sûreté en France, et de compromettre la vie de ses fils, s'enfuit avec eux sous la protection de son père. Didier les reçut à bras ouverts, espérant trouver par là les moyens de se venger de l'affront que lui avait fait Charles, en renvoyant si ignominieusement sa fille. Didier avait dans ses mains la veuve et les fils de Carloman ; mais, considérant la disproportion de ses forces avec celles de Charles, il entreprit de former un parti en France, et d'y semer des divisions : il espérait par là que Charles, occupé chez lui, n'aurait pas le pouvoir de venir l'inquiéter de l'autre côté des Alpes.

Cette conduite était prudente et le défaut de l'équilibre en Europe dans ce siècle la rendait nécessaire ; ce défaut, joint aux principes incendiaires de la cour de Rome, ôtait tout espoir de voir jamais les affaires publiques s'asseoir sur une base solide. Adrien ne monta sur le trône pontifical que vers l'an 772 ; il commença par faire la paix avec Didier et ils convinrent de se laisser tranquilles l'un et l'autre. La conclusion de ce traité fit croire à Didier que les vues du nouveau pontife étaient opposées à celles de son prédécesseur ; et pour exécuter son projet de diviser l'énorme pouvoir de Charles, il engagea le pape à sacrer ses deux fils rois d'Austrasie ; car, depuis le sacre de Pepin, les princes chrétiens avaient adopté cette cérémonie et le peuple commençait à la regarder comme la marque de la souveraineté et d'une autorité légitime. Adrien, qui suivait les maximes d'Étienne, n'était pas moins jaloux que lui du pouvoir des Lombards en Italie ; il se détermina donc à ne rien faire qui pût déplaire à Charles, et resta insensible à toutes les prières et à tous les argumens de Didier. Ce prince impatienté résolut d'obtenir par la force ce qu'il ne pouvait gagner par la persuasion ; il envahit le territoire de Ravenne, mit le siége devant la ville, et s'empara de Ferrare,

Commanchio et Faenza : Adrien ne manqua pas d'envoyer un légat pour l'apaiser, et pour négocier en même temps la restitution des villes dont il s'était rendu maître. Didier ne se montra pas éloigné d'accéder à ces propositions; pourvu que le pape lui-même vînt en personne, comme l'avait fait Grégoire pour son prédécesseur Luitprand, lui demander la paix. Adrien refusa, et insista sur la restitution de ses villes : ce fut ainsi, dit Gianone, que les pontifes commencèrent à refuser aux souverains de l'Italie l'hommage que leurs predécesseurs avaient coutume de leur rendre. A cet insolent refus du pape, le roi marcha sur la province de Pentapolis, actuellement marche d'Ancône ; il dévasta le territoire de Sinigaglia, d'Urbino, et plusieurs autres provinces du patrimoine de saint Pierre : cette démarche intempestive causa la ruine des Lombards. Adrien eut de suite recours à Charles, non-seulement pour lui demander des secours, mais aussi pour inviter ce prince à la conquête de l'Italie : Didier de son côté assura Charles de ses dispositions pacifiques; il lui allégua qu'après avoir demandé la paix, Adrien avait refusé toute conférence personnelle. Par ses lettres à différens princes il se disculpe des accusations d'Adrien, qui assurait qu'il était le destructeur de la Toscane, qu'il était atroce, et qu'il s'était souillé de divers crimes. Didier se trouva dans la nécessité d'envoyer une ambassade à Charles pour l'assurer de ses intentions amicales, et du désir qu'il avait de rendre au pape ce qu'il voudrait redemander. Charles, qui ne désirait rien tant que de trouver une occasion de se venger du roi des Lombards qui avait cherché à exciter des troubles dans ses états par le moyen de ses neveux, les fils de Carloman, se détermina donc à renverser le pouvoir de ce peuple en Italie, et accepta avec un grand plaisir les propositions d'Adrien. Alors Charles était enflé de ses succès en Saxe et dans l'Aquitaine. Il donna audience dans Thionville aux légats du pape et aux ambassadeurs de Didier. Il renvoya ceux-ci sans donner aucune réponse à leurs demandes, et reçut avec le plus grand respect les légats de Rome. Bientôt après il passa les Alpes sur deux points et tailla en pièces les Lombards, qui gardaient les défilés. Didier marcha en personne à la tête de ses troupes pour s'opposer à lui; mais il fut entièrement défait, et obligé de se renfermer dans Pavie. Aldegisus son fils, qui était alors à Vérone, s'enfuit à Constantinople; il rendit la ville, et Berthe, la veuve de Carloman, ainsi que ses deux fils, tombèrent dans les mains de Charles, qui les envoya en France, où il les fit probablement mettre à mort, puisqu'on n'en entendit plus parler. La ville de Pavie fut enfin obligée de capituler, et ainsi en l'an 774 finit le royaume des Lombards.

Nous avons vu les rôles joués par Charlemagne et les papes; la donation faite par Charles des provinces conquises, le titre d'empereur qui lui est conféré, l'élévation d'un évêque métropolitain au rang de prince souverain; la cérémonie du sacre, et les prétentions des papes en conséquence de cette formalité qu'ils regardaient comme un acte de vasselage féodal.

Un événement, qui eut lieu environ huit ans après, mit à son comble l'élévation du pouvoir pontifical. Un certain bénédictin, Levita, diacre, publia, sous le nom d'Isidorus Mercator, les fameuses Décrétales que Riculphus, archévêque de Mayence, fit circuler dans l'Allemagne (1). C'était un usage de faire une collection des décrets des anciens synodes ou conciles. Ceux dont nous parlons avaient pour but de prouver que l'évêque de Rome était succes-

(1) Pfeffel, fin de la 4e. période.

seur de saint Pierre ; qu'il tenait les clefs du ciel (1) ; que tout le monde et que tous les états étaient indépendans du pouvoir temporel et exempts d'impôts ; que le pape seul avait le droit de nommer les évêques et les archévêques, et qu'une de ses prérogatives était de pouvoir excommunier les rois et les princes, et les déclarer incapables de régner. On parlait dans ces décrétales de tous ces pouvoirs attribués aux évêques de Rome, comme s'ils les eussent toujours exercés sans aucune espèce de contestation. On avait altéré et falsifié des papiers par des interpositions et des omissions pour les remettre en harmonie avec ces prétentions ; et Putter assure que l'on ajouta aux canons du concile de Nice près de cinquante fausses décrétales. Et de nos jours encore, quoique le livre d'Isidore soit reconnu pour une fausseté infâme, les prêtres de Rome insistent sur les conséquences qu'il a déduites dans cet excellent livre en faveur de la suprématie des papes ; et cependant aucun des souverains catholiques de l'Europe n'a cherché à se mettre à la tête de sa propre église, et à abolir la papauté entièrement (2) dans son royaume.

---

(1) Putter, Empire germanique, b. l. c. 7.

(2) M. Louis de Héricourt, dans son ouvrage sur les

Arrivés au faîte du pouvoir, les papes en usèrent d'abord pour appeler les princes étran-

---

lois ecclésiastiques, parle des fausses décrétales d'Isidore de Séville, et rend ainsi compte de son ouvrage, p. 4 :

« Isidore de Séville composa pour l'Espagne une nouvelle compilation, dans laquelle il fit entrer le code de Denis le petit (*Dionysius exiguus*), à l'exception des canons apostoliques : il y ajouta des décrets de plusieurs papes, même de Vigile et de saint Grégoire, et les canons des conciles d'Espagne et des Gaules. Ce recueil fut suivi d'un autre, composé en Espagne, sous le nom d'Isidore le marchand, ou le pêcheur (car on lit l'un et l'autre dans les manuscrits). Cet Isidore inséra dans son ouvrage de prétendues décrétales de papes qui avaient précédé le pape Sévice. Il semble que les raisons par lesquelles les critiques ont montré dans ces derniers temps la fausseté de ces décrétales, auraient dû frapper d'abord tous les esprits : 1°. Parce que Denis le petit, qui assure qu'il a recueilli, étant à Rome, toutes les décrétales des papes jusqu'à son temps, n'a point connu celles qui sont rapportées dans le compilateur espagnol : où ce dernier les a-t-il trouvées? 2°. Il y a dans plusieurs de ces lettres de fausses dates. 3°. Elles sont composées de tissus de passages des pères et des conciles, qui n'ont paru que depuis le 3e. siècle jusqu'au milieu du 9e. 4°. Les autorités de l'écriture sainte y sont toujours citées suivant la version vulgate, et non suivant le texte grec, ou suivant l'ancienne version italique dont on s'est servi si long-temps à Rome. 5°. Tout est plein, dans ces décrétales, gers en Italie. Cette détestable politique ne fut jamais abandonnée, et les papes ne cessèrent point d'exercer leur pernicieuse influence. Ils furent réduits à un état si bas dans ces derniers temps, qu'ils devinrent impuissans pour empêcher ou pour provoquer l'invasion de leur pays; et les progrès des connaissances, ainsi que la vie scandaleuse de la plupart de ces prêtres, ont réduit la hiérarchie de Rome à un grand état d'abaissement en comparaison de ce qu'elle a été.

Il faudra que j'élague, dans cette histoire de l'Europe, beaucoup de faits qu'il est impossible

---

d'anachronismes et de choses qui ne conviennent point au temps auquel les papes à qui on les attribue ont vécu. 6°. Elles sont toutes d'un même style; ce style est barbare, plein de solécismes et d'expressions qui n'ont été en usage que vers le 8e. et le 9e. siécles. Cependant la crédulité, et le peu de connaissance qu'on avait dans ce temps des règles de la critique, firent valoir l'imposture. Dès que Riculphius, de Mayence, eut publié ces pièces fausses, vers l'an 830, plusieurs personnes crurent qu'elles devaient les respecter comme les décrets des premiers successeurs de saint Pierre. On en inséra plusieurs morceaux dans les décrets que le pape Adrien donna à Enguerrien, évêque de Metz, que cet évêque (comme le prétend Baluse, sur la foi d'un manuscrit), présenta au pape Adrien.

de faire entrer dans le système d'une fédération *internationale*. Les causes principales de guerres naquirent des principes du cabinet du Vatican. Une politique, qui consista à mettre un souverain en opposition avec un autre pour agrandir sa propre puissance, des anathèmes, des excommunications, des interdits, des princes relevés de leurs vœux ou de leurs sermens, des sujets dégagés de l'obéissance due à leur souverain; tels furent les obstacles, sinon insurmontables, du moins embarrassans, qui s'opposèrent toujours à la formation d'une union fédérative. Et, si nous joignons à cela les habitudes guerrières que les nations avaient apportées avec elles de leurs sauvages forêts, l'esprit de conquêtes constamment entretenu par les insidieuses machinations du clergé, les croisades qu'il précha quelque temps après, et qui remirent en ses mains d'immenses propriétés, nous ne manquerons pas de trouver les sujets des troubles qui agitèrent cette partie du globe.

Il est vrai que de nos jours l'influence des papes a été tellement diminuée, qu'ils sont réduits au territoire que leurs intrigues et leurs impostures leur ont acquis. Le respect qu'ils continuent à obtenir comme souverains est une sorte d'hommage convenu entre les princes de l'Europe pour leur impuissante majesté, et de la part du peuple un effet de l'habitude et de la dévotion. Ils furent long-temps des membres prépondérans dans le grand corps politique de l'Europe. On ne les y souffre plus maintenant que par tolérance. L'influence qu'ils exercèrent autrefois sur l'esprit des hommes a graduellement diminué. Les cabinets même des royaumes qui adhèrent à leurs principes catholiques ont cessé de les considérer avec cette terreur qu'eurent pour eux leurs ignorans devanciers.

Si les violens réformateurs et les dangereux philosophes du dernier siècle ont abusé des avantages que leur donnaient leurs connaissances supérieures, on ne peut nier que les lumières qu'ils ont répandues n'aient produit quelquefois les changemens les plus utiles et les plus heureux résultats. Quand nous considérons la corruption, les vices et la conduite scandaleuse des pontifes romains et de leurs prélats, on ne peut refuser quelque estime à ces hommes d'un génie ardent et d'une science profonde, dont l'impatience et l'indignation a été enfin excitée par la conduite atroce, tyrannique et arrogante de quelques-uns de ces prêtres. Et nous devons quelque compassion à la faiblesse de l'esprit humain lorsque nous voyons ces mêmes prêtres confondus par la doctrine même de leur religion, dont le noble but est de faire de la terre le séjour de la piété et de la vertu. Quoi qu'il en soit, nous devons espérer que la sagesse de notre âge saura contenir leur pouvoir ecclésiastique dans de justes bornes, et l'empêcher de faire de la religion un instrument de son ambition, au lieu de s'en servir pour rendre les peuples à la vertu. Il eût été à souhaiter pour le bien de l'humanité que les maux qu'elle a soufferts, durant l'élévation du pouvoir ecclésiastique, eussent été bornés aux maux causés par la politique flexible de l'église. Le lecteur aura pu néanmoins remarquer les funestes effets produits par le mélange confus de ces tribus, dont l'établissement a formé les nations modernes de l'Europe ; par l'esprit qu'elles apportèrent avec elles, les vices politiques qu'elles établirent, par la faiblesse des états fondés sur le système féodal, et la turbulente indépendance de ces chefs puissans, qui s'élevaient par degrés de l'état de gouverneur rebelle à celui de prince légitime ; enfin par les continuelles fluctuations du pouvoir qui, n'étant contenu par aucune règle, ne pouvait garder aucun équilibre. Nous observerons ensuite avec moins de déplaisir les changemens opérés dans l'art de la guerre par l'invention de la poudre à canon, les améliorations dans la discippline militaire, l'introduction d'armées permanentes et conséquemment le changement de la nature des revenus publics, la chute du système féodal et la stabilité des gouvernemens mieux établie. Tous ces événemens ont altéré l'état des nations, et nous trouverons, comme on doit s'y attendre, qu'ils ont diminué les obstacles qui avaient empêché jusqu'alors entre elles l'établissement d'un juste équilibre.

Luther, quoique de long-temps postérieur à Hus et à Wiclef, doit être consideré comme le premier réformateur et un de ceux qui contribuèrent le plus puissamment à changer la face de l'Europe, et à rompre les liens qui la tenaient asservie. L'invention de l'imprimerie, les améliorations dans les connaissances naturelles, tout concourt à nous prouver que si les princes et les hommes d'état eussent pris la résolution d'agir sur de grands principes, un grand nombre des causes qui ont contribué aux troubles de l'Europe eussent été écartées pour long-temps.

Mais de nouvelles causes de querelles sont survenues ; les divisions intérieures, les jalousies commerciales, et quelques autres encore.

Mais, pour le corps politique comme pour le

corps de l'individu, le médecin doit chercher des remèdes pour les maux qui affligent actuellement l'humanité, et ne doit pas cesser ses recherches, et abandonner son malade, parce que de nouvelles espèces de maladies, de contagions ou d'épidémies viennent à se manifester; il ne doit point hésiter à appliquer des remèdes, dans la crainte d'engendrer de nouvelles maladies.

PREMIÈRE ÉPOQUE.

Depuis la mort de Charlemagne, en 814, *jusqu'à l'avénement de Rodolphe de Hapsburg, en* 1273.

Nous nous sommes occupés de l'avénement de Pépin au trône de France, lorsqu'il fonda la dynastie carlovingienne; et il est inutile d'entrer plus avant dans l'organisation de l'Europe antérieurement à cette époque; des nations et des bandes innombrables avaient développé toute leur étendue, et marchaient aveuglément où les conduisait la fortune.

Charlemagne fonda un grand empire au centre de ce continent, Il s'étendait depuis la

Baltique jusqu'à la Méditerranée, et depuis les frontières de la Hongrie et de la Pologne jusqu'à l'Océan atlantique; il renfermait même une partie considérable de l'Italie, quelques provinces de l'Espagne avec les îles Baléares. On aurait de la peine à découvrir dans ce moment aucune trace de droit public en Europe, et d'équilibre entre les nations.

Charlemagne, après avoir formé un vaste empire, posa dans sa création même les germes de sa destruction et de celle de l'autorité impériale. Il imita la conduite de son prédécesseur Pepin, qui ouvrit un vaste champ aux prétentions des papes. C'est à cette politique qu'il faut attribuer tous les maux que causa l'intervention des prêtres dans les affaires du gouvernement. La division qu'il fit de son empire entre ses enfans, et qui devint si funeste à ses descendans, est une preuve et de son incapacité comme homme d'état, et de l'ignorance dans laquelle son siècle était plongé.

C'est à dater de l'établissement de l'empire de Charlemagne, que nous suivrons l'origine et la formation des royaumes modernes de l'Europe. L'empire romain dans l'Ouest s'était écroulé en entier, celui de l'Est marchait à grands pas vers sa ruine, et les tribus nombreuses de barbares, s'attachant par degrés au sol dont elles s'étaient emparées, commençaient à former des états réguliers. Les conquêtes des Francs les avaient de nouveau réunies sous l'autorité d'un même sceptre, mais elles rompirent bientôt les faibles liens qui les tenaient attachées pour former d'autres états.

L'empire grec avait été séparé de celui des Francs par les invasions des barbares sur la côte de l'Illyrie et le Danube, et les Sarrasins avaient conquis en Asie la plus grande partie de ces provinces sans rien craindre du gouvernement de la capitale, que les disputes des théologiens et l'état général de faiblesse et de lâcheté rendaient peu formidable pour eux. Dans le midi de l'Italie restait encore le duché de Bénévent, qui comprenait autrefois ce que nous appelons aujourd'hui le royaume de Naples, si on en excepte les provinces d'Apulie et de la Calabre, qui étaient encore gouvernées par un lieutenant grec sous le titre de catapan. Comme les Lombards avaient adopté le système impolitique et vicieux de leur siècle, le duché de Bénévent avait été divisé entre plusieurs frères qui, à leur tour, avaient subdivisé leur part entre leurs enfans; et c'est à ces divisions et subdivisions que l'on doit attribuer la ruine de leur établissement du midi de l'Italie.

L'Espagne était, à cette époque, soumise aux Sarrasins, et divisée en lieutenances presque indépendantes du souverain qui résidait à Damas.

Le Grande-Bretagne n'était d'aucune importance, et les noms d'Egbert et d'Éthevolf suffisent pour nous rappeler les temps de l'heptarchie, qui, considérée comparativement, devait être peu de chose. Les vues politiques des chefs de cette île durent se borner à une sorte d'équilibre à conserver entre les nations qui l'habitaient. Peu de temps avant cette époque, les Normands avaient commencé à se faire connaître par leurs déprédations dans les Pays-Bas, et par le départ de la terre de Freiesland pour la Neustrie, appelée depuis Normandie, dont la possession leur fût concédée par un traité avec Charles-le-Simple, en l'année 912.

Les Sarrasins infestaient les côtes de l'Italie, profitant des avantages que leur avait donnés la Sicile, qu'ils avaient nouvellement subjuguée.

Les Danois faisaient les mêmes ravages sur la côte d'Angleterre, et sur la partie opposée du continent. On voit facilement, à cet aperçu de l'état de l'Europe, qu'il ne pouvait subsister, entre les différens pouvoirs, aucun système de relations politiques. L'empire des Francs était trop solide à cette époque pour craindre les attaques des nations du nord et du midi, qui n'étaient pas assez fortes par elles-mêmes pour être redoutables ; et d'ailleurs elles n'étaient pas unies par des intérêts assez puissans pour les porter à agir de concert; car elles n'avaient pour objet que le pillage.

Mais ce grand empire tomba après la mort de Charlemagne, et fut toujours vers le penchant de sa ruine, à cause du défaut d'ensemble entre ceux qui succédèrent à la couronne impériale. Ce prince, par un décret fait en l'an 806, divisa sa succession entre ses trois fils ; mais Charles et Pepin moururent en l'an 813. Louis, qui leur survécut, succéda à tout l'empire; mais il n'eut point l'Italie, que Charlemagne avait donnée à un fils naturel de Pepin, nommé Bernard. Ainsi, le hasard ayant contrarié la mauvaise politique de Charlemagne, on n'en ressentit point les funestes effets. Mais une grande étendue de pays, conquise par la force des armes, sans commerce, sans arts, sans villes considérables, ne pouvait être soumise à une administration régulière; il ne resta donc d'autre moyen que de partager les différentes provinces en grands fiefs ou duchés, donnés comme récompenses militaires, qui furent d'abord accordés à temps et ensuite à vie; et de là naquit encore une autre cause des divisions qui bientôt se manifestèrent, et qui finirent par changer tout-à-fait la scène, à la conclusion de l'époque dont nous nous occupons maintenant.

Louis-le-Débonnaire monta sur le trône; Bernard prit le gouvernement de l'Italie; et, en même temps, l'empire des Sarrasins était divisé en quatre gouvernemens distincts: le premier comprenait l'Égypte et l'Afrique; le second et le troisième étaient établis en Espagne; la Syrie et la Palestine formaient le quatrième.

L'expédition de Charles contre les Danois avait réussi; Bernard n'avait pas été moins heureux contre les Sarrasins en Espagne. Mais une querelle survint entre eux: Bernard refusa de rendre hommage à son oncle Louis, comme souverain suprême, et fortifia les Alpes; mais il fut attaqué et défait, et décapité à Aix-la-Chapelle. Les évêques qui lui avaient conseillé de se révolter, furent privés de leurs siéges, et condamnés à passer le reste de leurs jours dans un monastère. Clotaire monta alors sur le trône d'Italie, sous le nom d'Auguste; mais il trouva de la résistance, et fut obligé d'appeler les troupes de Louis pour punir les principaux rebelles, qu'il fit mettre à mort. Il découvrit ensuite que le pape avait été l'instigateur de ces troubles. Il lui permit cependant de se justifier par serment, et le pontife fit alors un parjure, que bientôt ses successeurs ne tardèrent pas même à sanctifier dans les autres.

Charlemagne et Louis avaient senti que, dans l'intérieur de leur vaste empire, les grands vassaux pouvaient secouer le joug de la couronne; et, pour remédier à cet inconvénient, ils avaient établi des commissaires royaux, chargés de veiller sur la conduite des seigneurs.

Comme son père Charlemagne, Louis divisa son royaume entre ses enfans; mais la mort de ses deux fils avait empêché Charles d'accomplir le projet que Louis sut mettre à exécution.

Cette première division de l'empire est la cause de toutes les divisions qui s'établirent dans la suite en Europe. Lothaire fut créé César d'après le plan de Dioclétien, et successeur de la couronne impériale; Pepin, son second fils, fut fait roi d'Aquitaine; et Louis, roi de Germanie. Dans la fameuse diète d'Aix-la-Chapelle, en 817, on avait stipulé, en même temps, que si un des trois princes mourait en laissant des enfans mâles, son héritage ne leur serait pas partagé, mais que son successeur serait élu par une assemblée de la nation, et que l'aîné des frères survivans serait forcé de le reconnaître comme légitime successeur. Cette division intempestive amena tous les malheurs que souffrit Louis dans les dernières années de son règne; et c'est à la même cause que l'on doit attribuer la destruction de l'empire des Francs.

Elle excita d'abord la révolte de Bernard, dont nous avons raconté la défaite et le supplice. Non contens de ce qu'ils avaient fait pour détruire l'unité de l'empire dans une seconde diète tenue à Worms, en 829, on opéra de nouvelles divisions, et on donna à un quatrième fils, nommé Charles, l'empire de la Souabe, d'une partie de la Bavière, et de quelques districts de la Bourgogne. Ces nouveaux arrangemens occasionèrent la rébellion des fils de Louis-le-Débonnaire. Lothaire, qui d'abord y avait accédé, et qui en avait garanti l'exécution, se révolta à l'instigation du comte Hugues, son beau-père, et entraîna ses beaux-frères dans sa querelle. Wala, abbé de Corbi, quoique simple particulier, encouragea les désordres, et, faisant cause commune avec les rebelles, il exposa l'empereur aux monitoires des synodes de Paris, de Lyon, de Toulouse et de Mayence. Les deux fils aînés de l'empereur firent leur père prisonnier à Compiègne. Il trouva cependant les moyens de semer la discorde entre ses enfans révoltés, en leur promettant d'ajouter à la portion des deux plus jeunes, au préjudice de Lothaire. Ceux-ci tournèrent le dos, et se liguèrent alors contre lui. L'empereur fut rétabli dans son autorité, à la diète de Nimègue, en l'an 830. Lothaire fut dépossédé de son gouvernement de l'Italie. Les Saxons, qui par leurs révoltes réitérées avaient forcé Louis de les renvoyer dans leur pays, contribuèrent à ces événemens. Mais de nouvelles dissensions se manifestèrent dans l'année suivante (831). Pepin, résolu de donner à son fils Charles le royaume d'Aquitaine, prit les armes contre l'empereur; mais il fut fait prisonnier, et fut enfermé à Trèves. Le clergé, conduit par Agobard, archevêque de Lyon, par Elbos, archevêque de Rheims, et par Wala, archevêque de Corby, excita Lothaire et Louis contre l'empereur, et entraîna dans son parti le pape Grégoire IV, qui était venu en France pour arranger toutes ces discussions. Ces événemens amenèrent une guerre ouverte. L'empereur, à la tête de son armée, marcha contre ses fils; mais, abandonné par les siens au moment d'un engagement avec les rebelles, il devint de nouveau leur prisonnier. Ils enfermèrent l'impératrice dans un couvent, et Charles, son fils, dans le monastère de Prum. Lothaire et Louis assemblèrent une diète à Compiègne, devant laquelle ils accusèrent leur père du meurtre de Bernard; ils lui reprochèrent aussi d'encourager les déréglemens de l'impératrice, et quelques autres crimes moins sérieux. Un décret de la diète déclara Louis indigne du trône; le clergé le força à faire amende honorable pour ses fautes, et le pape et le peuple élurent Lothaire pour empereur.

Ces convulsions violentes ébranlèrent la stabilité et l'unité de l'empire, et préparèrent de plus grands changemens (1). La tyrannie de Lothaire dégoûta bientôt ses frères, et ils se liguèrent contre lui : il s'enfuit en Italie. Louis s'occupait d'obtenir son absolution du clergé assemblé à Saint-Denis. Une déclaration de

(1) A. D. 834.

ce clergé d'éclara nulle sa déposition, l'autorisa à se faire sacrer une seconde fois, et lui fit rendre sa femme et son fils Charles. Lothaire et ses frères se soumirent et implorèrent le pardon de leur père. Ainsi donc, les discussions de la famille semblaient devoir être à leur terme; mais Louis, aux instances de l'impératrice, s'occupa le reste de sa vie de projets de partage pour son empire. Mais la mort de Pepin, son second fils, arriva à peu près vers ce temps; l'impératrice engagea alors son époux à disposer de l'Aquitaine en faveur de son fils Charles, au préjudice des enfans de Pepin. Elle était soutenue dans ses prétentions par Lothaire, qui avait obtenu une augmentation de part, qui lui avait été promise par Louis de Germanie. Les peuples de l'Aquitaine se révoltèrent en faveur de Pepin; mais l'empereur les força à se soumettre à Charles; et il marchait contre son propre fils Louis de Germanie, lorsqu'il mourut à Mayence dans l'année 840.

Il fallait nécessairement développer ces événemens, pour faire ressortir le contraste frappant qui exista entre l'empire de Charlemagne et celui de Louis. Sous le premier, tout pouvoir émanait de la couronne; les évêques le suppliaient humblement de daigne rsanctionner leurs décrets, *si sa piété les regardait dignes d'un tel honneur*, et d'y faire telles corrections qu'il jugerait convenables. Le langage tenu par Louis, son successeur, fut bien différent. Il invita les évêques à recourir à lui dans tous les cas où ils auraient besoin de son secours, les assurant qu'il serait toujours prêt à seconder leurs vœux. Aussi perdit-il deux fois son empire; et son exemple doit avertir les princes du danger qu'il peut y avoir à montrer trop de déférence au clergé.

A la mort de Louis-le-Débonnaire, le partage convenu à Worms s'effectua entre ses trois fils survivans; mais les enfans de Pepin d'Aquitaine, qui avait précédé son père au tombeau, n'y furent point admis. Lothaire, qui avait été associé à l'empire, prit alors le titre d'empereur, mais sans prétendre à aucune autorité sur les autres princes de sa famille. Le royaume d'Italie, et ceux de Lorraine et de Bourgogne, lui échurent en partage. Louis de Germanie eut pour sa part tous les états qui se trouvent sur la rive droite du Rhin; et Charles, le plus jeune des fils, reçut la Neustrie et l'Aquitaine contenues dans les limites de la Meuse, de la Saône et du Rhône.

Ce partage n'eut pas plutôt été effectué, que

les frères se querellèrent. La division du pouvoir suprême donna par degrés de l'ascendant à la noblesse et au clergé, qui établirent partout des souverainetés libres, soumises par la loi à l'empire, mais de fait entièrement indépendantes.

Le lecteur voudra bien encore une fois excuser, si on entre dans des détails qui donnent à l'ouvrage l'apparence d'une relation historique, plutôt que celle d'un traité; mais ils sont indispensables pour montrer à quel aveugle concours d'événemens, à quelles guerres et à quelle ineptie est due la formation du corps germanique. Cette confédération, ou pour mieux dire ce chaos, a subsisté sous différentes formes jusqu'à nos jours; et, lorsque nous le suivrons dans toutes les périodes, on verra clairement que la plus grande partie des maux qui ont accablé l'Europe, sont provenus des défauts de son organisation. Il ne fut point formé par une sage prévoyance, ou par une bonne politique. Sa constitution vicieuse, après avoir ruiné l'Italie par l'entremise des papes, a été, depuis le traité de Westphalie, un des objets les plus séduisans de l'ambition de la France.

Le partage de la monarchie, convenu à

Worms, fut aussitôt détruit qu'établi. Louis et Charles marchèrent contre Lothaire, et le défirent avec tous les partisans des fils de Pepin, auprès de Fontenay (1). La guerre fut terminée par un traité signé par les trois frères, à Verdun, en l'an 843. Il fut négocié par les évêques, et ratifié par les états de l'empire; il eut pour base le partage fait à Worms. Les vastes domaines de Charlemagne furent divisés en trois parties à peu près égales. Lothaire eut le titre d'empereur avec la souveraineté de Rome; il obtint le royaume d'Italie comme l'avaient possédé les Lombards; il eut aussi les provinces de la France comprises entre les Alpes et le Rhin, le Rhône, la Saône et la Meuse. Louis eut toutes les autres provinces de l'autre côté du Rhin, avec les villes de Spire, de Worms et de Mayence; nous avons déjà parlé des domaines de Charles.

Le traité de Verdun divisait ce vaste empire en trois portions; nous verrons bientôt que Lothaire subdivisa la sienne en trois autres. Par cet arrangement, Louis II fut fait empereur et roi de l'Italie, et Lothaire II fut fait roi des contreés bornées par la Saône, le Rhin, la

(1) 841.

Meuse, la Scheld et le Rhône; et c'est de lui qu'est venu le nom de Lorraine, *Lotharii regnum* : Charles reçut le royaume de Provence, compris entre le Rhône, la Méditerranée et les Alpes. Mais, comme il mourut sans laisser de descendans, Louis II et Lothaire II prétendirent à la succssion du trône de Lorraine, occupé par Charles-le-Chauve. Cependant Louis II mourut aussi quelque temps après; et la plus grande partie de ses possessions retournèrent à Charles, qui eut bientôt encore le royaume de l'Italie. Il fut invité à s'en emparer par le pape Jean, qui voulait défendre son pays contre les incursions des Sarrasins. Ainsi, la faiblesse de l'Italie, conséquence funeste de la politique erronée des pontifes, les força à recourir au mauvais système qu'ils avaient déjà embrassé, pour remédier aux malheurs occasionés par la même conduite.

Ces événemens excitèrent l'ambition de Louis de Germanie, de l'empire duquel nous avons déjà parlé. Une nouvelle guerre s'éleva, et Carloman, son fils, duc de Bavière, fut envoyé pour soutenir les prétentions qu'en vertu du droit de primogéniture, son père élevait à la succession de ses neveux. Cette guerre fut terminée par une convention entre Charles-le-

Chauve et Carloman ; la province de Brezte, où fut conclu le traité, fut cédée par ce dernier. Cependant Louis de Germanie marchait contre la France sans succès.

Charles-le-Chauve monta sur le trône, et les papes commencèrent à s'interposer ouvertement dans les élections.

En suivant la politique absurde adoptée par la race carlovingienne, Louis de Germanie laissa son héritage à ses trois fils, entre lesquels il divisa son royaume. L'aîné de ses fils, Carloman, duc de Bavière, eut cette contrée en partage ; il hérita aussi des droits de son père sur la couronne d'Italie. Louis III fut fait roi de Saxe, de la partie orientale de la France, appelée Franconie, et enfin de la Lorraine de l'est. Charles-le-Gros obtint la Souabe, la Suisse et l'Alsace.

Charles-le-Chauve mourut vers le même temps que Louis II.; et Louis-le-Bègue, fils de Charles, disputa l'empire de la Germanie à Carloman de Bavière. Cet événement changea la face des choses. Louis-le-Bègue devint roi de France ; et l'Allemagne fut divisée en trois parties : Carloman eut la Bavière et l'Italie ; Louis III, la Saxe ; et Charles-le-Gros, la Souabe. Cet arrangement ne fut pas plus stable que le précédent ; une série continuelle de guerres changea constamment la position de l'empire. Charles survécut à Louis-le-Bègue, et devint à son tour roi de France. Ainsi, les fils de Louis de Germanie recouvrèrent la couronne après la mort de Louis III et de Carloman. Cette confusion détruisit toute idée de succession régulière : Charles-le-Gros mourut en l'année 888, sans laisser d'enfans. Mais les états l'avaient déjà déposé, à cause de l'incapacité qu'il avait montrée dans la guerre des Normands qui avaient mis le siége devant Paris. Un gentilhomme nommé Eudes, grand-oncle de Hugues Capet, fut élu roi de France ; mais il mourut en 898, et laissa le trône à Charles-le-Simple. Ce prince fit un traité de paix avec les Normands. Rollon épousa la fille de Louis, et devint ainsi duc de la province de Normandie, qu'il reçut à titre de fief de la couronne de France. La tentative que fit Robert pour s'emparer du trône, mit fin au règne de Charles-le-Simple ; car, quoique ce prince eût défait et mis à mort ce sujet rebelle, il s'enfuit néanmoins en Germanie. Cette abdication plaça sur le trône un duc de Bourgogne, nommé Raoul ; mais il mourut sans enfans, et la couronne retourna alors à Louis IV, fils de Charles-le-Simple. En Germanie Arnulphe, bâtard de Carloman de Bavière, monta sur le trône impérial; et depuis ce temps l'Allemagne resta séparée de la France. La race carlovingienne s'y éteignit peu après, car Arnulphe fut emprisonné à Ratisbonne, et la ligne mâle de la maison de Charlemagne finit dans Louis IV, son fils, qui mourut en l'année 911, après un règne d'environ onze ans. Lothaire et Louis V furent en France les derniers de la dynastie carlovingienne, qui ne finit cependant que quatre-vingts ans après celle de Germanie.

Charlemagne, par ses conquêtes, forma un empire immense; et quoique les anciens Germains fussent accoutumés comme les Tartares à élire un chef pour les conduire à la guerre, les grands succès qu'il leur fit partager ne contribuèrent pas peu à étendre les bornes de son autorité. C'est ainsi que Tamerlan et Gengiskhan devinrent les maîtres de ceux qui ne les avaient élus que pour les conduire à la guerre. Ils firent alors des conquêtes brillantes, et donnèrent à leurs chefs les moyens de tout soumettre à leur joug. L'autorité de Charlemagne était entièrement monarchique; car, lorsqu'il désigna son fils pour lui succéder, il montra qu'il ne se croyait pas obligé de faire confirmer son choix par ceux auxquels il devait son élévation. S'il n'eût pas divisé sa succession, et s'il eût restreint davantage le pouvoir délégué à ses lieutenans, l'Europe eût resté beaucoup plus long-temps sous la domination d'un seul maître. Mais le système qu'il adopta causa à la fois, comme nous l'avons vu, et le malheur de ses sujets et la chute de sa dynastie. Ces événemens nous conduisent par degrés à la division de l'Europe, telle qu'elle existe encore de nos jours.

A la mort de Louis IV, l'héritage qu'il laissa était loin d'être dans l'état de prospérité dans lequel l'avaient mis ses fondateurs. Les traités de Marsen, de Verdun et de Poron avaient séparé la France de la Germanie. Le caractère faible de Charles-le-Simple, sur lequel reposaient tous les droits de la maison royale, le rendait incapable de porter un sceptre si pesant. Les Germains élurent un roi parmi eux; et ce changement de dynastie diminua l'étendue de l'autorité de la couronne. Les états, formés par les prélats et les seigneurs du royaume, s'arrogèrent des droits et des priviléges excessifs en eux-mêmes, et destructifs de l'unité de la nation. Les ducs et les comtes, qui n'avaient jusque-là gouverné les différentes provinces qu'en qualité de lieutenans, affectèrent alors de les considérer comme des fiefs héréditaires. Le même changement s'opéra en France; de sorte qu'à la fin du 9e. siècle, chaque baron se considérait comme un prince indépendant. Les prélats, profitant de ces avantages, s'attribuèrent insensiblement les mêmes droits que les nobles. Les princes, en élevant les bénéfices au titre de fiefs, espéraient par là donner un contre-poids à la noblesse; mais cette politiqne leur réussit mal; car, au contraire, les deux ordres s'unirent pour abaisser autant que possible l'autorité du souverain. Les concessionnaires particuliers des grands fiefs suivirent les mêmes principes, et une dislocation complète de tout le corps politique fut le résultat de cette conduite. Chaque ductenant immédiatement de la couronne, se donnait le droit de faire la guerre à son voisin; chaque petit gentilhomme réclamait les mêmes priviléges; de sorte que le moindre castel formait une principauté de laquelle on ne pouvait obtenir aucune subordination au pouvoir civil et à l'autorité légale : on ne respectait pas plus les droits des nations que ceux des individus, qui devaient en peu de temps ou soumettre leurs rivaux ou se soumettre à eux; et tout dépendait en partie du caprice des vassaux de la couronne.

Il serait absurde de chercher quelque notion d'un équilibre politique dans une pareille époque. L'anarchie et la guerre régnaient seules dans toute l'Europe; on ne connaissait et on ne respectait que le droit du plus fort; et conséquemment on ne pouvait établir sur aucune base une paix ou générale ou partielle. Tel était l'état de la politique au commencement du 10e. siècle: les papes et les prélats étaient en guerre avec la noblesse, et les prêtres conduisaient les armées au combat.

Nous avons remonté à l'origine des titres en vertu desquels les princes de l'Europe réclament un droit indestructible au trône, non-seulement sur leurs possessions actuelles, mais encore sur celles que leur mauvaise conduite ou leurs malheurs leur ont fait perdre. On ne peut contester que les premiers rois des nations de l'Europe ont acquis leur pouvoir par la force ou par la fraude, ou par ces deux moyens réunis. Loin de nous de chercher par là à affaiblir le respect dû aux souverains; loin de nous aussi la pensée d'engager les princes à étendre leur autorité par les mêmes moyens et pour le même but que l'ont fait quelques-uns de leurs ancêtres: mon intention, au contraire, est de trouver les moyens de consolider et d'assurer le tranquille exercice de cette autorité ; mais nous pouvons hardiment assurer que jamais la justice n'a eu aucune part à l'établissement primitif de toute puissance en Europe ; et nous pensons qu'une ambition démesurée ne viendra pas fonder ses prétentions sur cette doctrine que la prospérité des états doit être la mesure de la légitimité du pouvoir établi sur les peuples. Cependant, la formation ou l'anéantissement de quelques petits royaumes particuliers est d'une légère importance, lorsque le bonheur public ou la sécurité générale en dépendent : nous développerons cette proposition dans la suite de cet ouvrage.

Après l'extinction de la race carlovingienne en Germanie, une nouvelle scène se présente à nos regards. L'empire avait jusque-là été composé de deux nations principales : les Francs et les Germains. Une dernière division s'opéra lorsque Arnolphe, fils naturel de Carloman de Bavière, monta sur le trône. Alors quelques ducs étaient indépendans : Conrad, duc de Franconie ; Arnolphe, duc de Bavière ; Brukard, duc de Souabe ; Othon, duc de Saxe, qui gouvernait aussi la Thuringe ; mais tous ces princes, à l'exception du duc de Souabe, dont on ne connaît pas l'origine, descendaient de Charlemagne par les femmes.

Le discrédit dans lequel était tombé Charles-le-Simple l'empêcha de monter sur le trône de Germanie. Alors trois puissantes branches de la famille du fondateur élevèrent des prétentions à la couronne ; et, comme elles avaient un droit bien établi sur les domaines qu'elles possédaient, cette discussion donna une nouvelle face à la diète. Comme les compétiteurs étaient égaux, elle put alors disposer à son gré de l'empire ; et elle s'arrogea ce droit dans la suite. Le jugement devait être nécessairement en faveur de celui qui paraissait être le plus disposé à faire les plus amples concessions ; et ce fut alors que les membres de la confédération germanique se firent concéder leur indépendance et leurs priviléges. Les empereurs ne possédaient dans ce temps-là qu'un vain fantôme de souveraineté ; et leur dignité ne leur donnait que peu de prépondérance. Les chefs du corps germanique n'étaient liés par aucune loi : chacun était maître absolu dans ses domaines. Ils avaient droit de faire la guerre toutes les fois qu'ils le jugeaient à propos ; enfin cette confédération n'était pour ainsi dire qu'une corde de sable. Nous verrons dans la suite les empereurs posséder à peine quelque chose en Allemagne, et être souvent forcés de faire la guerre à leurs vassaux. Telle était la situation de l'empire germanique, lorsqu'en 911 Conrad, duc de Saxe, fut élu empereur.

La France n'était pas alors dans un état plus satisfaisant que la Germanie : Charles-le-Simple n'avait plus d'autorité sur les seigneurs puissans de son royaume. La Bourgogne et la Lorraine étaient des fiefs de la couronne d'Allemagne. Rollon, qui s'était emparé de la Normandie, quoique vassal du roi de France, était réellement indépendant ; la Bretagne lui était alors soumise. Dans le midi le royaume d'Arles avait cessé d'exister, depuis la mort de Louis II.

Charles-le-Gros mourut sans postérité, et les princes de l'Italie résolurent sagement d'empêcher que le sceptre de ce pays ne passât en des mains étrangères. Ce fut alors que Béranger, duc de Frioul, et Guido, duc de Spolette, élevèrent des prétentions à la couronne ; ils étaient à peu près égaux en puissance, mais les divisions continuelles de la principauté de Bénévent avaient rendu les possesseurs de ce pays trop faibles pour entrer en lice avec les autres compétiteurs.

Ce fut à cette époque que les Normands

commencèrent à se rendre formidables en Europe; ils venaient de former un établissement fixe dans cette contrée de la France qui porte encore leur nom : ils avaient aussi, vers la fin du 9e. siècle, posé les fondemens de l'empire russe. On s'accorde à reconnaître Rüric le normand pour son premier fondateur. Ce commandant et les grands-ducs ses successeurs étendirent leurs conquêtes depuis la Baltique jusqu'au Pont-Euxin, et pendant le 10e. siècle firent trembler jusque sur leur trône les empereurs d'Orient. Ils s'embarquèrent souvent sur le Dniéper et le Borysthène, pour infester les côtes de l'Asie et de l'Europe, et ils forcèrent les Grecs à devenir leurs tributaires. D'autres Normands se dirigèrent vers l'ouest, et envahirent l'Irlande, prirent possession de l'île de Man : nous verrons bientôt leurs descendans fonder aussi le royaume de Sicile.

Les Hongrois établirent leur empire vers la partie orientale de l'Europe, et de là firent leurs incursions sur les frontières de l'empire des Francs; mais Henri et son fils Othon-le-Grand leur firent essuyer quelques échecs, qui les forcèrent à se tenir renfermés dans leurs propres frontières.

Conrad monta sur le trône en 911, et ce fut

alors que, pour la première fois, les confédérés usèrent d'un pouvoir aussi étendu que celui qu'ils s'arrogèrent. Le droit d'hérédité aux fiefs s'établit pendant la durée de la dynastie saxonne, et la Germanie finit par être entièrement divisée: d'un côté, les seigneurs se considéraient comme princes indépendans; de l'autre, ils reconnaissaient leurs domaines comme des patrimoines féodaux. Ils étaient de fait seigneurs de leurs fiefs; ils exerçaient un pouvoir, qui d'abord ne leur avait été que délégué, mais qu'ils avaient su rendre indépendant; et cependant, par une fiction légale, ils reconnaissaient comme supérieure une puissance qu'ils méprisaient, et qu'ils s'efforçaient chaque jour d'humilier et d'opprimer. C'est pourtant ce tissu d'absurdités et de contradictions qui forme la base de la constitution germanique; et c'est là-dessus que sont appuyés les droits de tous les ducs, margraves et burgraves, qui se regardent comme souverains légitimes.

A l'extinction de la dynastie carlovingienne, on avait vu se présenter plusieurs prétendans à la couronne: les grands seigneurs étaient devenus possesseurs héréditaires de leurs principautés. Ce fut alors que les états, composés de ces seigneurs et des prélats grands feudataires, obtinrent une forte prépondérance. Le pouvoir suprême s'affaiblit de jour en jour, et la force seule tint lieu de loi. Les maisons royales n'avaient pas encore, s'il est permis de s'exprimer ainsi, pris racine sur leurs trônes; les nations barbares n'avaient pas cessé leurs audacieuses entreprises. Ces circonstances devaient rendre tout établissement plus chancelant qu'il ne le serait de nos jours : comme tous les royaumes étaient le fruit d'une conquête que le temps n'avait pas encore pu faire oublier, chacun s'imaginait que, s'il pouvait s'emparer du pouvoir, il acquerrait en même temps le droit de s'en servir; et toute règle de droit public était méconnue ou méprisée.

Nous voyons ces principes gouverner l'Allemagne, pendant la durée de la monarchie saxonne. Conrad entreprend de déposséder Henri de Thuringe, qui bat en deux rencontres son souverain, et le force à lui rendre sa province. Les Hongrois envahissent la Germanie, et sont bientôt repoussés. La faiblesse des empereurs permet qu'on érige un nouveau duché de Franconie, et qu'on ajoute par là un nouveau membre à a confédération germanique, en rendant encore ses divisions plus nombreuses. L'empereur et le duc de Souabe se disputent la couronne ; une guerre éclate avec les Slaves et les Venètes ; on fait la conquête du Brandebourg et de l'Allemagne septentrionale ; il survient des démêlés avec le Danemarck, à l'occasion de quelques provinces ; le duc de Bavière refuse de rendre hommage aux chefs de l'empire (1). Ce fut à cette époque que les désordres, suscités en Italie par la tyrannie de Bérenger, appelèrent les Allemands en Italie : Othon le détrôna, soumit les Romains et fit élire un *anti-pape*. C'est de cette expédition que date la coutume d'investir les empereurs de la couronne d'Italie, en même temps que de la pourpre impériale, et de les faire sacrer à Rome.

La France cependant était divisée en sept états ou duchés ; et, tandis que le roi Lothaire était réduit à la ville de Laon et à son territoire, ses grands vassaux étaient beaucoup plus puissans que lui. Peu de temps après, lorsque tout était encore en Germanie dans l'incertitude, et sans aucune fixité, la France satisfaite vit enfin porter un remède à ses maux, qui étaient parvenus à leur comble (2). Hugues Capet, en s'emparant de la couronne, sut la faire briller d'un nouvel éclat ; il renferma les

(1) A. D. 962.
(2) A. D. 987.

Normands dans leurs frontières, rendit les nobles plus soumis; et, ajoutant ses biens personnels à ceux de la couronne, il eut alors dans la balance politique la prépondérance nécessaire à un souverain. Sous cette troisième dynastie, les rois de France reprirent le pouvoir que ceux de la dynastie carlovingienne avaient laissé usurper : ce fut le résultat d'une politique qu'ils ne perdirent jamais de vue. Si l'empereur d'Allemagne eût été guidé par les mêmes principes, l'Europe serait arrivée, depuis bien long-temps, à un point de perfection satisfaisant; tandis que sa conduite au contraire la faisait pencher vers son déclin. La grande puissance des empereurs s'affaiblit par degrés, et les papes acquirent insensiblement une autorité suprême sur ceux qu'ils avaient d'abord regardés comme leurs seigneurs et leurs protecteurs. Telle devait être la suite naturelle de la constitution établie avec la dynastie saxonne, qui rendait la couronne élective. Les états s'immiscèrent bientôt dans le pouvoir législatif, et voulurent partager avec l'empereur le droit de paix et de guerre. Il n'y avait ni armées permanentes, ni forteresses, ni système régulier de finances. Le gouvernement, sans force, était également incapable de protéger et de punir. Il lui était impossible de tenir dans l'obéissance des provinces éloignées, différentes par leurs mœurs, leurs lois et leur langage. A peine une sédition était-elle apaisée, qu'une autre éclatait; et le peuple secouait le joug avec autant de facilité qu'il l'avait reçu. Les guerres perpétuelles des empereurs avec l'Italie, après l'expédition d'Othon, sont une triste preuve de la faiblesse de leur gouvernement : au moindre trouble qui se manifestait en Allemagne, les Italiens se révoltaient, et forçaient l'empereur à reconquérir leur patrie. Il eût été bien mieux peut-être d'y renoncer entièrement, que d'avoir dépensé tant d'argent, et fait répandre tant de sang pour conserver ce pays : c'est ce que nous chercherons à prouver quand il en sera temps. Cette contrée est maintenant attachée à l'Autriche par de si faibles liens, que c'est une question de savoir si elle ne diminues pas ses force, plutôt que de les augmenter ; et nous voyons néanmoins que la conservatiou de la domination de l'Italie est une maxime favorite, qui a été transmise en héritage au cabinet de Vienne avec la couronne impériale.

Le pouvoir des musulmans s'affaiblissait considérablement en Espagne, et les princes chrétiens commençaient à devenir supérieurs aux califes. Ils avaient fondé les royaumes de Léon et de Navarre; et, à la fin du dixième siècle, vers le temps de la chute du califat de Cordoue, Sancho-le-Grand avait réuni les comtés de Castille et de Barcelone pour en former un royaume.

Contemporains de ces événemens, les Anglo-Saxons firent bientôt place à la dynastie des Normands. Guillaume fonda en Angleterre le système féodal ; mais l'Écosse et le pays de Galles restèrent indépendans. L'Irlande était partagée entre quatre princes barbares; de sorte que les îles Britanniques contenaient sept gouvernemens séparés.

Les fils de Tancrède avaient jeté, en Italie, les fondemens d'un autre royaume; et l'empereur Henri Ier. leur avait garanti la possession des terres qu'ils avaient conquises.

La Bohême, en l'année 894, avait embrassé le christianisme, et ses ducs étaient devenus vassaux de la couronne d'Allemagne. La Pologne devient digne de quelque attention vers le dixième siècle ; elle comptait alors la Silésie au nombre de ses provinces. En Russie, Vladimir, arrière-petit-fils de Ruric le normand, fut le premier des ducs qui se fit chrétien : il fut baptisé à Cherson, lors de son mariage avec la fille de Constantin VIII, et ce fut ainsi que le rit grec fut introduit en Russie; et avec lui les prétentions des empereurs au trône de Constantinople. En l'année 1000, les Hongrois, sous Étienne, embrassèrent le christianisme, et formèrent un royaume entre eux.

Il n'est pas nécessaire de s'occuper de l'histoire des Turcs de ce temps-là; il suffira de dire qu'après avoir renversé les califes de Bagdad, ils étaient venus fonder le royaume d'Iconium, dans l'Asie-Mineure; ils avaient occupé tout l'intérieur de la péninsule, en laissant la côte aux Grecs qui l'habitaient.

Tel était l'état politique de l'Europe, en l'année 1074; elle commençait à prendre une forme qui se rapproche des divisions de nos jours. Les hordes de barbares s'étaient fixées dans les pays qu'elles avaient conquis : deux royaumes, la Bourgogne et la Lorraine, séparaient la France de l'Allemagne. Maintenant de nouvelles nations barbares ne viendront plus changer la scène; c'est aux actions et réactions produites par elles que l'Europe doit sa forme actuelle. Plus le système des nations est compliqué, plus il y a d'états indépendans, plus les points de contact, et conséquemment les motifs de guerre, sont nombreux. A l'époque que nous examinons, la Bohême, la

Moravie, la Hongrie, l'Autriche, la Styrie, la Carniole et la Carinthie, étaient soumises au pouvoir autrichien : l'union de ces provinces sous un seul chef a simplifié le système européen, et lui a donné une stabilité plus assurée. La réunion de quelques parties de l'Espagne sous une seule monarchie, ainsi que celle des îles Britanniques, ont, sans nul doute, diminué les guerres intestines ; et quoique, depuis ces événemens, les dissensions soient devenues à la vérité, en Europe, plus considérables et plus importantes, cependant un plus grand nombre d'hommes a joui alors de la sûreté et de la tranquillité. Mais les divisions de l'Italie et de l'Allemagne ont encore besoin d'être simplifiées. Quoique le nombre des souverains indépendans soit beaucoup diminué, il est cependant trop considérable encore. Si les événemens pouvaient le réduire, le système international serait immanquablement amélioré, et la paix de la terre serait plus assurée : mais reprenons le fil des événemens.

Sous le règne de l'empereur Henri III en Allemagne, on vit s'élever un schisme dans la papauté ; et trois pontifes se disputèrent l'héritage de saint Pierre. Henri profita de ces circonstances pour remettre sur l'ancien pied l'élection des papes; et on décréta qu'aucun pape ne serait choisi sans le consentement, et même sans la sanction de l'empereur. Il reconquit la prérogative de nommer les ducs et les gouverneurs des provinces; il alla même jusqu'à les déposer, et les remplacer par d'autres. Si Henri eût assez vécu pour établir solidement son système, l'unité de l'empire d'Allemagne eût été préservée; mais une mort prématurée vint rompre toutes ses mesures, et l'avénement au trône du jeune Henri IV, âgé alors de huit ans, donna au pape Grégoire VII les moyens d'acquérir un tel ascendant sur les princes de l'Europe, qu'ils se reconnurent pour les vassaux du saint siége. Ce pouvoir, supérieur à tous les autres, dominait même le sceptre impérial; car l'autorité spirituelle et l'autorité temporelle, qui avaient été si près d'être confondues, pendant le 6e. et le 11e. siècles, se trouvaient alors réunies dans les mains du souverain pontife.

Pour bien concevoir les liens qui unissaient les divers pouvoirs de l'Europe à cette époque, il faut entrer dans quelques recherches sur la nature du pouvoir ecclésiastique que Grégoire VII avait établi. Sa politique était fondée sur l'ignorance de son siècle, et elle demandait la continuation de cette ignorance pour être employée avec succès. Cependant, l'adresse et la finesse avec lesquelles il parvint à l'établir, sont dignes de notre attention. Si cette politique eût été employée sans crimes, et n'eût servi qu'à faire le bien, la pureté des motifs de ceux qui la mirent en pratique eût pu lui éviter les reproches de la postérité. Ils trouvèrent le genre humain ignorant et grossier; il leur eût peut-être été pardonnable de ne pas le tirer de cet état de barbarie : mais leur politique fut criminelle et destructive. Ils avilirent les laïques pour élever le clergé; et les prêtres, qui eussent dû se borner au saint ministère de leur religion, furent autorisés à ravager les propriétés, et à décider des destinées des hommes. Ils s'arrogèrent un pouvoir suprême universel; et, par l'abus qu'ils en firent, et par le scandaleux exemple de leur conduite privée, ils montrèrent quel mépris révoltant ils avaient conçu pour toute vertu chrétienne.

Grégoire fit son premier essai pour établir le despotisme des papes, en l'an 1059, lorsqu'il n'était encore que cardinal; il persuada à son prédécesseur, le pape Nicolas II, de sanctifier l'expédition de Robert Guiscard en Sicile, à condition que celui-ci se reconnaîtrait vassal du saint siége. Pendant la minorité de Henri,

Hildebrand fut celui qui contribua le plus au fameux décret du synode tenu à Rome dans la même année (1) : ce décret accordait aux cardinaux le droit d'élire les papes. On reconnut la prérogative de l'empereur de confirmer ou d'annuler l'élection ; mais seulement comme un droit personnel, et non comme un privilége de la couronne. C'était un pas de plus vers l'entier anéantissement de l'obéissance que l'évêque devait à son légitime souverain.

A peine Hildebrand fut-il monté sur la chaire pontificale, sous le nom de Grégoire VII, qu'il conçut le vaste dessein de se créer, sur un nouveau plan, un empire sur tous les princes et les prêtres de l'Europe, sous prétexte qu'il était le vicaire de Jésus-Christ sur la terre. Il commença d'abord par se rendre l'arbitre de toutes les affaires civiles et ecclésiastiques : il dégagea insensiblement le clergé de son obéissance au pouvoir civil dans tous les pays, et le soumit à sa puissance. Ce fut ainsi qu'il parvint à renverser partout l'autorité légitime. Il abolit d'abord l'usage que les empereurs avaient de remettre l'anneau et la crosse aux évêques. Ensuite, quoique les terres eussent été accordées par les souverains au

(1) Pfeffel, Henri IV.

clergé, il déclara qu'elles appartenaient à l'église et qu'elles étaient vassales de la cour de Rome. Après avoir ainsi obtenu, dans tous les états, la direction du clergé, et s'être acquis partout des vassaux, il rendit le pouvoir ecclésiastique formidable aux laïques, et se fit craindre lui-même des souverains. Il força les prêtres au célibat, et sépara complétement cet ordre du reste du genre humain. Mais ils furent les dupes de cet arrangement ; car les ordres monastiques anéantirent le pouvoir du clergé, qui fut bientôt après appelé séculier, pour le distinguer des moines qu'on appelait réguliers. Nous avons déjà parlé des fausses décrétales publiées sous le nom d'Isidore de Séville, sur lesquelles les papes avaient fondé leurs prétentions. Lorsque Grégoire en fut arrivé à ce point, il força chaque diocèse à contribuer, par une portion de ses revenus, à la prospérité du saint siège ; et il finit enfin par s'immiscer dans l'exercice de l'autorité des souverains. Nous le verrons bientôt excommunier l'empereur Henri IV, et le forcer de venir recevoir la couronne comme un fief de la cour de Rome. Ce fut ainsi que les papes acquirent leur puissance, par la même politique que nous avons vue suivie par les jacobins en France ; ils excitaient partout le trouble, pour établir leur influence et leur autorité, dans les momens de désastres.

Grégoire sut couvrir si bien son ambition du masque de la religion; qu'il parvint à se faire reconnaître par tous les princes de l'Europe comme souverain suprême. Guillaume-le-Conquérant fut le seul qui refusa de le faire ; mais les successeurs de ce prince n'eurent ni le pouvoir, ni la fermeté de rejeter cette honteuse servitude. La barbarie, l'ignorance et la superstition de ces temps-là, concoururent à favoriser l'accroissement de ce pouvoir extraordinaire : dans ces siècles malheureux on regardait les pontifes comme des dieux sur la terre. Les barons rebelles et ambitieux, pour élever leur puissance et pour abaisser celle de leur souverain, feignaient de croire à toutes ces impostures; et c'est à cette source, et de cette manière, que les électeurs, les ducs, landgraves, les margraves, etc., de la Germanie, ont puisé leur autorité indépendante. Ils encourageaient les prêtres à disputer le droit d'investiture, que les empereurs étaient forcés de céder; et, de son côté, le clergé entretenait réciproquement l'esprit de révolte de la noblesse. Voilà la cause de la faiblesse de l'Allemagne, encore aujourd'hui, ce qui l'a rendue un foyer de discussions et d'intrigues, et ce qui maintient toujours cette vaste contrée dans un état de guerre, ou du moins de désordre. Lorsqu'un de ses petits princes perd une partie de son territoire, il crie à la violence et à l'injustice; et une clameur universelle s'est élevée, parce qu'un petit misérable duc de Saxe a été obligé de sacrifier une partie de ses terres à la stabilité du système européen. Je ne partage pas à cet égard l'avis de M. Gentz: laisser à l'Europe sa forme actuelle, et persuader aux princes de ne pas faire la guerre, c'est espérer guérir par des sermons la maladie endémique de toutes les nations. Il faut éloigner les causes, et alors les effets cesseront; quand les palliatifs ne suffisent pas, le chirurgien doit avoir recours à l'instrument et enlever le mal.

L'empereur se vit forcé d'abandonner au pape la direction des affaires de l'église, et perdit par là un des plus beaux fleurons de sa couronne. Sa monstrueuse autorité fut élevée à son comble lorsque la maison de Hapsburg lui eut cédé la souveraineté de Rome. La postérité décidera si ce fut un acte de justice de rétablir, de nos jours, le gouvernement des pontifes. Il n'a jamais fait que du mal, tant qu'il en a eu les moyens; et, maintenant qu'il n'est presque rien dans le système de l'Europe, il ne saurait faire aucun bien : les souverains se trompent s'ils pensent s'affermir en soutenant ce pouvoir aux dépens du genre humain. Si les papes peuvent rétablir leur influence sur le peuple, ils chercheront à la faire tourner à leur avantage ; ils renouvelleront les absurdes prétentions qu'ils mirent jadis en avant, et apprendront aux hommes grossiers à n'avoir d'égards que pour leur autorité et leur pouvoir.

Un des plus puissans moyens dont usèrent les papes pour augmenter leur pouvoir, fut de multiplier les ordres religieux : ces communautés, placées dans toutes les villes de l'Europe, devinrent comme des garnisons spirituelles soumises aux ordres du Vatican ; l'influence que leurs membres ne tardèrent pas à acquérir, les rendit bientôt les confesseurs et les directeurs de la conscience du peuple. Ils usurpaient les fonctions du clergé, qui avait trahi ses souverains ; et, comme ils étaient indépendans de l'évêque, l'autorité de ce prélat se trouvait réduite à rien ; tandis que les papes faisaient des promotions, ou des destitutions, selon leur bon plaisir. Alors aucun prince n'était le maître de ses sujets ; les moines insultaient impunément les gouvernemens de tous les pays. Innocent III fut un des plus entreprenans après le pape Grégoire. Il ne se contenta pas d'usurper, dans quelques états, le pouvoir exécutif; mais il alla même, de son plein pouvoir, jusqu'à donner des dispenses des lois établies. L'inquisition fut aussi une nouvelle obligation que, dans l'année 1204, les hommes eurent aux chefs de l'Église.

Arrêtons-nous ici un moment pour considérer dans quel état déplorable se trouvait l'Europe à cette époque. Elle était partout habitée par des nations qui n'avaient adopté aucune forme régulière de gouvernement; les souverains étaient réduits à un état de servitude par ceux qui, de concert avec les papes, avaient divisé et usurpé leur pouvoir. Les prélats fieffataires, aussi-bien que les seigneurs laïques, se regardaient comme indépendans de leur roi, et ne reconnaissaient d'autre chef que le pontife romain; ils étaient souvent inquiétés dans l'exercice de leur autorité par les empiétemens des ordres monastiques. Les papes, pour agrandir leur puissance, soufflaient partout la discorde, et, sous prétexte de juger, augmentaient encore la confusion, en causant des guerres désastreuses; mais, non contens de causer tant de troubles, ils tirèrent parti des événemens les plus extraordinaires, pour faire verser des flots de sang. Les croisades furent entreprises par les nations de l'Europe, à l'instigation du pape et du clergé qui gouvernaient alors le monde. Ces guerres, que l'on appelait saintes parce que la religion en était le prétexte, sont dignes de quelque attention; mais nous ne pouvons nous en occuper avec détail. Tout le monde sait qu'elles durèrent plus de deux siècles, et qu'elles ne se bornèrent pas seulement aux peuples de la Terre Sainte, mais qu'elles s'étendirent jusqu'aux nations qui habitaient la côte de la mer Baltique, et jusqu'aux chrétiens schismatiques des différens pays. Dans ces temps désastreux, tout respirait la guerre et la violence. Ceux qui ne contribuaient pas en personne ou en argent au succès de ces entreprises, étaient condamnés à une damnation éternelle. Tandis que les papes et les prêtres, au sein de toutes les jouissances, considéraient la tempête et s'en réjouissaient, le peuple trompé vendait ses propriétés au clergé, qui les achetait le prix qu'il lui plaisait d'en donner, pour les dépenser dans ces guerres. Ainsi donc la propriété de tous les biens appartenait à l'église; toutes les relations entre les différens états étaient suspendues, et la paix semblait bannie de la terre. Les hommes étaient trop ignorans pour se faire une juste idée de la position déplorable des nations, et pour en apprécier les causes. Le cours ordinaire de la société civile était totalement interverti; les princes étaient sans pouvoir et faibles, les barons ignorans; les gouvernemens pauvres, et le clergé vicieux : un nouveau pouvoir, créé par les monastères, s'établissait au milieu de celui qui était en vigueur. Comment aurait-il pu subsister alors un droit des gens entre les nations, et des communications réciproquement amicales entre les états indépendans? Ces maux cependant, comme nous le verrons dans la suite, fournirent eux-mêmes leur remède. La connaissance des littératures grecque et arabe, que les califes de Bagdad avaient cultivées et encouragées, parvint jusqu'aux barbares habitans de l'Europe, par le moyen des croisades. Constantinople n'avait pas encore subi le joug des Turcs, et les littératures grecque et romaine s'étaient conservées dans ses remparts, avec les monumens des arts qui l'embellissaient. Les croisés apportèrent en Europe, à leur retour, des germes de perfectionnement, qui se développèrent dans la suite. Venise et les autres villes d'Italie acquirent de grandes richesses, en donnant aux Européens des moyens de transport. Les Italiens établirent alors leur commerce dans plusieurs contrées du Levant.

Ces événemens, avec l'institution de la corporation des villes, changèrent par degrés la face de l'Europe, et donnèrent aux hommes quelques idées d'une sage liberté ; mais les progrès furent presque insensibles.

Quoique nous trouvions à chaque pas de nouvelles guerres, et des troubles sans cesse renaissans, si cependant nous remontons à leurs causes, nous ne désespérons pas de voir un jour les hommes tranquilles, si ceux qui sont à leur tête sont dirigés par un esprit de sagesse et de modération. A travers les calamités de toute espèce que nous rencontrons à chaque instant, nous apercevons néanmoins une tendance et quelques progrès vers un meilleur ordre de choses : c'est ainsi, par exemple, que du temps de la révolution française, quelque grands que fussent les malheurs du monde, si on excepte le règne de la terreur, qui fut de peu de durée, l'Europe était plus tranquille alors qu'elle ne le fut dans le temps que nous envisageons maintenant ; et, en réfléchissant sur les effets produits par les dernières guerres, on s'aperçoit que les nations s'approchent d'un meilleur système de relations *internationales*. Le devoir de l'historien philosophe est de les suivre dans leur marche, en leur montrant les rochers et les écueils qui, les arrêtant dans leur course, pourraient retarder leur arrivée à un point de perfection désirable.

Nous avons déjà dit quelques mots de la liberté accordée aux villes municipales, durant le siècle dont nous traçons l'histoire ; l'industrie, encouragée par ces priviléges, augmenta bientôt leur importance, et les mit en état de servir de puissans auxiliaires aux souverains, pour réprimer les désordres du système féodal : un changement général s'établit dans l'état de la société. Dans les principaux royaumes de l'Europe, les villes libres commencèrent à former un troisième ordre, qui était entièrement distinct de la noblesse et du clergé : en France et en Angleterre, elles mirent le pouvoir de la couronne à même de recouvrer plusieurs prérogatives, que sa faiblesse l'avait empêchée d'exercer ; et, lorsque leurs députés furent admis dans les assemblées de la nation, il soutinrent toujours les véritables intérêts de la couronne. Comme en Allemagne le trône était électif, les villes prirent la forme de républiques indépendantes ; et, loin de rétablir l'unité de la masse, elles contribuèrent encore par là à la diviser davantage. La distinction établie entre les intérêts de l'empereur et ceux de l'empire, prouve assez la vérité de cette assertion.

Les villes libres de l'Italie, profitant des discussions élevées entre la cour d'Allemagne et celle du Vatican, formèrent des divisions encore plus choquantes. Tout en reconnaissant le pouvoir des empereurs, et en recevant d'eux un *podesta* ou chef de la magistrature, elles frappaient leur monnaie, et conservaient le droit de paix et de guerre. On concevra mieux ceci quand nous viendrons à parler des Guelfes et des Gibelins : il suffit à présent de dire que les franchises des villes, en France et en Angleterre, produisirent des effets tout-à-fait opposés à ceux qu'elles eurent en Allemagne et en Italie; car, dans les deux premiers royaumes, elles consolidèrent leur unité, en servant de contre-poids à l'influence des barons : dans les deux autres, au contraire, elles compliquèrent davantage le système, en augmentant le nombre des états indépendans.

C'est dans les temps qui suivirent l'époque connue sous le nom du grand interrègne, que l'on s'aperçoit des effets de cette différence, et, en même temps de la tendance des divers états de l'Europe à une forme plus simple. La couronne d'Allemagne, devenue élective, avait perdu cette unité que les rois de France et d'Angleterre avaient su conserver. Cette division, contraire aux intérêts du pays, le rendit le théâtre de guerres interminables. Les princes et les états de l'Empire, jaloux d'augmenter leur pouvoir, cherchaient à élire des empereurs que leur faiblesse rendait incapables de soutenir les prérogatives de la couronne. Ceux qui avaient leurs voix à donner à l'élection les vendaient à celui qui leur donnait le plus d'argent, ou qui leur promettait les parties les plus considérables du domaine de l'Empire. C'est pourtant par cette infâme corruption que les empereurs d'Allemagne ont acquis leurs droits imprescriptibles à la couronne.

Les empiétemens continuels de princes d'Allemagne sur le pouvoir impérial, produisirent des changemens remarquables dans la position des provinces indépendantes. Ces seigneurs, regardant comme leur patrimoine les fiefs dont les avaient primitivement investis les empereurs, les partagèrent entre leurs enfans, suivant le système de Charlemagne. Des subdivisions, encore plus funestes au bien général, en furent le résultat. Cependant les empereurs, trop faibles pour ressaisir le pouvoir usurpé par leurs puissans vassaux, encouragèrent ces partages qui, en rendant chaque portion de plus en plus faible, devaient les mettre un jour à portée de rentrer dans tous leurs droits : mais les événemens qui survinrent contrarièrent cette politique. Les états ecclésiastiques, qui par leur nature n'étaient pas susceptibles de divisions, restèrent comme ils avaient toujours été. Quant aux états séculiers, depuis le 12e. siècle jusqu'à nos jours, l'extinction d'un grand nombre de familles les réunit dans leur ancienne proportion; et c'est ainsi qu'a subsisté jusqu'ici une masse de petits états, trop forts pour être soumis au pouvoir de l'empereur, et trop faibles pour donner l'unité convenable à l'Allemagne, lorsqu'elle est attaquée par une puissance ennemie.

La bigoterie de Mathilde, comtesse de Toscane, ajouta de nouvelles possessions à l'église, et augmenta encore le pouvoir des papes. Les nombreuses villes libres de l'Italie, tantôt en favorisant le pape lorsqu'il était opprimé par l'empereur, tantôt en favorisant l'empereur lorsqu'elles avaient à craindre quelque chose du pape, firent naître les factions des Guelfes et des Gibelins, qui causèrent pendant si long-temps les malheurs de ce pays.

En Allemagne, la confedération des villes anséatiques vient encore compliquer la système. Les richesses acquises par le commerce firent naître bientôt des idées d'ambition; et, sous prétexte de maintenir leurs priviléges, lorsqu'elles ne voulaient véritablement qu'établir un monopole commercial, elles firent la guerre aux puissances du Nord. Les ducs de Savoie étaient les seuls princes d'Italie qui prissent place à la diète germanique. La mort de Mathilde et les arrangemens qu'elle prit, permirent à l'esprit républicain de se développer dans ce pays, et aux papes d'augmenter leur pouvoir par leur politique incendiaire. Sous l'empire de circonstances semblables à celles-ci, il était impossible de songer à la paix. Nul doute qu'une étendue de pays aussi vaste que l'Europe, soumise à de pareils événemens, ne pouvait rester tranquille un seul instant; mais, quand nous venons à considérer que l'état de choses actuel doit sa naissance à ce chaos de violence et d'imposture, nous sommes fondés à penser qu'il peut avoir encore conservé quelques-uns des défauts inhérens à sa formation primitive. Si nous parvenons, au moyen d'un raisonnement simple et clair, à les faire apercevoir, il en faudra conclure que, si les négociations ne sont pas assises sur une autre base, tous les traités, ou toutes les conventions que des diplomates feront d'ici à quelques siècles, devront se ressentir des mêmes imperfections et des mêmes défauts. Le droit à la couronne a été établi sur les mêmes maximes que le droit de propriété, suivant l'intérêt des hautes parties contractanctes. On a vu des hommes, avec le pays qu'ils habitaient, livrés à d'autres maîtres comme des fermes avec les *meubles vifs*. Ce n'est point le bien public qu'on a consulté pour ces arrangemens; et les princes qui les ont formés, regardant leurs intérêts comme distincts du peuple qu'ils gouvernent, se sont sacrifiés, eux et leurs sujets, par l'imprévoyante politique qu'ils ont adoptée (1).

La couronne ne devint tout-à-fait élective qu'au règne de Henri V de Germanie qui, à la demande du pape, n'avait pas craint de déposer son père. L'extinction de la dynastie des Francs favorisa beaucoup l'établissement de cet usage. A la mort du dernier prince, il fallut élire un nouveau roi : le choix tomba sur Lothaire, duc de Saxe, qui ne laissa qu'une fille. Son mari, Henri surnommé le Fier, duc de Bavière et de Saxe, et l'un des ancêtres de la famille royale d'Angleterre, fit passer la couronne sur la tête de Conrad III. A la mort de

---

(1) L'auteur veut parler des affaires d'Allemagne, réglées dans le congrès de Vienne.

cet empereur, son fils ne fut point élu; mais on lui préféra son cousin Frédéric Ier., qui fut élevé au trône par une délibération entièrement libre. Ces trois élections consécutives établirent le droit d'élire à la couronne d'une manière presque incontestable. Frédéric Ier. fit, en 1196, nommer roi de Rome son fils Henri, à peine âgé de quatre ans. Cet empereur avait envie de reprendre le droit d'hérédité au trône; mais il fut forcé de se contenter de la nomination de son fils à la souveraineté de Rome. Le pape, qui commençait alors à résister à l'empereur, s'opposa à ses prétentions; de sorte que de nouvelles discordes naquirent entre les partisans de l'un et de l'autre. Le droit d'élection fut restreint à un petit nombre de princes, peu de temps après qu'on eut commencé à en faire usage. Six ou huit grands dignitaires de l'Empire étaient les seuls qui eussent contribué à la nomination de Frédéric Ier. Pendant le règne de ce prince, la Bohème donnait la charge de grand échanson, le Palatinat celle de grand intendant, la Saxe celle de grand maréchal, et le Brandebourg celle de grand chambellan. Ces dignités, avec leurs prérogatives, se sont perpétuées jusqu'à nos jours. On trouve le terme d'*électeur* mentionné dans une promesse de Frédéric Ier. à la maison d'Autriche, dans laquelle il lui permettait de prendre rang après les *électeurs*. Depuis ce temps les empereurs furent élus à Francfort, et couronnés à Aix-la-Chapelle : ensuite ils vinrent se faire couronner à Milan rois de Lombardie, et recevoir à Rome la couronne impériale.

Les relations politiques de la Lombardie et de l'Allemagne étaient nouvellement établies. Les pontifes de Rome prétendaient néanmoins que la couronne d'Allemagne était un don de l'église : cette prétention est absurde, si l'on remonte jusqu'à Charlemagne pour retrouver l'origine du titre sur lequel elle est fondée. Le pape cependant prétendit toujours que la couronne de l'Allemagne était un fief de l'église, et que l'empereur était son vassal. L'archevêque de Cantorbéry pourrait, avec autant de raison, prétendre que la couronne d'Angleterre est à sa disposition, et que le roi est son sujet. Ainsi, insensiblement le sacre des empereurs fut considéré comme une prestation de foi et hommage, accordée par un fieffataire à son seigneur. Cet étrange et absurde système ne tarda pas à produire de nouveaux désordres en Allemagne et en Italie (1). Les républiques

(1) Koch, part. 4.

nombreuses qui, dans le commencement du 11e. siècle, s'étaient formées dans la dernière de ces contrées, secouèrent le joug des empereurs, tout en les reconnaissant pour souverains. Ceux-ci furent d'abord trop faibles pour réprimer cette audace : cependant Frédéric Ier. résolut de rendre à la couronne de Lombardie son antique splendeur; mais la plupart des villes se liguèrent contre lui. Il convoqua une diète du royaume à Roncaglia; et, après y avoir fait une déclaration publique de ses prérogatives, il marcha contre elles pour les faire valoir, et châtia la ville de Milan, en la détruisant de fond en comble. Les Italiens pourtant ne se découragèrent pas. En 1167, ils se confédérèrent, et entraînèrent dans leur parti le roi de Sicile et Alexandre III, que l'empereur refusait de reconnaître comme pape. Cette guerre fut traînée en longueur, sans résultats décisifs; mais, comme Henri-le-Lion revenait en Allemagne pour défendre ses propres états contre ses ennemis, il fut battu à Lignano, et forcé de faire la paix avec le pape Alexandre. Une trêve de six ans fut signée en 1177, à Venise, avec les républiques confédérées. Cette convention fut convertie, en 1183, en un traité de paix définitif, qui fut signé à Constance; et les villes se firent accorder le gouvernement qu'elles avaient choisi. Le pape fut l'âme de la révolte que l'empereur excita par ses mépris; et son insolence causa à Rome un tumulte dans lequel Frédéric manqua de perdre la vie, et onze cents Romains furent tués.

Les désordres que nous allons décrire maintenant excitent le dégoût et l'indignation. Henri le-Lion avait accompagné Frédéric à Rome, et était parvenu à se soustraire à la révolte dont nous venons de parler : il se sauva en Allemagne. Son grand pouvoir devint alors un objet de jalousie pour l'empereur; il se servit du prétexte de son retour au moment de la guerre avec les républiques confédérées, pour confisquer ses propriétés et proscrire sa famille; et telle devait être la conséquence naturelle des titres en vertu desquels on possédait alors les domaines. Les princes de l'Empire, qui étaient à la fois ses ennemis, ses accusateurs et ses juges, se partagèrent ses vastes possessions; et, comme descendans de la maison des Guelfes, les rois actuels d'Angleterre pourraient réclamer les duchés de Saxe et de Bavière, avec les contrées adjacentes au Hanovre jusqu'à la Baltique. C'est pourtant sur la spoliation de cette famille, qui elle-même devait ses domaines à l'usurpation, que les rois de

Bavière et de Saxe fondent leurs droits imprescriptibles à la couronne.

Nous avons vu dans le cours de cet ouvrage les funestes effets du gouvernement électif; si, pour remédier à ces maux, on a établi le droit d'hérédité aux trônes, on n'a dû jamais oublier que ce droit n'est accordé à des familles privilégiées que pour le bien général, et que, si on le considère sous un autre point de vue, il cesse d'être un droit. Ainsi donc, pour cette raison et pour mille autres, toute disposition testamentaire, par laquelle des souverains divisent des peuples, et quelquefois même des familles, doit être considérée comme un excès de pouvoir injuste, intolérable, et dégradant pour l'humanité. Mais les contestations survenues aux princes, à cause de leurs droits sur leurs états, ont dû souvent leur naissance à l'ignorance dans laquelle sont les hommes des justes limites dans lesquelles ces droits doivent être contenus.

Venons maintenant au royaume de Naples. Borné par les états de l'église, il fit partie de l'empire grec jusqu'au 6e. siècle. Les Lombards soumirent par degrés les meilleures provinces; le duché de Bénévent, qui leur appartenait alors, avait presque envahi toute la partie continentale du royaume. D'un autre côté, l'île était presque entièrement soumise à la domination des Sarrasins. Les Grecs, commandés par un officier avec le titre de capitan, possédaient encore une partie de la Pouille et de la Calabre. La ville de Naples était devenue une république libre sous la protection de l'empereur grec (1).

Vers l'an 1000, quelques Normands, venus comme pèlerins à Saint-Michel au mont Gargano, s'engagèrent en qualité de volontaires, dans les guerres locales que se faisaient continuellement les Grecs et les Lombards: il s'y distinguèrent; et, à leur retour dans leur pays natal, ils donnèrent à leurs compatriotes une telle idée de la beauté du pays, de la fertilité du sol, et de la pusillanimité des habitans, qu'ils leur inspirèrent le désir d'aller chercher fortune dans cette heureuse contrée. Dans l'année 1017, un parti de Normands retourna de nouveau en pèlerinage à Saint-Michel: leur chef Osmond Denget, disgracié par le duc Robert, avait été forcé de quitter son pays natal. Il arriva dans la Pouille avec ses compagnons, dans le moment même où Melo, riche citoyen de

(1) Denina, Revol., lib. 10, cap. 7.

Bari, cherchait à délivrer son pays natal du joug des Grecs; il pria les Normands de retourner chez eux et de lui ramener de leurs compatriotes en nombre suffisant pour l'aider dans son entreprise : en peu de temps ils arrivèrent en foule. Melo leur donna des armes; il battit le capitan en plusieurs rencontres, et s'empara d'un grand nombre de places fortes. Il fut cependant défait dans la plaine de Cannes, où il perdit la vie; et le nombre de ses soldats fut tellement diminué, que toutes les conquêtes qu'il avait faites furent perdues. Ceux des Normands qui survécurent à cette affaire, s'attachèrent d'abord aux princes lombards de Bénévent, et prirent ensuite du service sous ceux de Salerne et de Capoue. Ce furent ces divisions du territoire des Lombards qui causèrent leur faiblesse, et l'établissement des Normands à Averse, qu'on leur permit d'occuper, afin de tenir les Napolitains sur leurs gardes.

Les succès de ces premiers aventuriers appelèrent de nouvelles bandes de Normands dans ces contrées. Tancrède, duc de Normandie, eut douze fils : trois d'entre eux, Guillaume, Drogon et Humbert, se mirent à la tête des émigrans; mais, arrivés à leur destination, ils virent que la petitesse de ses possessions ne permettaient pas à Rainulphe de les recevoir dans son comté d'Averse. Ils prirent donc la résolution de s'attacher au service de Guimar, prince de Salerne, qui les fit marcher contre Pandolfe, autre prince lombard qui régnait dans Capoue. Lorsqu'en l'an 1036 l'empereur Conrad II vint en Italie pour apaiser la révolte des Milanais, il accorda à Guimar de tels priviléges, qu'avec le secours de ses Normands celui-ci se rendit maître du royaume de Naples tout entier. Après avoir atteint, par le secours de ces étrangers, le faîte de la puissance, il ne tarda pas à devenir jaloux de leurs succès; et, comme il craignait de les offenser en les congédiant de son service, il songea aux moyens de leur faire tourner leurs armes vers d'autres pays. Les affaires des Grecs allaient alors fort mal dans la Pouille; les Sarrasins, qui s'étaient établis dans la Sicile, les harcelaient continuellement sur la côte voisine. Michel le Paphlagonien usurpateur du trône de Constantinople, avait envoyé Georges Maniaces avec une armée pour chasser ces mahométans de l'île. Les Normands s'étaient engagés dans cette expédition, qui fut couronnée d'un plein succès; mais une dispute s'éleva à l'occasion du partage des dépouilles: on en vint aux mains, et les Grecs furent battus dans la Pouille et dans la Calabre. Les Normands victorieux acquirent une importance qu'ils n'avaient pas eue jusqu'alors. Ils élurent Guillaume, fils aîné de Tancrède, pour leur roi; ses autres frères, et les autres chefs lombards et normands divisèrent entre eux le territoire, et formèrent de grands fiefs; ils fondèrent ainsi un gouvernement aristocratique, dirigé par une assemblée de seigneurs qui tenait ses séances à Amelfi. Les Grecs trouvèrent dans la suite les moyens de souffler la discorde entre les Lombards et les Normands; ce qui obligea ces derniers à prendre le ton de maître. En l'an 1046, pour consolider leur autorité, ils acceptèrent de l'empereur Henri III l'investiture féodale des provinces qu'ils avaient conquises.

Les papes, jaloux du pouvoir naissant des Normands, devenus vassaux de l'empereur, cherchèrent les moyens d'affaiblir leur puissance. Ce fut à cette occasion que Léon IX conduisit en personne une armée contre eux; mais il fut battu et fait prisonnier. Cependant la superstition de ces temps lui permit de faire tourner sa défaite à son avantage. Les Normands, au lieu de remettre le pape et ses cardinaux dans leur ancien rang d'évêques métropolitains suffragans, soumis au pouvoir temporel, et d'unir le territoire de Rome à leur royaume, les traitèrent au contraire avec respect et soumission (1). Ce fut sur cet événement que les papes fondèrent leurs prétentions au royaume de Naples; en même temps les comtes d'Averse, s'étant alliés par le mariage à la famille de Tancrède, augmentèrent leurs possessions par la conquête de Capoue et de Naples. Le pape Nicolas II sanctifia ce brigandage : ainsi le duché de Bénévent, fondé par les Lombards, et divisé par leurs princes, servit avec les possessions des Grecs à former le royaume de Naples des Normands.

Ce fut alors que le pouvoir de ces peuples en Italie commença à devenir considérable. La dispute survenue entre Henri IV d'Allemagne et Grégoire VII avait rendu leur secours utile au pontife. Comme il n'avait pour tout allié que la comtesse Mathilde de Toscane, il se décida alors à favoriser les vues de Robert Guiscard, qu'il excommunia bientôt après par jalousie pour sa puissance. Le gouvernement aristocratique des Normands était devenu monarchique, et deux princes l'avaient conduit après la mort de Robert. Le dernier de ses successeurs fut Bohémond, prince d'Autriche; mais Roger II, comte de la Sicile, dont le père avait conquis l'île sur

(1) Gianone.

les Sarrasins, et qui en avait reçu du pape l'investiture, réunit les deux royaumes en un seul. Comme la descendance mâle de cette famille finit à Guillaume II, le sceptre échut à Constance, fille de Roger II. Elle épousa Henri VI, empereur d'Allemagne, et donna le jour à Frédéric II : ce fut ainsi que le royaume des Deux-Siciles tomba au pouvoir de la maison impériale de Souabe.

Le droit de succession au trône pour les femmes n'était pas encore établi parmi les Normands; et, quoique Guillaume II eût désigné Constance pour lui succéder, et qu'une assemblée des états du royaume l'eût reconnue pour reine, et eût engagé les nobles à lui donner foi et hommage ainsi qu'à son mari, Henri de Souabe, cependant les Siciliens, craignant l'administration d'un prince étranger qui se trouvait alors en Allemagne, formèrent le complot de donner le trône à un autre. On désigna Tancrède, comte de Lecce : une partie de la nation se prononça en sa faveur, l'autre resta fidèle à Constance. Tancrède était fils naturel de Roger Ier.; il n'avait aucun droit à la couronne, et ne pouvait fonder ses prétentions que sur le choix du peuple; mais alors le royaume n'était pas électif. Cependant le pape

Clément IV, qui était bien aise de voir la Sicile sous un autre sceptre que celui de l'empereur, favorisa cette injustice pour empêcher que la puissance impériale ne s'étendît trop en Italie. Une guerre sanglante s'engagea. Guillaume III parvint à détrôner le bâtard; et la mort de Henri laissa Constance à la tête du royaume, et mère d'un fils qui porta le nom de Frédéric II.

Ce fut ainsi que le royaume de Sicile passa de la race normande à la famille de Souabe (1); mais Henri VI fut obligé de soutenir ses droits l'épée à la main contre les prétentions des papes. Les guerres sont toujours désastreuses; mais elles le sont surtout lorsque le territoire qui en est l'objet consiste dans des possessions éloignées, toujours difficiles à conserver.

Des disputes ont presque toujours été la suite des réclamations élevées en vertu des droits des femmes, et la France a donné à cet égard au monde un exemple digne d'être imité. La loi salique, en les excluant du trône, a prévenu beaucoup de troubles; car, depuis Hugues-Capet, c'est-à-dire pendant l'espace de près de huit cents ans, on n'a vu régner que

(1) A. D. 1198.

deux dynasties. En Angleterre et dans tous les pays où les droits des femmes sont reconnus, l'histoire offre un coup d'œil bien différent, et doit nous convaincre que la loi salique peut seule prévenir les disputes qui s'élèvent pour les successions. Nous reviendrons à ce sujet, lorsqu'à la fin de cet ouvrage, nous chercherons à profiter des leçons du passé pour établir un meilleur ordre de choses pour l'avenir.

Nous avons laissé l'empereur Frédéric II sous la tutelle de sa mère Constance, qui mourut avant la majorité de son fils, et en confia la garde au pape Innocent III. Les résultats les plus funestes furent la suite de cette démarche ; car les pontifes fondèrent là-dessus plusieurs prétentions sur le royaume de Naples, et entre autres celle d'être les tuteurs de tous les mineurs, soit que le défunt eût ou non disposé de la tutelle. Clément en donnant l'investiture à Charles d'Anjou, en fit une condition spéciale ; ce futce la qui, avec toutes les autres réclamations de la cour de Rome, contribua à maintenir le royaume dans des guerres perpétuelles.

Frédéric II, en montant sur le trône d'Allemagne et des Deux-Siciles, ne termina pas ses différens avec le pape. Les empereurs avaient reçu des mains des évêques de Rome, la couronne impériale avec le titre d'empereur de l'Ouest. C'était là-dessus que les pontifes fondaient leurs prétentions à une supériorité incontestable sur tous les souverains de la terre, et au droit de confirmer toutes les investitures des domaines qui ne leur appartinrent jamais. Nous avons vu comment les princes de la dynastie carlovingienne avaient amené de tels désordres, en profitant de l'ignorance de leur âge pour faire sanctifier leurs usurpations par l'autorité des papes, et comment à leur tour les pontifes usurpateurs avaient foulé aux pieds toute puissance humaine.

De nos jours on décrie le droit de conquête; et, comme les investitures des papes ne sont plus en vogue, nous attendrons patiemment le résultat de ces saintes alliances, qui doivent examiner tous les titres avec impartialité et avec sagesse, et qui doivent n'admettre que ceux qui ne sont pas entachés de ridicule ou de fausseté.

L'empereur Frédéric II possédait en Allemagne tous les domaines de Frédéric Ier, auxquels il avait ajouté les royaumes de Naples et de Sicile que lui avait laissés sa mère. Il voulut faire valoir ses droits en Italie; et une nouvelle ligue se forma sous les auspices de Grégoire IX. Ce pontife voyant bien que, si l'empereur eût pu recouvrer son autorité sur les villes de Lombardie et de Toscane, il aurait fini par le soumettre lui-même, alluma la guerre. Lui et son successeur Innocent IV en vinrent au point de prêcher une croisade contre l'Allemagne, comme ils l'eussent fait contre les infidèles. Ce prince, après plusieurs engagemens sérieux, se vit contraint d'abandonner son projet, et de laisser les républiques indépendantes.

Par ce moyen, les papes se maintinrent à la vérité; mais ce fut aux dépens de leur pays. Les républiques ne furent pas plus tôt délivrées de la crainte de l'empereur, que toute cette contrée fut divisée en un nombre considérable d'états, et que les factions des Guelfes et des Gibelins furent portées au plus haut degré : tant de points de contact ne pouvaient manquer de produire cet effet. Les peuples souffraient; mais le pape était conservé. Ces guerres pourtant finirent par détruire la liberté de ces républiques : Vénise et Gênes sont les seules qui aient subsisté jusqu'à nos jours.

On connaît assez les circonstances de la mort de Frédéric II, l'histoire de son petit-fils Conradin et les usurpations de Manfred. Le pape profita de ces événemens pour offrir la couronne de Naples à Charles d'Anjou, à condition qu'il la recevrait comme un fief du saint siége. Manfred fut tué dans une bataille rangée; et Conradin, qui voulait reconquérir le trône de ses pères, fut fait prisonnier. Le pape, pour assurer le trône à la maison d'Anjou, eut la cuauté de conseiller à Charles de faire exécuter ce malheureux prince à Naples sur un échafaud : il fut effectivement décapité le 26 octobre 1268. Douze ans après cet événement, nous verrons le pape entrer dans une conspiration contre les Français et la maison d'Anjou, faire exécuter en 1282 les vêpres siciliennes, et inviter les princes d'Arragon à s'emparer du royaume de Naples. Une guerre de soixante-dix ans fut la suite de cette atrocité; et, par les soins du saint siége, l'Italie, depuis les Alpes jusqu'à son extrémité méridionale, continua à être le théâtre de guerres sanglantes et interminables.

Antérieurement à ces événemens, les Français et les Anglais étaient devenus rivaux. Philippe Ier. était roi de France lorsque Guillaume-le-Conquérant s'emparait de l'Angleterre. Bientôt le vassal fut supérieur à son seigneur, et le duc de Normandie, devenu roi de la Grande-Bretagne, était un dangereux rival pour le roi de France. Pour la première fois une guerre s'éleva entre les deux nations en 1087. Le divorce de Louis VII et d'Éléonore de Poitou (1) vint encore augmenter les causes de dispute entre les deux pays. Cette princesse épousa en secondes noces Henri II, et alors les provinces du Poitou et de la Gascogne furent soumises à la domination anglaise. Quelque temps après, Philippe-Auguste, successeur de Louis VII, profita avec adresse des troubles qui se manifesterent sous le règne du roi Jean, et parvint à reconquérir les provinces de l'Artois, de la Normandie, de l'Auvergne, de l'Anjou, du Maine, de la Touraine et du Poitou; il se conserva ces conquêtes par la victoire de Bovines, qu'il remporta sur les Anglais et sur les Impérialistes, commandés par le comte de Flandres (2).

Les croisades, que les pontifes prêchaient alors, vinrent ajouter encore au désordre de l'Europe : on doit leur reprocher éternellement celle qu'ils publièrent contre les infortunés Albigeois. Les bulles incendiaires d'Innocent III firent du Languedoc, qu'habitaient ces malheureux, une contrée entièrement déserte. Simon,

(1) 1152.

(2) 1214.

duc de Montfort, reçut, comme une récompense de ses sanglantes expéditions, le comté de Toulouse qu'il commandait alors. Les donations des papes étaient dans ce temps les seuls titres sur lesquels on pût compter ; et il fallait humblement plier la tête sous le joug féroce de ces impérieux despotes.

Pfeffel pense que, si Henri II et Conrad II n'eussent pas permis aux Normands de s'établir en Italie, les papes n'auraient pas pu résister aux empereurs. Ces princes ne s'aperçurent pas qu'en favorisant les Normands pour chasser les musulmans de la Sicile, ils se créaient des ennemis plus dangereux que ceux qu'ils détruisaient. Les Normands fondèrent, sur les ruines de l'empire des Sarrasins, un royaume auquel il ne manquait que les moyens de secouer le joug de l'Allemagne. Ils n'avaient d'autres ressources pour atteindre ce but, que l'alliance des états de l'église, et l'élévation de républiques indépendantes dans la partie nord de l'Italie : c'est alors que l'on voit de la part de ce pays quelques légers efforts pour contrebalancer l'Allemagne ; mais son état déplorable de division, et les maximes fondamentales du gouvernement de l'église, les rendirent vains. Nous le répétons, la formation hétérogène des divers gouvernemens de l'Italie a toujours été la cause de sa faiblesse, et la rendra un jour la proie de quelque puissance étrangère, si on n'avise aux moyens de la réunir entièrement sous un seul chef indépendant : mais il faut pour cela anéantir le pouvoir temporel des papes; car, tant que ce pouvoir subsistera, il y aura lieu de craindre que l'Italie ne soit, comme par le passé, le théâtre de guerres civiles et étrangères.

Après la conquête de l'Angleterre par les Normands, l'Irlande resta encore divisée en cinq royaumes : Ulster, Munster, Counauglit, Leinster et Meath; mais qu'en résulta-t-il? c'est que ces royaumes furent détruits, et que l'île fut conquise par les Anglais. La Russie est aujourd'hui un empire immense soumis à un chef unique; et le traité de Vienne divise l'Italie en six états indépendans, sans parler des provinces de la maison d'Autriche ; et ce même traité divise l'Allemagne en trente-huit principautés. Comment est-il possible d'établir un équilibre entre des pouvoirs balancés dans une telle proportion? n'est-ce pas plutôt un continuel appât pour la révolte des sujets rebelles, la malveillance des voisins jaloux et la cupidité des étrangers?

Il ne nous reste plus, pour terminer ce chapitre, qu'à examiner la partie septentrionale de l'Europe. Au dedans et au dehors les royaumes du nord ne présentent à cette époque que des scènes d'horreur et de carnage. Point de règles pour l'hérédité du trône, et nulles notions de droit public. Comme celle de la Norwége, la couronne du Danemarck était élective, pourvu cependant qu'elle fût donnée à quelqu'un de la famille royale : mais les bâtards pouvaient concourir avec les enfans légitimes; et ce ne fut qu'en l'an 1209 qu'ils furent exclus. Les archevêques avaient usurpé une autorité qui donnait une grande influence au clergé, et l'évêque de Drontheim avait une grande part dans les élections des rois de la Norwége. Swerer un d'eux voulut mettre quelques bornes à son autorité; mais Célestin III et Innocent III l'excommunièrent. Cette discussion fut terminée par un arrangement entre le pape et le clergé, qui détruisait leur influence, et conduisait à un ordre de succession plus régulier.

Les côtes du Danemarck étaient alors infestées par les Slaves, peuple de pirates qui habitait la côte méridionale de la mer Baltique. Waldemar Ier. les attaqua, s'empara de plusieurs de leurs villes, d'Arcone et de Carcutz dans l'île de Rugen; de Wollen et de Stettin; les princes de Rugen devinrent ses vassaux et ses tributaires ; et le pouvoir des Danois fut établi en Poméranie.

Avant la fin du 10e. siècle on n'entend point parler de Prusse ni de Prussiens. Vers l'an 1215 un abbé d'Oliva nommé Christian se déclara l'apôtre de ce peuple, et Innocent III le nomma le premier évêque de Prusse. Comme cette nation, qui suivait la religion d'Odin, n'était pas trop disposée à embrasser le christianisme, le pape Honorius III publia contre elle une croisade. Une nuée de croisés fondit aussitôt sur le pays, et s'occupa d'exterminer les habitans plutôt que de les convertir : les Prussiens se vengèrent sur la Pologne. On appela les chevaliers Teutons à son aide, et on leur donna pour récompense le territoire de Culm. Frédéric II confirma cette donation. Les conquêtes agrandirent bientôt leurs domaines, et toute la Prusse devint leur apanage. Comme on avait tué les habitans du pays au lieu de les rendre chrétiens, on partagea leurs terres aux bandits qui s'étaient croisés pour cette pieuse et sanglante expédition. On forma en 1201 un nouvel ordre qu'on appela armée du Christ; on l'incorpora après avec les chevaliers Teutons. Ils soumirent la Livonie et la Courlande, et dominèrent ainsi toute la Prusse.

Au milieu des orages politiques du continent, une révolution mémorable qui se manifesta en Asie faillit renverser tout ce qui avait été établi. Les conquêtes de Tchinglis-Khan, depuis la partie orientale de la Chine jusqu'à la Silésie, firent trembler toute l'Europe. Heureusement la décadence de l'empire des Mogols fut aussi rapide que son élévation avait été prompte, et sauva ainsi le monde : cependant les ducs de Moscovie devinrent tributaires de la horde d'or.

La Russie de nos jours a, sous certains rapports, quelque ressemblance avec ces barbares; plaise à Dieu que nos troubles et nos divisions ne nous amènent pas de nouvelles manières, un nouveau langage et de nouveaux maîtres! et, si ce malheur est inévitable, n'ayons pas la folie de l'accélérer par nos discordes. La distribution extraordinaire et disproportionnée de l'Europe montre que l'on redoute peu ces dangers, que l'on croit éloignés; mais que l'expérience semble cependant nous inviter à prévoir, et qu'il est d'une saine politique de prévenir, s'il est possible. Mais comme l'état de l'Europe, à l'époque que nous examinons, se rattache principalement aux discussions des papes et des empereurs, il sera nécessaire de les suivre dans leurs différens, jusqu'à ce que nous voyions la cour de Rome aveuglée par son ambition et entraînée dans sa ruine par une atroce tyrannie. Alors s'ouvrira une scène plus vaste, qui fera naître des réflexions d'un intérêt plus général.

Des discussions avec Guillaume, comte de Hollande, troublèrent la paix du règne de Conrad IV. Le prétendant, que soutenait Innocent IV, fut défait par le comte, et forcé de retourner à Naples. Le pape, après avoir fait son possible pour nuire à ses affaires en Allemagne, envahit son royaume : il ne fut roi que trois ans, et fut empoisonné par son frère naturel. Guillaume ne régna que deux ans. Après sa mort, l'Allemagne resta sans roi pendant une année, jusqu'à ce que Richard, duc de Cornouailles et fils du roi Jean, fût devenu roi des Romains. On ne trouve pendant ce temps que des cabales de la part des princes de la confédération germanique, et des intrigues de la part des papes. Il y eut deux ans d'interrègne après la mort de Richard, à cause des disputes qui s'élevèrent entre les papes et la dynastie de Souabe. L'union des villes libres de l'Italie avait anéanti l'influence de l'Allemagne au-delà des Alpes. Les pontifes les favorisaient par jalousie contre les empereurs qui, maîtres du royaume de Naples, les avaient relégués par leur prépondérante influence jusque dans Avignon. Ce fut par le moyen de cette ligue des républiques italiennes, et par l'adresse qu'ils eurent d'appeler au trône de Sicile Charles d'Anjou, frère de Louis IX, qu'ils empêchèrent l'union de l'Italie en un seul royaume : nous avons vu quelles furent les suites de cette politique.

Nous devons regarder la fin de cette époque comme la crise des maux de l'Europe. L'avénement au trône de Rodolphe de Hapsburg, et la décadence du pouvoir des papes, ameneront dans l'époque suivante un état de choses plus satisfaisant. Cet état de choses ira toujours en s'améliorant, quoiqu'il soit loin encore du point de perfection auquel les philanthropes politiques désireraient le voir arriver.

SECONDE ÉPOQUE.

Depuis l'avénement au trône de Rodolphe de Hapsburg , en 1273, *jusqu'au traité de Westphalie, en* 1648.

Il résulte évidemment du coup d'œil que nous venons de jeter sur les événemens qui ont eu lieu pendant l'époque précédente, que les droits de la plupart des maisons régnantes de l'Europe n'ont été primitivement fondés que sur la force; mais, si l'intérêt et le bonheur de l'humanité exigent que l'on ferme les yeux sur les déprédations usurpatrices des temps passés, on doit convenir aussi que les mêmes motifs donnent à un parti victorieux, et qui a entrepris la guerre pour de justes causes, le droit de s'occuper des relations réciproques des états, et d'en intervertir le cours, si le bien public l'exige, quand il faudrait même employer la force, contre la prescription ou tout autre titre que l'on essaierait d'opposer à une entreprise nécessaire à la tranquillité du monde.

Nous avons vu qu'un empire militaire aussi grand que celui de Charlemagne est continuellement exposé aux divisions et subdivisions;

que, d'un autre côté, les points de contact d'un grand nombre d'états indépendans, leur inégalité et les jalousies qui règnent entre eux, doivent nécessairement engendrer des guerres interminables, et rendre difficiles ou vaines des confédérations mal établies. Nous avons vu aussi que les prêtres, alors les seuls hommes éclairés des temps que nous avons envisagés, ont été aussi les seuls qui se soient occupés de réduire sous la domination du souverain pontife cette masse hétérogène des nations diverses; mais il était impossible qu'une seule main pût porter un sceptre si pesant, sans en faire un instrument de destruction et de despotisme. Il nous reste à chercher si, au moyen d'un équilibre solidement établi par de mutuelles garanties, on ne pourrait point rendre à l'Europe une sécurité dont elle fut si long-temps privée, et établir une politique bienfaisante et sage entre les nations qui la composent.

Depuis l'époque que nous avons parcourue jusqu'à notre âge le nombre des familles régnantes de l'Europe a beaucoup diminué; et une moindre étendue de territoire a chaque jour été exposée aux ravages de la guerre. Cette vérité de fait devrait engager à tenter des essais dans une proportion plus grande; les vœux et les besoins des peuples d'aujourd'hui le demandent. Il sera facile au lecteur d'appliquer le chapitre qui va suivre à cette proposition, et de voir que, loin d'être chimérique comme on pourrait d'abord le supposer, elle est démontrée par les événemens de l'histoire. Il faudra sans doute, pour la mettre en pratique, recourir quelquefois à des moyens violens; mais moins ils seront nécessaires, plus les arrangemens pris seront durables. Entreprendre de construire tout d'un coup l'édifice d'une bonne politique serait s'exposer à le manquer entièrement : il suffit que les principales puissances de l'Europe, dans le cours de leurs fréquentes négociations, ne perdent jamais de vue le but qu'elles doivent se proposer, et que, lorsque l'occasion se présente, elles fassent quelque chose pour y arriver, en attendant que d'autres événemens favorables leur permettent d'en approcher de plus près : nous développerons plus tard ces idées.

Au milieu des troubles qui suivirent la mort de Richard, Rodolphe de Hapsburg dut à ses talens comme homme d'état et comme homme de guerre, le trône dont il sut se rendre maître. La petitesse des domaines de son patrimoine l'empêcha de devenir l'objet de la jalousie des électeurs, qui craignaient toujours qu'on ne leur enlevât les fiefs que leurs ancêtres avaient usurpés à la faveur des troubles passés, si la couronne d'Allemagne venait à tomber dans les mains d'un homme capable de reconquérir un pouvoir égal à celui des dynasties de France et de Souabe.

Cependant, pour rapporter ces particularités aux causes qui les produisirent, nous devons suivre la puissance pontificale dans son déclin, et nous occuper des événemens qui se lient avec cette décadence.

Lorsque Boniface, en l'an 1294, monta sur le trône, la puissance des papes était au faîte de la grandeur : ils se déclaraient hautement les maîtres de la terre, et prétendaient à une autorité suprême sur le monde entier Boniface porta ses vues encore plus loin que ses prédécesseurs. Il déclara que le pouvoir temporel ne dérivait que du pouvoir spirituel ; que la double puissance des papes s'appuyait sur les saintes écritures et devait conséquemment être considérée comme article de foi ; que Dieu avait donné à saint Pierre et à ses successeurs deux épées, l'une pour le spirituel et l'autre pour le temporel ; l'une qui ne devait appartenir qu'à l'église, l'autre qui pouvait être confiée aux princes de la terre, mais dont on ne pouvait se servir que pour le bien de la religion et sous le bon plaisir du pape; et de là il concluait que le pouvoir séculier devait être soumis à l'église et ne devait être jugé que par elle, tandis que le pouvoir spirituel ne pouvait être jugé que par Dieu. Il condamnait en conséquence à une damnation éternelle, ceux qui refusaient de lui obéir.

Dans des temps aussi grossiers ces maximes prévalurent, et on ne doit pas s'étonner de voir les pontifes s'attribuer le pouvoir suprême sur toutes les églises, et imposer des contributions sur les évêques et leurs chapitres. Ils se formèrent ainsi aux dépens des peuples de l'Europe une masse énorme de revenus qu'ils augmentèrent encore au moyen de leurs dispenses et de leurs indulgences. Ils les prodiguèrent avec une telle profusion qu'ils anéantirent toutes les distinctions que prescrivent la morale et la pudeur, et qu'ils firent de la religion chrétienne l'instrument des vices que défendent ses saints préceptes. Ils allèrent jusqu'à excommunier les souverains qui, pour les besoins de leur pays, se permettaient de lever des taxes sur le clergé; ils s'immiscèrent dans toutes les querelles des rois; ils ordonnaient à l'un de mettre bas les armes, à l'autre de cesser d'attaquer ceux qui réclamaient leur protection. L'histoire des papes est à cette époque l'histoire de l'Europe entière : ils traitaient les souverains de la terre comme leurs vassaux ; ils déliaient les princes de leurs engagemens, et les peuples de leur obéissance ; ils mettaient des royaumes entiers en interdit pour venger leurs propres querelles ; ils disposaient des domaines d'un prince qu'ils avaient excommunié, en faveur d'un autre qu'ils protégeaient particulièrement ; ils agissaient enfin comme despotes suprêmes de l'univers. Tels étaient au commencement du 11e. siècle les puissans moyens dont les papes pouvaient disposer pour le bien de l'humanité. Mais qu'ils furent loin d'en user pour ce noble but ! Le mal qu'ils firent peut seul donner une idée du bien qu'ils auraient pu faire. Enfin une dispute survenue entre Philippe-le-Bel et le pape servit à humilier ce dernier. Il avait publié une bulle pour mettre le royaume en interdit ; le roi de France indigné la fit brûler publiquement ; un concile fut convoqué pour s'opposer au pape, et Sciarra Colonna fut chargé d'aller le notifier à sa sainteté. Il la trouva à Anagni ; mais il fut fait prisonnier après avoir reçu un vigoureux soufflet du vicaire de Jésus-Christ ; il fut emmené à Rome où il mourut (1). Cet exemple peut faire voir quelle était l'énorme puissance des papes, et la manière dont ils en usaient.

En 1338 les princes d'Allemagne tinrent une diète pour s'opposer aux prétentions exagérées des pontifes ; le décret que publia cette assemblée a depuis été considéré comme une loi fondamentale de l'empire germanique. Il déclare que la couronne impériale ne tient ses droits que de Dieu seul ; que celui qui a obtenu la majorité des voix est empereur par ce seul fait, sans avoir besoin de la confirmation des papes ; que quiconque enfin s'oppose à ces maximes se rend coupable de haute trahison.

Le principe simplifiant commençait à prévaloir en Italie. Les républiques du nord déclinaient sensiblement. Milan était sur le point de tomber dans les mains des vicomtes. En Toscane, Florence était prête à établir une prééminence marquée sur les autres villes de la même province. Les prétentions de Boniface VIII avaient été déjouées; et le siége papal avait été forcément transporté à Avignon. Au moyen des intrigues du roi de France dans le conclave, après la mort de Bénédictin II, Bertrand,

---

(1) Corio., Hist., p. 2.

archevêque de Bordeaux, avait été élu pape sous le nom de Clément V. Cet événement et l'influence de la famille Colonna dans Rome, le forcèrent à établir son siége à Avignon, où ses successeurs résidèrent jusqu'en l'an 1376, au grand désespoir des Italiens. Si cependant ils eussent su en tirer parti, cette circonstance pouvait tourner à leur avantage, comme nous le verrons par la suite.

Lorsque l'inimitié qui subsistait entre les empereurs de la maison de Souabe et les papes fut terminée, par la ruine et l'extinction de cette famille, les comtes d'Anjou, à la sollicitation de la cour de Rome, envahirent le royaume de Naples. Ils réussirent; mais les papes, jaloux de leurs succès, replongèrent le royaume dans les horreurs d'une guerre civile, en donnant à Pierre d'Aragon l'investiture royale, sous la condition qu'il chasserait Charles du pays. Suivant les historiens de la Sicile, le pape était d'accord avec Jean de Procida pour massacrer les Français dans cette île; ils parlent même d'un voyage que fit cet homme à Constantinople, pour avertir l'empereur grec des vues que Charles avait sur l'empire de l'Est: ils parlent aussi d'une correspondance que Jean avait avec le pape, et d'un subside qu'il obtint de Paléologue pour Pierre d'Aragon : en un mot, le cabinet du Vatican fut l'âme de toute cette affreuse conspiration. Cet atroce événement fut un des malheurs les plus déplorables de l'Italie, et amena l'état de dégradation dans lequel les Siciliens se trouvent encore aujourd'hui ; il alluma entre l'île et la ville de Naples une querelle qui dura soixante-dix ans ; il empêcha Robert, le successeur de Charles, d'étendre son empire sur toute l'Italie. Ce prince avait formé un plan très-bien conçu. Henri VII d'Allemagne était mort ; il avait profité de cette circonstance pour s'allier avec toutes les villes de la haute Italie, et il aurait probablement réussi dans ses projets, si la guerre de Sicile ne fût survenue (1), et si la faction des Gibelins, sous les ordres de Castruccio Castracani et Dugoccione della Fagiola n'y eût mis obstacle. Le séjour des papes à Avignon avait diminué leur influence en Italie (2), et affaibli la vénération qu'on

(1) Denina, Révol., lib. 14, chap. 6.

(2) Si le plan de Robert eût réussi, l'Italie présenterait maintenant une masse homogène, comme la France, l'Angleterre et l'Espagne. Quand nous venons à considérer que sa division en petits états a rendu plus facile pour Bonaparte la conquête de ce pays, nous ne pouvons nier que les vêpres siciliennes ont été une des causes des

leur avait toujours portée : dans Rome même leur autorité était chancelante. Les Romains, qui n'étaient pas contenus par leur présence, obéissaient avec répugnance, et formaient déjà le projet de rétablir la république romaine comme elle avait été autrefois. Le fameux Rieni parvint à se faire nommer tribun du peuple, et à les commander sous ce titre spécieux. La chute de Rieni, arrivée bientôt après, n'affermit pas davantage le pouvoir pontifical, car les villes des états de l'église se formèrent en républiques. Mais elles furent tellement tourmentées par les factions, qu'elles furent obligées de se soumettre à des nobles qui, sous le titre de tyrans (1), s'emparèrent du gouvernement, et en laissèrent à peine l'ombre au pape. Les schismes qui troublèrent alors l'église portèrent de nouveaux coups à son pouvoir. Grégoire II quitta Avignon pour retourner à Rome, où il mourut en 1378. Les Italiens élurent, sous le nom d'Urbain VI, un pape de leur nation. Les cardinaux français élurent presque en même temps

---

bouleversemens qui, de nos jours, ont troublé l'Europe. Plaise à Dieu que le même état de division n'éveille pas l'ambition du cabinet de Vienne, et ne produise pas de nouvelles guerres.

(1) Τυραννος.

Robert de Genève, sous le nom de Clément VII, et ils le placèrent à Avignon. Tous les peuples se divisèrent pour ces deux papes; et ce schisme dura jusqu'en 1417. Les princes de l'Europe avaient alors une occasion favorable de supprimer la papauté; mais l'inepte politique de ces temps sauva les pontifes. Si on eût encouragé le schisme, chaque évêque serait devenu pape de son diocèse, et, au lieu de deux papes, on en aurait eu deux ou trois cents en même temps. Alors les souverains eussent pu recouvrer leur autorité, et le clergé se fût vu forcé de payer à ses maîtres le tribut d'obéissance et de respect qu'il leur devait, aussi-bien que les autres citoyens. Le rôle humble que les papes auraient été obligés de jouer aurait démontré la futilité de leurs prétentions; et un prélat qui eût voulu s'élever au-dessus des autres, serait devenu un objet de ridicule et de mépris pour toutes les nations. Mais les rois n'avaient pas encore assez de lumières pour recourir à cette mesure; et, au lieu de laisser les papes apaiser eux-mêmes leurs différens, ils convoquèrent le concile de Constance, qui rendit au pouvoir papal son unité première : mais il fut borné par une déclaration de cette assemblée qui portait que les décrets des conciles seraient toujours supérieurs aux bulles. Depuis ce temps les souverains ont mieux connu leurs droits, et les papes sont insensiblement, malgré eux, devenus plus modérés, sans cependant cesser de faire tous leurs efforts pour regagner leur ancienne influence.

L'invention de l'imprimerie répandit les connaissances, et elles ne furent plus bornées aux ecclésiastiques. Il devint alors nécessaire de gouverner les hommes suivant des principes un peu plus libéraux. La découverte de la poudre à canon et l'usage des armes à feu, en causant une révolution dans l'art de la guerre, ne furent pas non plus sans effet sur les gouvernemens. La milice féodale, qui consistait dans un certain nombre d'hommes fournis par les barons, devint insuffisante, à mesure que l'état de civilisation de la société se perfectionna, et on adopta la discipline des Suisses, qui consistait à former des corps permanens d'infanterie, à la manière des Grecs et des Macédoniens. L'usage des armes à feu rendit inutiles les recrues des barons. On les appelait rarement, et les souverains éclairés maintinrent des armées permanentes à leur solde. Ce nouveau système militaire apporta de grands changemens dans la politique des nations. La guerre se fit avec plus de méthode; l'unité du pouvoir suprême lui donna de la force, et le mit en état de commander aux barons.

C'est à ces changemens que plusieurs royaumes durent une consistance qu'ils n'avaient point eue jusqu'alors. La Norwége, la Suède, le Danemarck, l'Angleterre et la France prirent alors une position conforme à leurs limites naturelles. l'Allemagne et l'Italie furent les seuls pays qui restèrent divisés. Quoique le partage de ces deux contrées fût mieux établi, les défauts de la constitution germanique, et l'établissement des états de l'église, empêchaient, dans l'une comme dans l'autre, une entière consolidation ; et, si ces deux pays ne furent pas les élémens, ils furent du moins l'aliment de toutes les guerres qui se succédèrent.

C'est ce dont il est facile de se convaincre en envisageant les changemens qui survinrent dans le 14e. siècle, tant en Italie qu'en Allemagne. Les liens qui unissaient les états du corps germanique étaient si faibles que les parties les plus éloignées du centre devenaient indépendantes, ou se soumettaient à quelque royaume voisin. Ce fut ainsi que plusieurs provinces du royaume d'Arles s'unirent à la France. Philippe-le-Bel profita des discussions qui s'élevèrent entre le peuple de Lyon et l'archevêque, pour obliger ce dernier à céder à la couronne la ville et tout son territoire. En vertu d'un traité conclu entre Hubert II et Charles, petit-fils de Philippe de Valois, le Dauphiné fut aussi réuni à la France (1). Charles, le dernier comte de Provence, de la seconde maison d'Anjou, fit don de son pays au sceptre des Français (2). Pour la ville d'Avignon elle fut vendue par Jeanne Ière., reine de Naples, au pape Clément IV (3), qui obtint de Charles IV d'Allemagne le droit de souveraineté sur ce pays et en même temps sur tous les états de l'église en Italie.

La guerre qui s'éleva à cette époque (4) entre l'empereur et les cantons suisses leur fit prendre la forme républicaine qu'ils conservent encore de nos jours.

Une nouvelle puissance qui s'éleva en Lorraine retarda les effets du principe simplifiant; Philippe-le-Hardi, le fils cadet de Jean dit le Bon, roi de France, fut créé par son père duc de Bourgogne, et épousa Marguerite, fille et héritière de

---

(1) 1349.

(2) 1481.

(3) 1348.

(4) 1415.

Louis III, dernier comte de Flandres. Ce mariage lui donna la Flandre, l'Artois, la Franche-Comté, Nevers, Rethel, Malines et Anvers. Il laissa cet héritage à Philippe-le-Bon, qui en 1428 acheta le comté de Namur. Celui-ci reçut bientôt après à titre d'héritage, de son cousin Philippe de Bourgogne, les duchés de Brabant et de Hambourg. Il acquit par un traité le Hainaut, la Hollande, le Zenland et le Friesland. Un autre arrangement avec Élisabeth, nièce de l'empereur Sigismond, lui procura Luxembourg et Chimay; de sorte que les ducs de Bourgogne devinrent une des premières puissances européennes. La France et l'Allemagne furent alors séparées par une longue bande de possessions qui s'étendait depuis le Rhône, entre Genève et Lyon, jusqu'à l'autre côté du Rhin dans les Pays-Bas : ce royaume renfermait toutes les villes entre Dunkerque et les bouches du Weser. Un état aussi singulièrement formé n'aurait pu avoir une longue durée, quand même la famille qui le gouvernait ne se serait pas éteinte. Nous remarquerons cependant plus tard les mauvais effets qui furent produits par l'établissement de ce royaume. L'assassinat de Venceslas, en éteignant la race des rois slavons, avait occasioné la réunion de la Bohème à l'Allemagne. L'empereur Henri VII donna ce royaume à son fils Jean, qui épousa la fille du monarque assassiné (1).

La maison de Wittetsbach, qui possédait alors le Palatinat et la Bavière, se divisa en deux branches. On convînt en 1329, à Pavie, qu'elles succéderaient mutuellement l'une à l'autre, au cas de l'extinction de la ligne mâle dans une des deux familles (2). L'événement qu'on avait prévu arriva à la mort de Maximilien-Joseph en l'an 1777, et nous verrons quelles disputes il causa malgré les traités solennellement formés. Cet exemple, avec beaucoup d'autres, serviront à nous faire apercevoir un des principaux vices du droit public de l'Europe. Quels seraient donc les troubles produits par l'extinction d'une famille régnante en Europe, si cet événement n'était pas prévu? Tout équilibre politique serait rompu, et il ne faudrait peut-être pas moins de vingt ou trente années de guerre pour le rétablir. Ne serait-il donc pas possible de trouver un remède aux troubles et aux désordres que la violence, des accidens inprévus, ou le cours même de la nature, peuvent occa-

(1) 1311.

(2) Pfeffel, Hist. d'All., eod. anno.

sioner chaque jour. Le système germanique, mélange confus et bizarre de la souveraineté royale et de l'autorité des barons, est une des causes les plus puissantes de confusion. Les peuples et leur patrie sont transmis et vendus comme des fermes avec le bétail : on a été même, dans le traité de 1815, jusqu'à spécifier le nombre des têtes qui seraient livrées. Tant qu'un système bien entendu de mutuelles garanties ne liera pas les royaumes entre eux, ils se trouveront toujours exposés aux mêmes inconvéniens. Nous ne faisons qu'effleurer ce sujet afin seulement de faire pressentir au lecteur des principes qui doivent devenir des maximes d'état, si l'on veut apporter quelque amélioration dans la politique de l'Europe. A la fin de cet ouvrage nous présenterons en somme ces divers événemens, pour en tirer les conséquences nécessaires à notre objet.

L'agrandissement des républiques italiennes nous prouve assez que partout on ne consultait que le droit du plus fort. Venise augmenta son territoire des possessions des Carrara. Cette famille s'était élevée sur les ruines des Lombards dans les villes auxquelles la faiblesse des empereurs et les discussions des papes avaient permis de s'affranchir. Bientôt cette république, par ses conquêtes sur l'archevêque d'Aquilée et sur le royaume de Hongrie, accrut encore sa puissance. Les richesses que lui procura son commerce la mirent à même de lutter avec les nations les plus redoutables.

Le royaume de Naples était alors en proie aux discordes occasionées par les prétentions inconciliables de différens princes sur la couronne de Sicile, et par les intrigues des papes.

L'Espagne voyait son sein déchiré par les guerres interminables des princes mahométans et des princes chrétiens, et quelquefois de ces derniers entre eux.

A l'extinction de la branche directe des Capets la famille des Valois prit le sceptre et donna à la France, en deux cent soixante-onze ans, une série de treize rois. La loi salique avait sagement empêché que des collatéraux, par le mariage, pussent avoir des droits à la couronne. Nous remarquons à cette époque le *désappointement* d'un illustre étranger, qui prétendait régner sur la France. Une guerre, qui dura jusqu'en 1460, fut la suite de sa ridicule réclamation. Édouard III d'Angleterre, voulut succéder à la ligne directe des Capets qui venait de s'éteindre, sous le prétexte que sa mère Isabelle était sœur de Charles IV; et, quoique ses prétentions fussent contraires aux lois fondamentales de l'état, il n'en fit pas moins la guerre pour les soutenir. L'expédition de Henri V et celles de ses successeurs ne servirent qu'à créer, pour quelque temps, un pouvoir qui fut bientôt anéanti, et qui, s'il eût duré, n'eût servi qu'à faire des îles Britanniques une province française.

L'histoire de l'Europe nous présente une foule de semblables événemens. Le sang répandu sans nécessité par tant de princes et de nations, crie aux hommes éclairés de notre âge d'améliorer les maximes de la politique, et de juger ses différens suivant des principes qui, sans léser les intérêts de personne, préservent au moins les hommes et la terre de la désolation et du carnage.

Nous arrivons à un événement (1) qui n'eut pas le succès qu'il méritait; mais qui réclame notre attention, à cause de l'influence qu'il aurait pu avoir sur les affaires de l'Europe, s'il eût été accompli; je veux parler de l'union du Calmar. Si elle eût duré, les guerres qui suivirent sa dissolution n'auraient pas eu lieu, et

(1) 1397.

l'étendard russe n'aurait pas flotté sur les rives de la Baltique.

Les royaumes du Nord, après plusieurs guerres civiles, étaient alors réunis sous le sceptre de Marguerite, appelée la Sémiramis du Nord. Elle était fille de Waldemar III, dernier roi de Danemarck, et veuve de Hakin VII, roi de Norwége. Après la mort d'Olof V, son fils et celui de Hakin, elle avait été élue reine du Danemarck et de la Norwége. Les Suédois, qui n'étaient jamais contens de leurs rois, avaient déposé Albert de Mecklembourg, et avaient fait accepter la couronne à Marguerite. Cette union n'eut pas cependant une grande consistance : le défaut de stipulation entre les trois nations réunies, et l'inégalité de leurs priviléges, hâtèrent une rupture, que la partialité de la reine envers les Danois ne fit qu'accélérer encore. La Norwége et la Suède ne forment maintenant qu'un royaume. Comme le fils de Gustave IV est déclaré illégitime, ce ne serait pas faire une grande injustice à Bernadotte et au prince royal, que de donner au roi de Danemarck ces deux royaumes, à la mort du duc de Sudermanie roi de Suède actuel. En ayant soin de corriger les défauts de la confédération du Calmar, on pourrait former une réunion d'états précieuse pour l'Europe dans ce péril qui la menace.

La Russie était alors soumise aux Mogols; les Polonais et les Lithuaniens entreprirent la conquête de sa partie occidentale et s'emparèrent de Kiew, de la Volhynie et de la Podolie : les Russes ont fondé là-dessus les réclamations qu'ils ont élevées de nos jours. Les écrivains modernes sont convenus de déclamer contre ce partage de la Pologne. Si on le considère comme un vol, rien ne peut l'excuser; si on le considère comme une reprise, aucune loi n'empêchait de la faire. Mais cette revendication dans le 18e. siècle, d'un pays pris dans le 14e., trouve dans ses heureux résultats l'absolution des reproches dont on l'a accablée; car la Pologne avait depuis long-temps cessé d'agir par elle-même; elle n'était plus qu'un instrument dont se servaient les puissances de l'Europe, qui n'étaient pas capables de changer, ou qui ne voulaient pas améliorer son existence turbulente.

L'établissement de l'empire des musulmans sur les ruines de l'empire grec (1) caractérise cette époque, et change la position relative des

---

(1) 1453.

états chrétiens. Les Grecs, qui déclinaient chaque jour, ne donnaient plus d'ombrage au reste de l'Europe. Tout royaume pouvait empiéter dans le voisinage ; mais, aussitôt que l'étendard des Turcs eût flotté sur les rives du Bosphore, le monde chrétien fut menacé d'une prochaine destruction. Si ces barbares fussent arrivés un siècle plus tôt, l'état de l'Europe était alors dans un état tellement déplorable, qu'il n'eût pas été étonnant de la voir soumise toute entière aux lois du Coran.

Les événemens dont nous venons de parler changèrent entièrement la face de l'Europe pendant la première moitié du 15e. siècle. Ils ne furent point le résultat d'un plan de politique profondément conçu ; mais les défauts d'un système servirent à perfectionner l'autre. Les effets d'une puissance qui n'était réglée par aucune considération de morale ou d'équité dans son exercice ; les accidens de mort ou de mariages survenus dans les familles, distribuèrent le territoire de l'Europe dans les proportions qu'il a conservées jusqu'à nos jours. La découverte de la poudre à canon, et les changemens qui s'opérèrent en conséquence dans l'art de la guerre ; l'invention de l'imprimerie, celle de la boussole, donnèrent aux hommes un nouvel essor, firent naître de nouvelles idées, et donnèrent une autre tournure aux affaires. La religion, le gouvernement, les mœurs, tout éprouva quelques changemens. La barbarie dans laquelle l'Europe avait été plongée pendant dix siècles s'effaça insensiblement. Les principaux états commencèrent à prendre alors une force et une consistance qu'ils ont conservées jusqu'ici. Nous avons déjà remarqué que plus le pouvoir suprême se trouvait simplifié par l'abaissement du pouvoir partiel des seigneurs, et par la fusion des parties indépendantes, moins les démêlés étaient nombreux et les guerres fréquentes. Les provinces de l'Espagne, de la France et de l'Angleterre étaient constamment en guerre les unes avec les autres. Lorsque le principe simplifiant eut agi, toutes ces dissensions cessèrent. Un coup d'œil sur la carte de l'Europe à cette époque, et durant le moyen âge, suffira pour nous convaincre de ces améliorations. La France et l'Espagne étaient divisées entre dix ou douze puissances, l'Italie et l'Allemagne entre cent ou deux cents; et il est facile de concevoir que ces différentes masses, muessur un centre qui n'était pas commun, devaient continuellement s'entrechoquer et se nuire les unes aux autres; et on ne peut que se réjouir d'avoir vu cesser un pareil état.

Mais, si la distribution plus simple des pouvoirs a procuré à quelques pays une paix plus longue et une tranquillité intérieure plus durable, pourquoi ne serait-il pas d'une politique bienveillante de réduire les autres états à cette même simplicité. Il faut remarquer d'ailleurs que l'interposition de petits états entre de vastes empires, n'a toujours servi qu'à alimenter la discorde.

A l'époque que nous parcourons, les empereurs avaient perdu leur autorité en Italie, et faisaient revivre leurs prétentions sur la Suisse. Ce ne fut guère qu'au traité de Westphalie que l'intervention de la France et de la Suède les leur fit abandonner entièrement. Pendant le règne de Frédéric III, la faiblesse de ce prince avait laissé se former un grand nombre de républiques, et la variété des intérêts de ces diverses puissances avait établi entre elles une espèce d'équilibre. Les papes, qui avaient cherché à contrarier les empereurs, en excitant continuellement les princes d'Allemagne à la révolte, étaient eux-mêmes trop faibles pour dominer l'Italie entière; mais, jaloux de tout pouvoir qui paraissait acquérir quelque prépondérance, ils employaient tous les moyens pour le réduire, et faisaient tous leurs efforts pour attirer dans l'Italie les souverains que leur ambition rendait la dupe de l'astucieuse politique du Vatican. Ce fut ainsi que les rois de France Charles VIII, Louis XII et François Ier. furent entraînés dans des entreprises, tantôt sur le duché de Milan, tantôt sur le royaume de Naples. Les rois d'Espagne, déjà maîtres de la Sardaigne et de la Sicile (suites heureuses des vêpres siciliennes inventées par les papes), contrarièrent les vues des monarques français. En 1504 Ferdinand-le-Catholique, grand-père de Charles V d'Allemagne, chassa les Français de Naples. Charles força François Ier. à abandonner le duché de Milan; et toutes ces guerres eurent pour cause l'état de division de l'Italie. Ces querelles n'eussent pas eu lieu, ou eussent été bien moins nombreuses, si ce pays, réuni sous la domination d'un seul roi, eût été gouverné par ses propres lois. Cette vérité ne paraît pas encore avoir été sentie par les cabinets de l'Europe, ou n'avoir pas du moins été accueillie avec la faveur qu'elle méritait. Nous verrons s'élever de nouvelles discussions aussitôt que l'Autriche, qui est à présent maîtresse de l'Italie, deviendra un objet de jalousie pour quelque autre puissance.

Quoique cela ne regarde pas directement notre objet, nous ne pouvons cependant pas entièrement passer sous silence la découverte de la boussole, qui ouvrit aux yeux des Européens la route d'un nouvel hémisphère, et celle de la Chine et de l'Inde. Les trésors de l'Orient, qui abondaient en Espagne, enflèrent d'abord sa puissance, mais finirent par la diminuer.

Le changement des opinions religieuses au commencement du 16e. siècle prépara en Europe une révolution qui eut d'importans résultats. La presse avait répandu des connaissances et mis de terribles armes dans les mains des réformateurs, qui étaient exaspérés de la tyrannie du clergé, et scandalisés des révoltans abus de la cour de Rome. Luther et Zwingle commencèrent par fronder le système des indulgences ecclésiastiques. Léon X méprisa d'abord ses antagonistes; et, lorsque ensuite il voulut lancer les foudres de l'anathème, il était trop tard. Le concile de Trente, appelé pour vider ces différens, ne fit que les augmenter, et une bulle du pape avec toutes ses décrétales fut brûlée à Wittemberg, en présence d'une foule de docteurs et d'étudians de différentes nations.

Ce changement dans l'ordre civil et ecclésiastique amena un nouveau système de politique. Auparavant tous les états étaient faibles et sans liaison: les nations toujours en guerre ne pouvaient porter leurs regards au-delà de leurs limites ; la féodalité avait affaibli toute l'Europe ; aucun gouvernement ne pouvait suivre un plan de conduite régulier. Tout était mal combiné, ou plutôt il n'y avait aucune espèce de combinaison. Mais bientôt l'anarchie féodale disparut; des armées disciplinées prirent la place des recrues irrégulières des vassaux. Les souverains, délivrés de la crainte des nobles trop puissans, purent concevoir des vues grandes et généreuses. On vit alors s'établir entre les différens états une sorte d'action et de réaction, et on commença à avoir quelques idées sur la possibilité de former un équilibre politique. Alors vint l'usage d'avoir près des cours des agens accrédités. On forma des traités de subsides et des alliances offensives et défensives. Les guerres furent plus générales, et on les fit plus en grand. Si ces changemens n'eussent pas eu lieu avant le bouleversement de l'empire d'Orient par les Turcs, nul doute qu'ils n'eussent pu conquérir l'Europe entière (1).

---

(1) En Asie, où il n'existe aucune relation entre les diverses nations qui l'habitent, nous voyons que partout où un Tartare a porté les armes, elles ont obtenu des succès.

Nous avons laissé pendant quelque temps l'Allemagne et négligé des détails inutiles ; mais il est bon de remarquer les progrès de la maison d'Autriche, qui servirent de remède à la division de ce pays. Si un empire ne se fût pas élevé par l'union de la Bohème, de la Moravie, de l'Autriche et de la Hongrie, rien n'eût arrêté les Ottomans, et les descendans des petits princes d'Allemagne seraient peut-être maintenant à garder, en qualité d'eunuques, le sérail du grand-seigneur. La maison d'Autriche, qui tire son origine de Rodolphe Ier, élu roi des Romains en 1273, dut son élévation aux diverses alliances qui accrurent ses domaines, et à la grandeur avec laquelle elle soutint la dignité impériale.

Maximilien d'Autriche, frère de Frédéric III, épousa, en 1477, Marie de Bourgogne. Elle était fille de Charles-le-Téméraire, dernier duc de cette province, et elle en héritait. Ce fut ainsi que les royaumes de Lorraine et de Bourgogne, qui avaient joué un si grand rôle dans le siècle précédent, furent soumis à la maison d'Autriche ; et que les Pays-Bas, la Franche-Comté et l'Artois, devinrent dépendans de l'Allemagne. Philippe, fils de Maximilien et de Marie, épousa en 1496 l'infante Jeanne, fille unique de Ferdinand et d'Isabelle, qui étaient alors maîtres de toutes les Espagnes. Deux enfans furent le fruit de ce mariage, Charles et Ferdinand. Le premier, connu dans l'histoire sous le nom de Charles-Quint, hérita des Pays-Bas, que lui laissa son père Philippe, mort en 1505. A la mort de son grand-père maternel, qui eut lieu en 1515, il hérita de toutes les Espagnes, de Naples, de la Sicile, et des colonies américaines (1). Il unit à ses possessions les domaines que lui laissa son grand-père Maximilien Ier; enfin, les électeurs le nommèrent empereur d'Allemagne, de sorte qu'il devint le plus puissant monarque qui eût jamais existé en Europe.

Ce prince, par un traité avec son frère Ferdinand, lui céda ses possessions en Allemagne. Ces deux frères furent les souches des deux maisons autrichiennes d'Espagne et d'Allemagne: de celle d'Espagne, qui commença à Charles-Quint, et finit en 1700 à Charles II; et de celle d'Allemagne, qui commença à Frédéric Ier, et qui finit en 1740 à Charles VI.

Ces deux familles furent étroitement unies, et agirent de concert, pour leurs intérêts: l'une

---

(1) Koch.

et l'autre accrurent encore leurs domaines par des alliances. Ferdinand Ier épousa, en 1321, une sœur de Louis, roi de Hongrie et de Bohème, qui fut tué à la bataille de Molent contre les Turcs; et ces deux royaumes furent réunis à la maison d'Autriche. Charles-Quint, par son mariage avec Isabelle, fille d'Emmanuel, roi de Portugal, donna ce royaume à Philippe II, son fils, après la mort du cardinal Henri, décédé nécessairement sans postérité légitime. L'équilibre était alors presque entièrement détruit. La puissance de l'Autriche menaçait tout le reste de l'Europe, et la mettait dans la nécessité de former une confédération pour s'opposer à cette énorme masse. La politique de tous les cabinets tendit long-temps vers ce but. La France et l'Angleterre se trouvèrent dans la même position, et le mariage de Philippe II avec Marie Tudor ne put empêcher ses successeurs de s'allier à la France. La politique de François Ier et de Henri II fut contraire à la maison d'Autriche; et, comme ils sentaient que la décadence du pouvoir féodal pouvait augmenter sa puissance, ils soutenaient ce qu'ils appelaient les droits du corps germanique. Ils prirent le parti des protestans en Allemagne, comme le firent leurs descendans Henri IV et

Louis XIII. Toute l'Europe s'arma contre Frédéric III. Tel fut le véritable motif de la guerre de trente ans, quoique la religion en fût le prétexte. Car il est probable que les nations qni la firent ne seraient pas venues s'immiscer dans des querelles qui leur étaient étrangères, si elles n'eussent pas craint que leur indépendance ne fût compromise par la réunion de tant de royaumes sous un seul sceptre. C'est ici que nous voyons que le principe simplifiant est allé trop loin; et, si on eût évité ses effets en empêchant des mariages dont nous avons parlé, on eût épargné beaucoup de sang aux hommes. Cet exemple sert encore à nous montrer le danger qu'il y a de permettre aux femmes de transporter dans une terre étrangère les droits sur leur pays, surtout lorsque ces droits sont de nature à déranger l'équilibre des pouvoirs. Quoiqu'en Allemagne les guerres soient maintenant abolies par un traité de *paix publique*, par l'institution du conseil aulique, et la promulgation des capitulations impériales; quoiqu'elle soit divisée en dix cercles, et qu'on ait prévu plusieurs inconvéniens graves: cependant l'influence politique des électeurs et des princes détruit son unitié, puisqu'ils peuvent faire des alliances suivant leur bon plaisir sans consulter l'intérêt général. C'est là une des causes qui ont donné à la France cette supériorité qui a tant alarmé l'Europe.

Dans une diète tenue à Worms, l'empereur Charles-Quint proscrivit Luther et ses disciples, les mit hors la loi, et les déclara ennemis de l'état. Il ordonna qu'on les poursuivît avec la dernière rigueur. Charles se méprit étrangement en prenant cette mesure; comme il avait des vues sur l'Italie, il entrait à la vérité dans les intérêts des papes qui avaient si fort humilié ses prédécesseurs. Mais si, en sa qualité d'empereur d'Allemagne, il se fût constitué l'arbitre impartial entre les partis religieux, au lieu de former un parti lui-même, il ne se serait pas exposé à une ligue redoutable, et il ne se serait pas fermé les portes de l'Italie, en s'affaiblissant en Allemagne : s'il eût, au contraire, rendu justice aux protestans, leurs principes eussent pu trouver des sectateurs en Italie; le pape n'aurait plus eu pour lui l'opinion publique, et serait tombé sous sa dépendance; et, comme ce pays n'avait alors aucune tendance à s'unir, il l'eût soumis au sceptre de l'Autriche.

Mais la nécessité le força de modifier cette inconcevable rigueur à l'égard des luthériens. Une irruption des Turcs en Hongrie pacifia le

Nuremberg ; mais les protestans soupçonnaient les catholiques, qui insistaient encore sur l'autorité des papes dans les conciles. La ligue de Smalkalden fut formée. Charles fit la paix avec les Turcs, et se détermina à attaquer cette ligue; il proscrivit d'abord le landgrave de Hesse-Cassel et l'électeur de Saxe, les deux chefs de la confédération protestante. Il s'allia avec Maurice, l'aîné de la seconde branche de Saxe, et qui venait d'être fait électeur. II transporta le théâtre de la guerre du Danube à l'Elbe; et, dans la bataille de Mulhenberg, battit l'armée, prit les deux chefs, et anéantit la ligue de Smalkalden. Maurice reçut la Saxe pour récompense.

Ces succès rendirent Charles le maître absolu de l'Allemagne ; mais Maurice, devenu électeur de Saxe pensa alors comme un électeur, et fut jaloux de l'indépendance que venait d'acquérir son souverain. Il l'attaqua et le fit prisonnier à Inspruck. L'empereur s'échappa cependant; mais il fut obligé de traiter avec les protestans à Passau. Maurice s'allia avec la France ; nouvel exemple de l'inconvénient des petits états situés entre les grands empires. Les traités de Passau exictèrent de nouveaux troubles, et appelèrent les étrangers à s'immiscer dans les affaires de l'Allemagne. L'histoire de la guerre qui s'ensuivit comprend quatre époques distinctes : l'essai que fit l'électeur du Palatinat pour devenir roi de Bohème, l'irruption des Danois, les campagnes des Suédois, et enfin l'interposition de la France. Cette longue guerre fut terminée par le traité de Westphalie; mais, comme ce mémorable événement a eu une influence marquée sur la politique de l'Europe, nous nous en occuperons dans le chapitre prochain.

TROISIÈME ÉPOQUE.

Depuis le traité de Westphalie en 1648, *jusqu'à la paix d'Utrecht en* 1713.

Pour avoir une juste idée de l'état de l'Europe pendant l'époque que nous allons entamer, il faut non-seulement examiner le traité de Westphalie dans ses rapports avec les événemens qui vont nous occuper; mais encore remonter aux causes qui occasionèrent la guerre à laquelle ce traité mit fin.

Les discussions des empereurs et des papes et l'ambition des princes d'Allemagne avaient presque anéanti le pouvoir impérial. Les seigneurs, qui voulaient conserver les fruits de leur usurpation, prenaient soin de ne donner leurs voix qu'à ceux dont le pouvoir n'était pas assez grand pour leur causer de l'inquiétude : ce fut ce motif qui les porta à élever Rodolphe de Hapsburg à la dignité d'empereur. Les suites cependant trompèrent leur espoir. La maison d'Autriche, par ses conquêtes et ses alliances, parvint à un tel degré de puissance que Charles-Quint était allé jusqu'à bouleverser presque en totalité ce qu'on appelait la constitution germanique, et la réunion de la Hongrie, de la Bohême, de la Lorraine et de l'Espagne l'avait rendu redoutable à l'Europe entière.

Si la maison d'Autriche n'eût pas hérité de l'Espagne, et si elle n'eût accru ses domaines que de la Hongrie et de la Bohême, il est très-probable que la destruction de tous les petits états secondaires eût rendu à l'Allemagne son unité; car, si on n'eût pas pris la religion pour le prétexte de la guerre, on en eût pris un autre également spécieux : alors la Germanie, ne formant qu'un corps, n'eût pas été hors de proportion avec la France, l'Angleterre et l'Espagne. Mais lorsque la succession de Ferdinand échut à Charles il fut alors de l'intérêt des puissances européennes de soutenir les princes d'Allemagne, surtout lorsque, après la défaite du duc de Saxe et du landgrave de Hesse-Cassel, l'indépendance des électeurs fut sur le point d'être compromise. Maurice, quoiqu'il dût ses dignités à l'empereur, ne voulut pas laisser affaiblir le pouvoir que lui avaient transmis ses pères, et tourna ses armes contre lui. Dans un traité signé à Chambord le 15 janvier 1552, il fit une alliance avec la France. La maison de Brandebourg n'avait pas alors acquis la prépondérance qu'elle a maintenant, et il n'y avait pas d'ailleurs à balancer. Il fallait que l'Allemagne se formât en un état unique, et menaçât alors la liberté de l'Europe, ou que des étrangers qui pouvaient l'asservir, soit en la démembrant, soit en maintenant de petits pouvoirs dans son sein, fussent admis à pénétrer dans le pays. Le traité de Westphalie eut tous ces effets, car il affaiblit l'Allemagne en donnant à la France Metz, Toul et Verdun, et de plus en rétablissant de petits princes de l'Empire avec le droit de paix et de guerre. On peut consulter à cet égard un article qui forme la constitution germanique, et qui ne lie en rien les corps qui la composent (1). C'est à l'union des maisons

(1) Bougeant, Art. 8, Traité d'Osnaburg

d'Espagne, de Bourgogne et d'Autriche, que l'on doit rapporter toutes les guerres qui eurent lieu pendant près d'un siècle.

Par une convention entre Charles-Quint et son frère Frédéric, les Pays-Bas furent donnés à l'Espagne. Cette possession était difficile à garder, et devait entraîner des suites fâcheuses. La Franche-Comté et l'Italie appartinrent aussi au même sceptre. Les droits sur l'Italie étaient venus de la succession de Charles-Quint, qui les avait reçus avec la couronne impériale. Ainsi donc la monarchie espagnole avait sous sa domination une partie des Pays-Bas, la Franche-Comté, avec laquelle ses communications étaient difficiles, et enfin le royaume des Deux-Siciles.

Le nord de l'Allemagne était une pépinière de familles royales, dont les revenus n'égalaient pas ceux d'un simple gentilhomme; l'Italie, toujours divisée et affaiblie, était continuellement le théâtre des guerres de succession.

Ce furent les armes de la France qui empêchèrent la maison d'Autriche de parvenir à une domination universelle. Ce pays était obligé de se conduire ainsi pour sa propre sûreté; et les augmentations de territoire qu'il se procura étaient nécessaires pour contrebalancer l'Autriche. L'Angleterre était alors son alliée naturelle. Lorsqu'il y eut un traité de conclu, les petits princes d'Allemagne se fièrent sur la France pour les soutenir contre les empereurs; et ce fut à l'influence que cette puissance acquit alors que l'on doit rapporter les différens qui survinrent depuis entre elle et le cabinet de Vienne. La branche espagnole de la maison d'Autriche était encore puissante, quoiqu'elle s'obstinât à conserver la possession de provinces qui ne lui convenaient nullement, mais que son ambition ou son orgueil ne lui permettaient pas d'abandonner sans y être forcée.

Le traité de paix de Westphalie ne fit donc que commencer à donner à l'Europe la forme qu'elle devait prendre dans la suite; le principe simplifiant devait encore agir avant qu'elle ne parvînt à l'état dans lequel nous la trouvons maintenant, et il faudra qu'il agisse encore pour arriver au point qui doit être le but de nos efforts. Pourra-t-elle y parvenir? c'est ce que les événemens imprévus qui peuvent renverser nos espérances nous empêchent d'assurer. Si cependant les hommes d'état voulaient se pénétrer des principes que nous cherchons à établir ici, et ne les perdaient jamais de vue, ils pourraient alors donner aux négociations, toutes les fois que l'occasion s'en rencontrerait, une tournure favorable à notre but, et maintenir l'Europe dans le chemin qu'elle a déjà pris, et qui doit nécessairement la conduire à des résultats satisfaisans; car, s'il a été fait de grands pas depuis les guerres de la révolution, il reste encore beaucoup à faire. Mais reprenons le fil des événemens, qui développeront eux-mêmes notre théorie mieux que ne pourraient le faire des raisonnemens encore prématurés.

Le traité de Westphalie reconnaissait deux partis bien distincts en Allemagne : les catholiques et les protestans. Ces derniers n'eussent pu certainement s'y maintenir s'ils n'eussent pas été soutenus par la France; et cette puissance ne les eût pas secourus si elle n'avait eu l'espoir d'augmenter le territoire qu'elle avait déjà conquis. L'influence que sa politique lui fit alors obtenir en Allemagne, éveilla l'ambition de Louis XIV, qui gouvernait un royaume que les talens de Mazarin et de Richelieu avaient élevé à un haut point de splendeur, après les troubles des guerres civiles.

Beaucoup d'écrivains ont blâmé l'ambition de Louis XIV; cependant elle produisit les plus heureux effets. Elle causa d'abord l'évacuation des Pays-Bas par les Espagnols, et fit cesser la complication que ces possessions éloignées, et inutiles à l'Espagne, apportaient dans le système européen. Le traité d'Aix-la-Chapelle et une triple alliance arrêtèrent pourtant les pas de Louis-le-Grand ; mais son esprit de conquête le porta bientôt après à attaquer la Hollande, et à attirer par cette guerre une coalition universelle contre lui. Il abandonna donc les avantages que ses victoires sur les Allemands lui avaient procurés. Il attaqua les Espagnols, et réunit la Franche-Comté à son royaume. En donnant, par cette conquête, à la France ses véritables limites, il apporta quelque perfectionnement dans l'équilibre européen. On ne peut que le louer des acquisitions qu'il fit par le traité de Nimègue. Sous son règne, la France devint assez forte pour résister à toutes les attaques, et, si son ambition eût été un peu moins vaste, il aurait fait le plus grand bien. Ce fut avec raison que, par le traité de Ratisbonne, il augmenta encore le territoire de la France des villes de Luxembourg, Bovines et Chimay. La force et la prépondérance que prit alors ce pays n'eussent pas été alarmantes pour l'Europe si les contrées de la rive droite du Rhin eussent présenté une puissance imposante :

mais le traité de Westphalie mit l'Allemagne à la discrétion des forces françaises.

La révolution d'Angleterre plaça sur le trône un prince d'Orange, et opposa alors à l'ambition des Français une barrière que l'Allemagne ne pouvait, dans son état de division, leur présenter. En 1488, l'empereur, tout l'empire, la Grande-Bretagne, la Hollande, l'Espagne et la Saxe, se confédérèrent, et pourtant les armées françaises sortirent victorieuses de cette lutte inégale, et battirent l'ennemi sur tous les points. Mais, comme Louis XIV avait des vues sur la succession d'Espagne, il se montra disposé à faire la paix, pour dissoudre la ligue qui s'était formée contre lui. Le traité de Riswick lui donna le cours du Rhin, depuis Huningue jusqu'à Landau. Il usa de la plus grande modération envers la Hollande et l'Angleterre; mais cette conduite était artificieuse. Charles II d'Espagne, le seul descendant mâle de l'empereur Charles V, était près de sa fin; et Louis, malgré ses promesses solennelles, se proposait bien de réclamer sa succession.

Le traité des Pyrénées avait donné à la France les villes d'Arras, de Hesdin, de Bapaume, de Lille, de Lens, le comté de Saint-Paul, enfin tout l'Artois, excepté Saint-Omer et Aire; dans la Flandre, Gravelines, Bourbourg, Saint-Venant et ses dépendances; dans le Hainaut, Landrecies, le Quesnoy, et leurs bailliages; dans le duché de Luxembourg, Thionville, Montmédy, Damvilliers, Ivry, Marville, et leurs dépendances.

Du côté de l'Espagne, la France avait acquis le Roussillon et Conflans, excepté quelques places qui se trouvaient dans le midi des Pyrénées, et qui devinrent les limites de la frontière des deux royaumes.

L'article 33 du traité des Pyrénées réglait la dot que devait apporter l'infante d'Espagne; elle etait de 500,000 écus d'or. Il contenait aussi les stipulations du mariage, au nombre desquelles on remarquait la renonciation formelle de Louis et de son épouse à leurs droits sur la couronne d'Espagne. Malgré ces conventions solennelles, il n'eut pas plus tôt vu s'approcher la mort de Charles, qu'il se disposa à réclamer le sceptre de ce pays. La cour de France déclara cet acte nul et de nul effet, considérant que ni l'infante ni son mari n'avaient eu le pouvoir de sacrifier les droits que leurs enfans devaient avoir, par suite des lois fondamentales espagnoles. Cette déclaration est pleine de mauvaise foi, et présente tous les caractères d'une injuste agression; car, si elle était fondée, la renonciation stipulée dans le traité était donc frauduleuse; et, si on n'eût pas regardé cette renonciation comme sincère, le mariage n'aurait pas eu lieu.

Si la renonciation eût été valable, l'ordre de succession eût appelé au trône la sœur de Charles II, Marguerite-Thérèse. Elle avait laissé une fille nommée Marie-Antoinette, qu'elle avait eue de son mariage avec l'empereur Léopold Ier. Cette fille avait épousé l'électeur de Bavière, et avait donné le jour à Joseph-Ferdinand, héritier présomptif de l'électorat.

L'empereur, qui voulait conserver la couronne d'Espagne dans sa famille, avait exigé de la princesse Marie-Antoinette, lors de son mariage avec le prince Maximilien, une renonciation à ses droits. Il espérait réclamer pour son propre compte, *au chef* de sa mère Marie, fille de Philippe III et tante de Charles II.

Ainsi donc, lorsque le trône d'Espagne devint vacant, comme on admettait les femmes à succéder, la noblesse et le peuple ne prirent aucune part aux changemens qui s'opérèrent; et ce fut la force qui décida lequel d'un Français ou d'un Allemand devait régner sur les Espagnols.

Alors éclata une guerre qui n'avait d'autre cause que l'ambition et les intérêts de deux individus, sans qu'on s'occupât en rien de ce qui pourrait être plus avantageux au pays malheureux qui ne devait, quelle que fût l'issue de la querelle, retirer de tout cela que la dévastation et la misère. Tant que les lois de l'hérédité aux trônes ouvriront un vaste champ aux intrigues et aux cabales des étrangers, on verra, lorsque l'occasion s'en présentera, se renouveler les mêmes scènes, si funestes aux pays qui en sont le théâtre; et on ne peut remédier à ces maux qu'en faisant, dans les maximes du droit public de quelques nations, des réformes mutuellement garanties par toutes les maisons régnantes de l'Europe. Nous reviendrons sur ce sujet quand il en sera temps.

L'opposition de ces prétentions dut faire présager une guerre prochaine. L'Angleterre et la Hollande accédèrent à un traité de partage qui donnait au prince Joseph-Ferdinand de Bavière la couronne d'Espagne, et qui donnait au dauphin les Deux-Siciles, la Toscane et la petite province de Guipuscoa, dans la baie de Biscaye en Espagne.

Comment concevoir que des hommes raisonnables, des rois, ont pu, les uns proposer, les autres accepter un tel arrangement. Pensaient-ils donc que plus leurs conventions seraient propres à exciter la guerre, plus serait grand l'honneur qui rejaillirait sur leurs royaumes?

Quoi! former un corps politique des Deux-Siciles, des ports de la Toscane, et d'un petit coin de l'Espagne! Comment le roi des Deux-Siciles eût-il pu porter des secours à ses autres provinces, si elles eussent été attaquées? En outre, comme celui qui devait posséder ce royaume était héritier de la couronne de France, devenu roi, il eût donné à sa patrie une entrée dans l'Espagne; et la dévastation des Deux-Siciles aurait pu encore aussi renouveler toutes les guerres de l'Italie.

A la mort du prince de Bavière, un nouveau testament fut fait, ou supposé fait, par Charles II, en faveur du duc d'Anjou, second fils du dauphin.

Louis fut satisfait de cette disposition, et les Espagnols proclamèrent Philippe leur roi, le 14 novembre 1700. Toute l'Europe se souleva de nouveau contre Louis XIV. Les armées françaises envahirent les possessions septentrionales de l'Espagne, et la guerre devint universelle. Ces événemens sont trop bien connus pour que nous entrions dans des détails. On sait que les victoires du prince Eugène et du duc de Marlborough mirent les affaires de France dans l'état le plus déplorable. M. de Torcy fut envoyé à la Haye, et on convint des préliminaires de la paix. La France devait rendre toutes les conquêtes qu'elle avait faites depuis le traité de Westphalie. On devait restituer Presbourg à l'empereur; mais l'Alsace restait aux Français. L'archiduc devait être fait roi d'Espagne, et l'on devait écarter Philippe d'Anjou. On en était à ce point, lorsque deux événemens inattendûs interrompirent les conférences qui se tenaient alors à Gertrudenbourg, et donnèrent une nouvelle face aux affaires. Un de ces événemens était la mort de Joseph Ier., sans enfans mâles. L'archiduc Charles, son frère, qui avait pris le titre de roi d'Espagne, fut fait empereur, et hérita de toutes les possessions de la maison d'Autriche en Allemagne. L'autre événement fut la conséquence de celui-ci; de nouvelles difficultés se présentèrent. La France était convenue que la succession d'Espagne n'appartiendrait qu'au cadet de la maison de Bourbon, et ne serait, en aucun cas, réunie à celle de France; mais au contraire, par le changement survenu à Vienne, Charles aurait uni, comme ses prédécesseurs, le sceptre de l'Espagne à celui de l'Autriche ; alors le but pour lequel l'Europe avait combattu pendant si long-temps, se serait trouvé manqué : et le danger que l'on avait à redouter d'un côté, se serait manifesté d'un autre. L'état des partis en Angleterre fut favorable alors aux vues de Louis XIV. Les Wighs étaient tombés, et avec eux le duc de Marlborough leur chef. La reine d'Angleterre, qui avait des motifs personnels d'en vouloir au duc, pensa que le plus sûr moyen de détruire son influence serait de faire la paix avec la France. Les préliminaires furent signés le 8 octobre 1711, et un congrès général s'ouvrit à Utrecht.

Le but des alliés, dans ces négociations, était d'abaisser le pouvoir imposant de la France ; et on convint de poser comme maxime fondamentale, que ce royaume ne pourrait jamais être uni avec celui de l'Espagne. A cet effet, Philippe d'Anjou, qu'on venait de nommer roi, fit une abdication formelle de ses droits à la couronne de France, et en même temps les ducs d'Orléans et de Berry abandonnèrent toutes les prétentions qu'ils auraient pu avoir sur le sceptre des deux royaumes. Une autre clause du traité fut, qu'aucune province, ville ou forteresse, des possessions septentrionales de l'Espagne, ne pourrait être transférée à aucun prince de la maison de France, à quelque titre que ce pût être. On laissa ces provinces comme une frontière pour la république de Hollande, mais on les adjugea à la maison d'Autriche. On a mieux senti depuis les défauts de cet arrangement; et l'on a vu que cette frontière n'était qu'une toile d'araignée que les Français brisaient toutes les fois qu'ils le voulaient. La jalousie de l'Angleterre à l'égard de la Hollande empêcha le cabinet de Saint-James de consentir à l'union de ce pays avec la république batave; et il en est résulté que la cour de Vienne a joui des revenus du pays et que la Grande-Bretagne a fait tous les frais de sa défense en temps de guerre. Cette faute a dernièrement été réparée, et on a fait de la Hollande une puissance plus forte; mais on n'a pas encore fait tout ce qu'il fallait faire, comme nous le démontrerons dans la suite.

Le royaume des Deux-Siciles, les ports de la Toscane, et le duché de Milan, devaient aussi être cédés à la maison d'Autriche. Mais comme l'empereur n'avait pas encore accédé au traité, il fut convenu que les Pays-Bas resteraient dans les mains des États, jusqu'à ce qu'il fût d'accord avec eux relativement à cette frontière. On prit les mêmes mesures à l'égard des pays du nord que Louis XIV avait cédés à l'empereur : savoir, Namur, Tournay, Furnes, et Furner Ambacht, le fort de Knok, Ypres et leurs dépendances.

L'Angleterre obtint des avantages considérables. Le prétendant fut abandonné, et Louis s'engagea à lui refuser un asile en France. On reconnut la légitimité de la maison de Hanovre. Gibraltar, Minorque, et des possessions considérable dans l'Amérique furent cédées aux Anglais.

Le roi de Prusse eut pour sa part le pays de Gueldre espagnol, et la province de Kessel, en échange de la principauté d'Orange, qu'il abandonna à la France. Le duc de Savoie eut le royaume de Sicile, et une augmentation de territoire en Lombardie. Enfin l'île de Sardaigne fut donnée à l'électeur de Bavière, qui avait été l'allié de la France.

Les heureux effets de ce traité furent d'abord d'assurer la tranquillité de l'Angleterre par la fixation de la couronne d'Espagne, et ensuite d'ôter à ce pays des possessions que tôt ou tard il eût été forcé d'abandonner.

Il est inutile de faire des réflexions sur la

nouvelle démarcation de limites ; il suffit d'observer que, s'il n'eût pas été évident que l'empereur ne pouvait pas bien défendre les Pays-Bas, et si on n'eût pas reconnu l'insuffisance de ce traité, on n'eût pas pris les mesures qui ont été prises dans le dernier congrès de Vienne. C'est aussi une bévue de donner le pays de Gueldre au roi de Prusse ; car, tant qu'il aura des raisons d'être jaloux de la maison d'Autriche, le point de contact qu'on lui donne avec la France sera dangereux, s'il ne l'est pas dans le moment actuel. D'ailleurs, en lui donnant une étendue de possessions si vastes et si éloignées les unes des autres à défendre, on l'expose à être obligé de plier sous la Russie, si jamais cette puissance lui fait la guerre. Dans d'autres cas c'est aussi donner de l'aliment à son ambition ; car, si tôt ou tard il ne renonce pas à ses possessions sur la rive droite de l'Elbe, comme il est séparé de ce pays par une multitude de voisins, il est à craindre qu'il ne cherche à s'arrondir ; et peut-être arrivera-t-il qu'un jour la force des armes corrigera les défauts de ces arrangemens de cabinet.

Comme le duc de Savoie, sans un seul vaisseau de guerre, pouvait à peine aborder la Sicile, et encore moins la défendre, les résolutions qui avaient éte prises à son égard furent presque aussitôt abandonnées que convenues. Mais, de tous les plans, le plus absurde et le plus impraticable, était de donner une île dans la Méditerranée à un prince de terre, comme le duc de Bavière. N'est-il pas à croire que les ministres du congrès d'Utrecht avaient un moment mis de côté leur gravité pour se moquer du pauvre duc? N'est-ce pas en vérité comme s'ils se fussent avisés de donner à la Suisse l'île d'Otahiti ?

Il est bon d'observer d'ailleurs que cette cession était une récompense donnée à l'électeur, parce qu'il avait violé l'art. 8 du traité de Westphalie, qui portait que, quoiqu'il fût permis aux princes d'Allemagne de faire telles alliances qu'il leur plairait, cependant ils ne devaient en former aucune qui pût porter préjudice à l'empereur ou à l'empire. On ne peut s'empêcher de sourire de pareilles contradictions, malgré les funestes conséquences qui en ont été le résultat.

Il semble que quelques-uns des diplomates du dernier congrès n'ont point voulu consulter l'expérience du passé, ni remonter aux causes et aux effets produits précédemment par les arrangemens politiques de l'Europe. Dans ce congrès, qui ressemblait à une foire plutôt qu'à une assemblée d'augustes personnages, il semble que l'intention de chacun d'eux a été d'attraper le meilleur lot possible, sans s'inquiéter des suites que pourraient avoir les conventions qu'ils ont formées. Il semblait qu'on n'eût rien autre chose à faire qu'à remettre un peu tout en ordre, pour se reposer des fatigues de la guerre. En considérant avec quelle obstination et quel aveuglement chaque prince poursuit l'objet favori de son ambition, on est surpris de voir combien il se soucie peu par quels moyens et combien de temps il pourra le conserver, si jamais il a le bonheur de l'atteindre. Personne ne veut se pénétrer de cette idée, que plus on laissera d'occasions de discorde, plus les guerres seront fréquentes.

Si le but des souverains du congrès n'a été que de négocier entre eux un compromis pour augmenter leurs revenus et leur splendeur; si les pertes qu'ils ont fait éprouver à quelques nations ne sont regardées par eux que comme les sacrifices d'une propriété particulière; si enfin la tranquillité et le bonheur des peuples ne sont entrés pour rien dans leurs arrangemens, il est à croire que la paix ne pourra durer, parce que les souverains qui ont partagé le butin ne devront pas tarder à devenir ennemis les uns des autres, et à fonder sur la chute de leurs voisins des espérances de conquête et d'agrandissement. Un droit public qui n'est pas fondé sur des maximes plus équitables ne peut être reconnu long-temps; car, aussitôt qu'un traité est conclu, on conçoit de nouveaux plans, on forme de nouveaux projets, qui doivent finir par amener la guerre. On ne peut pourtant pas blâmer les princes d'agir ainsi; il faudrait qu'ils s'élevassent au-dessus de l'humanité pour ne pas suivre le torrent des circonstances. L'homme d'état doit donc chercher à découvrir comment on pourrait combiner ces circonstances, de manière qu'il fût de l'intérêt des souverains de laisser leurs voisins dans une paisible possession de leurs états, sans chercher à les opprimer et à les asservir. Il est certainement impossible de parvenir à ce but avec les principes que l'on suit actuellement; et, s'ils restent comme ils sont maintenant, l'Europe ne peut manquer de voir son sein déchiré par de nouvelles tempêtes. Cependant on ne peut se dissimuler que, pour les changer, il faudra nécessairement recourir quelquefois à la force; mais les nations ont à choisir entre la justice due à quelques princes et le bonheur et la tranquillité générale.

S'il existe quelque contrat entre les gouvernans et les gouvernés, il oblige les uns à la justice comme il oblige les autres au respect et à l'obéissance. Mais, si un petit prince est trop faible pour pouvoir donner à son peuple la protection nécessaire, en échange des honneurs et de la prééminence qui lui sont attribués, ne sommes-nous pas fondés à lui demander quels sont ses droits à la couronne, quand nous le voyons forcé, pour la défendre, de recourir à des puissances étrangères?

Deux ans après la paix d'Utrecht Louis XIV mourut(1), après un règne de soixante-douze ans, et laissa le trône à son arrière-petit-fils Louis XV.

Nous ne pouvons entamer notre quatrième et dernière époque, qui commencera à la paix d'Utrecht, sans avoir conduit toutes les affaires de l'Europe jusqu'au moment où se fit ce traité. Cet examen nous fera voir que toutes les guerres qui eurent lieu alors durent leur naissance aux mêmes causes que celles que nous avons déjà eu occasion d'observer, et nous préparera en même temps aux conséquences que nous nous proposons de tirer à la fin de cet ouvrage,

(1) A. D. 1715.

de la revue générale des événemens que nous examinons.

Comme nous n'aurons guère à nous occuper que du continent, nous noterons ici, en passant, la réunion de l'Écosse à l'Angleterre en 1707, et celle de l'Irlande qui arriva plus tard. Ces événemens rentrent dans notre système de simplification, et leurs résultats heureux serviront encore à en démontrer la vérité.

Le traité de Westphalie avait créé un électorat pour une branche de la maison de Wittelsbach; l'empereur Léopold Ier. en créa un autre pour la branche cadette de la maison de Brunswick. Le premier électeur de cette branche, appelée Brunswick-Lunenbourg ou de Hanovre, était le duc Ernest-Auguste, auquel l'empereur, en 1690, donna l'investiture pour lui et ses descendans, à condition qu'il fournirait des subsides considérables en hommes et en argent dans la guerre contre les Turcs. Les autres électeurs, avec le duc de Brunswick-Wolfenbuttel, s'opposèrent à cette création. On tint une assemblée générale à Nuremberg, et on y convint que tous les confédérés se réuniraient pour réclamer l'exécution du traité de Westphalie et empêcher cette innovation. La France et le Danemarck soutinrent ces prétentions, et on se décida à déclarer la guerre au neuvième électorat. C'est ainsi que la malheureuse Allemagne, tombant en ruines sous le poids de sa grotesque et pesante architecture, était obligée à chaque instant d'appeler des étrangers pour régler des discussions intérieures. Cependant cette affaire se termina sans qu'il y eût du sang répandu, et l'on créa l'électorat du Hanovre.

Peu de temps après cet événement, trois maisons électorales d'Allemagne montèrent sur le trône : la maison de Brandebourg fut appelée à régner sur la Prusse; celle de Hanovre sur l'Angleterre; et celle de Saxe sur la Pologne. Auguste II fut créé roi de ce pays en 1697, après avoir embrassé la religion catholique : son fils Auguste III lui succéda. Cette promotion des électeurs de Saxe à un trône étranger, impliqua ce duché dans les affaires de la Pologne, et faillit le conduire à sa ruine.

L'élévation de la maison de Brandebourg amena de grands changemens dans cette famille. Lorsque l'électeur Jean Sigismond monta sur le trône de Prusse, il se reconnut le vassal et le tributaire de la Pologne.

Son petit-fils Frédéric-Guillaume, surnommé le grand électeur, profita de l'état déplorable de ce pays, lors de l'invasion de Charles X de

Suède, pour se faire accorder, par un traité fait à Welau en 1657, l'indépendance de son duché. Frédéric Ier., devenu souverain *in capite* de Prusse, prit de sa propre autorité le titre de roi : l'élévation du prince d'Orange au trône d'Angleterre, et celle d'Auguste au trône de Pologne avaient probablement éveillé son ambition. Il négocia avec la cour de Vienne ; l'empereur Léopold lui promit de le reconnaître pour roi, s'il voulait lui fournir dix mille hommes pour l'aider dans la guerre de la succession. Toute l'Europe le reconnut, excepté la France et l'Espagne. Le pape et les chevaliers Teutons firent bien aussi quelques protestations ; mais alors on n'y prit pas garde.

L'élévation de la branche de Brandebourg au rang de maison royale avait posé la base de plusieurs grandes révolutions en Europe. Tout le monde disait que l'Autriche, en reconnaissant cette promotion, s'était donné sur les frontières de son empire une puissance rivale, dangereuse et capable de lutter contre elle avec avantage.

Il était naturel que l'influence de la France en Allemagne se trouvât diminuée par l'apparition d'une puissance presque égale en forces à l'Autriche, et que la Prusse maintînt l'équilibre que la France abandonnait. Ce fut une grande amélioration dans le système européen. L'Allemagne, réunie sous un seul chef, eût été trop forte comparativement à la France; divisée en deux parties, elle avait moins besoin d'une influence étrangère; et, sans quelques petits états qui restèrent encore séparés et indépendans, le principe simplifiant eût produit tous ses effets. L'Allemagne cependant n'était pas mûre pour que ces changemens pussent s'opérer, et maintenant peut-être ne l'est-elle pas assez encore; mais l'expérience et le malheur l'éclaireront un jour, et lui apprendront que rien de stable ne peut exister, tant que les grands pouvoirs n'auront pas absorbé les petits, et n'auront pas, par leur contact immédiat et un mutuel équilibre, assuré une tranquillité que l'ancien système n'a pu réaliser jusqu'ici.

La guerre de la succession d'Espagne produisit de grands changemens en Italie. La première de ces contrées, qui avait toujours été une puissance prépondérante, se donna à l'Autriche. Lorsque les traités d'Utrecht et de Bade lui eurent donné le duché de Milan, les ports de la Toscane et le duché de Mantoue, dont elle avait eu préalablement soin de s'emparer, ces nouveaux accroissemens de l'Autriche donnèrent l'éveil à l'Angleterre, qui craignait que l'on ne renouvelât les anciennes prétentions inventées par Charlemagne et les papes. Pour parer à cet inconvénient les hommes d'état de ce temps-là imaginèrent de créer le duc de Savoie. Ce portier des Alpes (c'est ainsi que l'appellent nos diplomates), a gardé les entrées de l'Italie, et rempli le but de son institution, à peu près comme une grosse araignée à qui quelqu'un aurait laissé tendre sa toile contre sa porte afin d'arrêter les passans.

Que les hommes d'état considèrent les circonstances dans lesquelles se trouve l'Europe; qu'ils se rappellent les événemens passés et les résultats qu'ils ont produits, et qu'ils se demandent comment un misérable petit état sans ressources, quoiqu'on y ait ajouté le territoire de Gênes, peut résister au choc des deux grandes puissances entre lesquelles il se trouve comprimé.

L'étendue de l'Italie la rend un point important. Il est dangereux de donner à une puissance voisine une grande prépondérance sur ce pays, parce que la jalousie doit s'ensuivre et que la guerre suit la jalousie. Cette politique a causé une multitude d'accidens, qui n'ont pourtant pu encore provoquer le remède au mal. Si les princes de l'Europe sont jaloux de celui qui a le pouvoir suprême en Italie, qu'en résultera-t-il? On la tirera des mains de l'un pour la donner à un autre; on deviendra de nouveau jaloux de celui-ci, et un troisième prendra sa place; et des guerres éternelles seront les résultats de tous les changemens. Grands de la terre, ouvrez donc enfin les yeux, et donnez à l'Italie une existence indépendante qui lui soit propre. Donnez-lui un chef qui soit son roi. Que vous le preniez dans le sérail du grand-seigneur; qu'il soit fils d'un Tatar; que quelque puissant potentat d'un petit village d'Allemagne, quelque baron de Tunderdentronck, lui ait donné le jour, peu importe: mais donnez un roi à l'Italie; qu'elle acquière quelque poids dans la balance générale, vous préviendrez par là de nouvelles guerres qui minent vos ressources, et épuisent vos sujets. Remarquez que tout le sang qui depuis la guerre de la succession d'Espagne a été répandu en Europe, l'a été dans des discussions pour les membres déchirés de l'Allemagne et de l'Italie. Que comme Pélops, qui avait été dépecé pour le festin des dieux, ces deux pays reprennent leur forme première! Que les dieux de la terre veulent bien rendre chacun le membre qu'ils possèdent, et sacrifient une petite portion de pays au bonheur de leurs sujets et de l'Europe entière!

Le royaume de Savoie était d'abord une province du royaume d'Arles et de Bourgogne : vers le 11e. siècle, un prince nommé Berthold en prit possession. Le petit-fils de ce Berthold épousa Adélaïde, fille et héritière de Manfred, marquis d'Italie et seigneur de Suze. Ce mariage donna à la maison de Savoie des possessions considérables : le marquisat de Suze, le duché de Turin, le Piémont, et la vallée d'Aoste. Humbert II, comte de Savoie, conquit aussi le pays de Tarente. Thomas, un de ses successeurs, acquit en 1320 la baronnie de Faucigny. En 1313, Amédée V avait reçu de l'empereur Henri VII la ville et le comté d'Ast. En 1388, Amédée VII reçut la soumission du comté de Nice, qui était alors séparé de la Provence, et celle des contrées de Tende et de Beuil. Ces acquisitions de territoire étaient la suite des divisions qu'avait fait naître la succession du trône de Naples entre les maisons de Durazzo et d'Anjou et le comte de Provence. En 1401, Amédée VIII acheta de Othon de Villars le territoire de Genève, et fut créé duc de Savoie par l'empereur Sigismond.

Les querelles qui survinrent depuis la fin du 15e. siècle entre la France et l'Autriche, placèrent la maison de Savoie dans une dangereuse position. Elle fut souvent sur le penchant de sa ruine; mais malheureusement pour l'Italie elle subsiste encore. Charles III, un des ducs de ce pays, s'allia à Charles V d'Allemagne, et fut privé de ses possessions en France, que son fils Philibert ne put recouvrer qu'en 1559, à la paix de Cateau-Cambrésis. Les ducs Charles-Emmanuel et Victor-Amédée éprouvèrent les mêmes malheurs pendant la guerre entre la France et l'Espagne; et dans le 17e. siècle, aux traités des Pyrénées et de Turin, ils recouvrèrent leurs domaines. De quelle utilité peut être une telle puissance pour garder les Alpes. Elle ne peut faire du bien qu'en donnant du secours au plus faible de ses voisins contre le plus fort; et en suivant cette politique, elle fait bouleverser et démembrer son territoire. Nous avons vu de nos jours Bonaparte annihiler l'état de Savoie : cependant on a jugé à propos de le relever, et il pourra bien être renversé de nouveau. Espérons cependant que bientôt les guerres et les traités auront d'autres buts et d'autres résultats que ceux d'établir et de renverser continuellement des trônes.

Lorsque la guerre pour la succession eut été déclarée, Victor-Amédée prit d'abord le parti de Philippe d'Anjou; mais, considérant la facilité avec laquelle les Autrichiens pouvaient envahir ses possessions en Italie, il se joignit à la ligue générale contre la France. La Savoie et le Piémont devinrent alors le théâtre de la guerre. Les Français mirent le siége devant Turin; mais le duc de Savoie et le prince Eugène forcèrent leurs retranchemens, et les obligèrent à évacuer l'Italie. La paix d'Utrecht confirma la couronne du duc de Savoie; et, pour augmenter sa puissance, la Grande-Bretagne le fit nommer roi de Sicile.

Nous ne pouvons concevoir les ministres de la reine Anne dans cette circonstance; ils firent donner à un prince aussi faible que le duc de Savoie une île, qu'il n'avait les moyens ni de commander ni de défendre; sans un vaisseau de guerre, sans commerce, sans ressources, et tout cela pour augmenter sa puissance : une île qui, gouvernée aristocratiquement, avait toujours besoin de la force armée pour rester soumise. On ne peut s'empêcher de penser en vérité, lorsqu'on découvre des bévues politiques de cette force, que pendant quelque temps les diplomates de ce congrès avaient perdu la tête. On a pourtant pu croire alors nécessaire de maintenir une forte puissance entre l'Autriche et la France ; mais les vains efforts que l'on a faits doivent maintenant avoir fait reconnaître l'insuffisance de cette mesure. La racine du mal est en Italie, et on ne parviendra à l'en arracher qu'en formant de ce pays un royaume uni.

La Suisse, depuis que son indépendance a été reconnue par le traité de Westphalie, a constamment maintenu le système de neutralité qu'elle avait adopté ; et toutes les puissances avaient approuvé cette politique. La révolution française la renversa, et l'on a eu raison de rendre à ce pays son état primitif.

La Suède avait acquis depuis quelque temps une puissante influence dans les affaires du Nord. La vigueur de son gouvernement et la faiblesse de ses voisins lui avaient fait obtenir cette prépondérance. Les avantages que lui avaient procurés les traités de Stolbova, de Stums-Dorf, de Broemsebro et de Westphalie, avaient encore contribué à l'augmenter. Lors de l'abdication de la reine Christine en 1654, Charles-Gustave, comte du palatinat des Deux-Ponts, lui avait succédé sous le nom de Charles X. Ce prince était un jeune guerrier plein du désir de se signaler par ses exploits. Jean-Casimir, roi de Pologne, avait protesté contre son avénement au trône; il lui fit la guerre, et, avec le secours de son allié Frédéric-Guillaume, électeur du Brandebourg, battit les Polonais à Varsovie (1). Il serait parvenu à soumettre ce pays, si le czar Alexis-Michaëlovitch, qui était alors en guerre avec la Pologne, eût adopté son plan. Ce prince au contraire convint avec Jean-Casimir d'attaquer les Suédois eux-mêmes en Livonie, en Ingrie et en Carélie. L'empereur Léopold et le roi de Danemarck suivirent son exemple; et enfin, lorsque l'électeur de Brandebourg eut obtenu la souveraineté de la Prusse, il lui tourna le dos, et se ligua avec les autres contre lui.

Charles X, voyant qu'il n'y avait rien à faire du côté de la Pologne, se retourna du côté du Danemarck, se rendit maître du Holstein, du Sleswick et du Jutland : il passa la Baltique sur la glace, et marcha droit à Copenhague. Cette expédition hardie effraya tellement les Danois, qu'ils acceptèrent des conditions très-dures pour avoir la paix. Mais à peine le traité fut-il signé que Charles le viola, en mettant le siége devant

(1) 1656

Copenhague. Son intention bien prononcée était de détruire cette ville, d'anéantir le royaume de Danemarck, de fixer sa capitale dans le midi de la Suède, et de se créer roi de Scandinavie. Les assiégés firent une vigoureuse résistance; mais le royaume eût été détruit si la Hollande n'eût pas protégé le commerce de la Baltique. Les Hollandais envoyèrent une flotte pour secourir les Danois : les Suédois furent repoussés, et la capitale fut sauvée.

Ces revers ne découragèrent point le roi de Suède; et, en dépit de la confédération de la France, de l'Angleterre et de la Hollande, il persista daas ses desseins. Mais en 1660 la mort vint mettre fin à ses gigantesques projets. Pendant la minorité de Charles XI, la paix fut conclue à Copenhague. Le Danemarck céda à la Suède les provinces de Bolms, de Halland, de Scania et de Blekingen, qui comprenaient toute la côte de la Suède moderne, depuis Frédéricshall en Norwége, jusqu'au cap sud de Olland.

Le traité d'Oliva mit fin à la guerre avec la Pologne. Son roi renonça à toutes ses prétentions sur la Suède, et lui céda en outre la Livonie et l'Esthonie. On rendit son duché au duc de Courlande, et on confirma la maison de

Brandebourg dans la souveraineté de la Prusse. La paix ne se fit que l'année suivante entre la Suède et la Russie. Les Suédois ne furent pas heureux dans l'alliance qu'ils firent avec Louis XIV dans la guerre contre la Hollande ; ils perdirent la Poméranie, qui ne leur fut rendue qu'aux traités de Zell, de Nimègue, de Saint-Germain, de Fontainebleau et de Lunden, conclus en 1679 avec les puissances liguées contre la France.

Immédiatement après la paix, une révolution eut lieu en Suède ; on voulait rendre la couronne indépendante des états. Les abus du pouvoir aristocratique, et les usurpations de ce corps sur les priviléges de la couronne, avaient excité la jalousie des communes. En 1680 une diète fut convoquée à Stockholm : les ministres furent accusés de malversation pendant la minorité du roi. On contesta à l'assemblée ses priviléges constitutionnels; et le roi, soutenu par ses gardes, les intimida tellement qu'il les força de déclarer que le prince, en son conseil, avait des pouvoirs suffisans pour gouverner le royaume. Charles XI transmit à Charles XII son fils le pouvoir absolu qu'il avait acquis comme nous venons de le voir. Le mauvais usage qu'en fit ce prince plongea son pays dans des malheurs dont il se ressent encore, et ses erreurs ont été une des causes des pas immenses de la monarchie russe. Cette puissance a bouleversé par sa prépondérance toutes les relations politiques de l'Europe : nous l'examinerons avec plus de soin dans la conclusion de cet ouvrage.

Le coup d'œil que nous venons de jeter sur les affaires du Nord servira à éclaircir quelques points de notre théorie. Dans certains cas, la guerre est une conséquence naturelle de l'état des choses ; et l'amour que peuvent avoir quelques princes pour la justice ne peut empêcher les entreprises de leur voisin jaloux, inquiet ou ambitieux. Il est certain, par exemple, qu'un royaume électif doit toujours entraîner les états voisins dans des discussions. Supposons qu'un monarque voisin de la Pologne eût craint, par un esprit de justice et de modération, de s'immiscer dans les affaires de ce pays, déchiré par les factions, et offrant la couronne à des compétiteurs divers ; ce prince ne serait-il pas responsable à son pays et à la postérité s'il avait permis que d'autres, moins délicats que lui, profitassent de sa modération pour gagner eux-mêmes de l'influence dans le pays, et peut-être même pour compromettre la paix et les intérêts de ses propres états et de ses légitimes successeurs? La première règle de conduite pour un roi est de se conserver lui-même, parce que l'indépendance de son peuple tient à sa prospérité et à sa puissance.

L'esprit turbulent de Charles XII fit plus que les efforts mêmes de Pierre-le-Grand pour augmenter la force de la Russie ; car les conquêtes impolitiques de Charles et ses succès furent autant de legs que la Suède expirante abandonna à sa rivale, et dont Pierre sut si bien profiter.

La province de Livonie, qui déjà avait été la cause de la première guerre entre les états du Nord, fut aussi le motif de l'alliance qui se forma contre Charles XII.

Auguste II, roi de Pologne et électeur de Saxe, voulant se rendre populaire, et exécuter l'engagement qu'il avait solennellement pris dans les *pacta conventa*, de reconquérir les provinces démembrées de son royaume, essaya de s'emparer de la Livonie : le mécontentement des habitans, fatigués du gouvernement des Suédois, l'avait engagé à cette entreprise.

Dans ce but, Auguste entama une négociation avec le roi de Danemarck, qui entra dans ses vues. La jeunesse de Charles faisait présager d'heureux résultats. Ils formèrent donc entre eux une alliance secrète, dans laquelle ils cherchèrent à entraîner l'empereur de Russie.

Pierre venait de faire la paix avec les Turcs; il mit le siége devant Narva. Le roi de Suède, attaqué à la fois par tant d'ennemis, tourna d'abord ses armes contre le Danemarck, où le danger semblait le plus imminent. l'Angleterre, la Hollande et le duc de Brunswick se déclarèrent en sa faveur. Les Suédois, conduits par leur roi et secourus par les flottes anglaises et Hollandaises, attaquèrent l'île de Zéeland, et marchèrent sur Copenhague. Les Danois furent obligés de demander la paix : elle fut signée dans l'année à Traventhal (1).

Charles, n'ayant plusrien à craindre du Danemarck, tourna ses armes contre les Polonais et les Russes; mais Auguste et Pierre avaient des ménagemens à garderavec la diète de Pologne. Cette assemblée ne servit qu'à les embarrasser; et, lorsqu'il fut trop tard, elle demanda à composer avec les Suédois, au mépris de ces fameux *pacta conventa* qu'elle-même avait dictés.

Cette demi-mesure leur fit perdre leurs moyens de défense, et ils ne purent arrêter la

(1) 1710.

marche des Suédois, qui s'avancèrent rapidement, battirent les Russes à Narva, et déconcertèrent tout à coup le plan d'opérations de leurs ennemis.

La défaite de Pierre dans la bataille de Narva fait époque dans les annales de l'histoire de Russie. Bientôt après le roi de Pologne eut une entrevue avec lui. Auguste lui démontra la nécessité de changer son système militaire, s'il voulait se mesurer avec les armées européennes. Ce furent les Saxons qui devinrent ainsi les premiers instituteurs des Russes dans l'art de la guerre ; et c'est en profitant de leurs leçons que ce peuple a su se rendre si formidable en Europe.

Charles, fier de ses victoires, ne balança pas à poursuivre ses conquêtes, et à attaquer le roi de Pologne. En trois rencontres successives il battit les Saxons, et ne voulut faire la paix qu'après l'abdication du roi. Cette démarche servit dans la suite à augmenter le pouvoir des Russes ; car il affaiblit les Polonais, et divisa la nation en deux factions. Elle fut alors hors de proportion avec ses voisins, dont la force relative fut conséquemment accrue. Stanislas Leczinski fut élu ; mais ce ne fut qu'un roi pour la forme. La politique des puissances voisines fut toujours dans la suite de mettre en avant de semblables mannequins, jusqu'à ce qu'enfin le partage de la Pologne eût mis fin à cette farce. Les suites montrent assez les fautes de la politique d'Auguste. S'il eût eu la sagesse de Jean-Casimir, qui avait régné à peu près quarante ans avant lui, il aurait prévu ce que pouvaient devenir les forces de la Russie, si on lui permettait de les développer; et il n'eut pas été le premier à leur apprendre la tactique européenne; il eut hésité avant d'attaquer les Suédois, parce qu'il eut vu qu'il donnait par là à la Russie les moyens de dominer dans la suite. Par sa conduite, au contraire, il lui fournit ces moyens, et lui assura dans le Nord une prépondérance qui eût été beaucoup moins à craindre dans les mains de la Suède.

La faction de Sandomir, qui tint en Pologne le parti d'Auguste, ne fit que de faibles efforts contre le parti de Varsovie, qui reconnaissait Stanislas que les Suédois protégeaient. Pierre se déclara pour Auguste; mais Charles défit, à Punice en Poméranie, l'armée confédérée des Polonais et des Russes. Auguste se retira en Saxe. Stanislas fut couronné roi, et en novembre 1705 la paix fut signée à Varsovie. Cet événement fit tourner les forces de la Pologne contre les

Russes. Charles fut porter la guerre jusqu'en Saxe; mais Auguste, dans un traité signé à la paix d'Altrandstadt, renonça à ses droits sur la couronne de Pologne.

Si le roi de Suède se fût arrêté là, ou s'il se fût contenté de reconquérir les provinces qu'il avait perdues, il eut conservé pendant bien plus long-temps la prépondérance de son pays, en arrêtant les progrès des Russes. Pierre évacua la Pologne, et se retira à Moscou; Charles le poursuivit dans l'espoir de profiter, pour le détrôner, du mécontentement de ses sujets, qui étaient peu satisfaits de ses nouveaux règlemens. Arrivé à Mohilow le roi de Suède fit une faute qui le perdit. Il se sépara de son armée, dont il donna le commandement au général Lowenhaupt, et se dirigea vers l'Ukraine pour faire sa jonction avec les Cosaques. La bataille de Pultawa, qui fut la suite de cette manœuvre, lui fit perdre à la fois sa gloire et sa couronne.

Une nouvelle ligue se forma contre la Suède, et on attaqua les provinces allemandes qui dépendaient de ce royaume. Le czar et Auguste se jetèrent sur la Poméranie, et les Suédois qui défendaient cette province furent obligés de mettre bas les armes dans le Holstein, qui fit depuis partie du Danemarck. La Suède, privée de ses soldats, n'éprouva alors que des revers. Le duc de Holstein perdit sa principauté, et fut effacé de la longue liste des princes allemands : le roi de Prusse lui porta les derniers coups en s'emparant de Stettin, la seule propriété qui lui restât. Charles XII de retour de la Turquie, après ces événemens, trompé dans l'espoir qu'il avait conçu d'exciter la guerre entre les Russes et les Turcs, trouva le roi de Prusse ligué contre lui, et déjà maître de la Poméranie suédoise. Il eut aussi la douleur de voir la Grande-Bretagne entrer dans la confédération générale. Elle n'était pas mue par des vues politiques bien profondes ; mais seulement elle exigeait la cession de Bremen et de Verden à l'électorat de Hanovre. Ce fut pour ce but intéressant que le cabinet de Saint-James contribua de tous ses moyens à introduire sur la scène politique de l'Europe un pouvoir nouveau et gigantesque. Il ne s'aperçut pas sans doute qu'en affaiblissant la Suède, qui était alors un des boulevarts du monde civilisé, il servait les intérêts de la Russie. Ces considérations n'empêchèrent pourtant pas les Anglais d'envoyer des troupes pour aider les Danois dans le siége de Wismar.

Si on examine ces événemens avec impartialité, on ne peut s'empêcher d'apercevoir les maux qu'ils préparaient à l'Europe. La Suède avait cédé sa prépondérance à la Russie. Les puissances qui avaient contribué à cette révolution politique n'avaient été guidées dans leur conduite que par des motifs d'un médiocre intérêt. La Pologne était à la merci du premier monarque assez puissant pour lui faire sentir son influence. La Prusse se préparait déjà à devenir vassale de la Russie. Le pays contenu entre l'Elbe et les frontières orientales de la Hollande était occupé par une foule de petits princes indépendans, qui subsistent encore de nos jours. Cette partie était donc, comme elle l'est encore, le point le plus faible de l'Europe. Le défaut de consistance, la diversité des intérêts de ces princes et les discussions que le partage des successions feront naître entre eux, ne manqueront pas d'attirer encore les phalanges russes au centre de l'Europe, et d'étendre à l'ouest la frontière de ce pays ; ces discussions inévitables engendreront des guerres éternelles, dont le traité de Vienne a déjà si heureusement jeté les semences.

Les négociations qui eurent lieu dans l'île d'Aland, entre les ministres du czar et le roi de Suède, n'eurent pas des résultats bien satisfaisans ; et, sous un certain point de vue, elles auraient même pu engendrer de nouvelles guerres, pour rendre aux Suédois Bremen et Verden, qui ne leur convenaient nullement. Si on eût aussi exécuté le plan qu'on avait formé de donner la Norwége à la Suède, on eut réduit le Danemarck à une étendue de territoire insignifiante, et on l'eût soumis à l'influence d'une puissance étrangère.

La mort de Charles, qui eut lieu devant Frédéricshall, rompit toutes les négociations, mais ne détourna pas la Russie du projet qu'elle avait conçu d'empiéter vers l'ouest. Les provinces d'Esthonie, de Livonie, d'Ingrie et de Carélie, devaient être le prix de la Norwége : de nos jours, c'est au prix de la Finlande suédoise que ce pays a été acheté de la Russie.

La mort du roi de Suède fit changer la politique de ce pays. On fit la paix avec l'Angleterre aux mêmes conditions que les Anglais l'avaient faite avec les Danois. Bremen et Verden furent le prix de l'alliance de la Grande-Bretagne. On voit avec pitié la politique de ce gouvernement qui, sans s'élever à des considérations d'un ordre supérieur, était toujours prêt à se joindre à celui qui voulait bien donner à l'électeur de Hanovre les deux misérables villes dont nous avons parlé. Les autres puissances, qui peut-être commençaient à sentir la faute qu'elles avaient faite en favorisant les empiétemens de la Russie, suivirent l'exemple donné par l'Angleterre; mais peut-être n'était-il plus temps. La Russie continue ses progrès vers l'onest, et telle est son influence sur les affaires de l'Europe, qu'on ne peut plus rien faire sans son consentement.

A la fin de cette guerre, le Danemarck, qui déjà deux fois avait failli être anéanti, fut réduit au degré le plus humiliant de nullité. Le congrès de Vienne a en 1815 adopté une des principales bases des négociations d'Aland, la cession de la Norwége à la Suède. Le Danemarck a donc été réduit par là à un rôle de peu d'importance dans l'équilibre général de l'Europe.

Il ne reste plus maintenant qu'à amalgamer ce royaume avec la Norwége et la Suède pour renouveler l'union de Calmar, en donnant le plus grand poids possible à la masse scandinave. On pourrait peut-être par là opposer un rempart aux usurpations extérieures de la Russie.

Après ce tableau des affaires du Nord, jetons un coup d'œil sur les affaires de la Pologne pendant la première partie de l'époque dont nous nous occupons. Elle présentait un spectacle affligeant sous les règnes de Jean Casimir et de Ladislas IV : déchirée par les factions et les guerres étrangères, elle penchait vers sa ruine; mais aucun état ne fut moins digne de pitié. Ses malheurs provenaient de l'arrogante noblesse qui était à sa tête, et qui supportait impatiemment l'autorité d'un chef. Elle privait le roi de ses prérogatives, afin de priver le peuple de sa liberté, et elle finit enfin par se perdre elle-même avec la patrie.

C'était la folie ou la témérité du gouvernement de la Pologne qui avait occasioné la guerre que ce pays eut à soutenir contre la Russie, et que termina le traité d'Andrussow.

Les Cosaques étaient originairement russes; leur langage et le rit grec qu'ils observent suffisent pour montrer leur intime liaison avec ce peuple. Ils sont divisés en deux principales branches : ceux du Don, qui ont été toujours sujets de la Russie, et ceux du Borysthène, qui formaient la frontière militaire de la Pologne, et se montraient toujours disposés à marcher à l'ennemi. Ils étaient commandés par un chef appelé hetman, et ils servaient à garantir le royaume des attaques des Turcs et des Tatars.

L'utilité et l'importance de leurs services avaient engagé les rois de Pologne à leur concéder divers priviléges, que Sigismond III voulut leur enlever. Il leur défendit d'abord de faire des incursions chez les Tatars, et il les soumit au commandement d'un général de l'armée royale. Enfin il obligea le clergé à abandonner le rit grec et à se soumettre au pape. Ces innovations, et la tyrannie des nobles polonais, les excitèrent à la révolte; ils firent des incursions dans la Pologne, et furent repoussés. Ils se mirent alors sous la protection de la Russie. Chmelinski fit un traité avec le czar Alexis Michaëlovitch, par lequel il s'engagea à recevoir des garnisons russes à Kiew et dans le reste de l'Ukraine qui appartenait aux Cosaques. Alors le czar s'empara de Smolensk, qui appartenait aux Polonais, avec tout le pays que la Russie leur avait cédé dans le traité précédent; il prit aussi Wilna, et il allait pénétrer en Lithuanie lorsque Charles X de Suède envahit la Pologne, et menaça fortement son existence. Le czar fut alors obligé de tourner ses armes contre les Suédois. Il conclut à Wilna un traité d'alliance avec les Polonais; et, dans l'espoir de se faire nommer leur roi, il leur restitua les conquêtes qu'il avait faites sur eux. On voit que le cabinet russe n'a pas perdu de vue ce projet, puisque la Pologne lui est maintenant soumise. C'est ainsi que les Suédois et les Polonais ont fait, pendant deux siècles, tout ce qui pouvait être favorable aux Russes.

En 1658 une nouvelle guerre éclata entre la Russie et la Pologne : à la mort de l'hetman Chmelinski, une dispute s'éleva entre les Cosaques pour sa succession. Les Polonais battirent les Russes en diverses rencontres, et reprirent une partie de leurs provinces : en même temps les Tatars ravageaient la Russie. Cette guerre ne fut terminée qu'en 1667. Le traité d'Andrussow fit cesser les hostilités pour une douzaine d'années. Les Russes gardèrent Novogorod, Tchernigow, Kiew et tout le pays des Cosaques situé entre le Dniéper et le Borysthène : tout ce qui était à l'ouest resta à la Pologne.

Pendant toutes ces guerres, ce pays était intérieurement déchiré par des factions. Jean-Casimir, dégoûté d'un sceptre si pesant, abdiqua, et se retira en France, où il mourut.

On rapporte un discours remarquable adressé par ce prince à la diète, en 1661 : « Vos divisions, dit-il, amèneront un jour l'invasion et le démembrement de la Pologne ; Dieu veuille cependant que je sois un faux prophète ! Les Russes s'empareront des nations qui parlent leur langue ; la Prusse aura pour sa part le grand duché de Lithuanie et la grande Pologne ; Cracovie et ses dépendances seront envahis par l'Autriche. » En faisant attention à la date de ce discours, et en se rappelant les événemens qui l'ont suivi, on ne peut s'empêcher de rendre hommage à la prévoyante sagacité de ce prince. Ce discours ne fut prononcé que trente ans après le traité de Westphalie, et la Suède était alors la puissance prépondérante dans le Nord. Cependant on voit avec étonnement que Casimir ne dit pas un mot de ce pays dans ses prédictions sur la division de la Pologne. Il prévoyait sans doute que les Suédois ne pouvaient long-temps conserver une influence disproportionnée à leurs forces. Aurait-il donc pensé que la Russie, après le règne de Pierre-le-Grand, devait porter ses vues plus loin? Ne nous contentons pas d'honorer d'une admiration stérile la prudence de ce prince, et profitons de la leçon qu'il nous donne. Considérons ce qu'est maintenant la Russie. L'Europe saurait-elle être trop en garde contre une pareille puissance? Si elle ne s'occupe pas de concentrer ses forces, et si elle se laisse affaiblir par déférence pour les princes de quelques petits états qui la divisent et la paralysent, un jour viendra où les disputes de ces souverains donneront à la Russie un prétexte pour s'immiscer dans leurs affaires. Alors, ni les impuissantes protestations des princes désespérés, ni les formidables remontrances des ambassadeurs, ne pourront empêcher le mal. Que l'Autriche ne perde pas de vue les paroles mémorables du roi Jean Casimir; qu'elle n'oublie pas surtout que la Bohème et la Gallicie parlent un dialecte russe, et qu'elle considère avec la Prusse quelle est la position du duché de Varsovie.

Après avoir passé en revue l'état de l'Europe depuis le traité de Westphalie, qui servit de base aux négociations qui se firent dans la suite jusqu'à la paix d'Utrecht, il est facile d'observer de grandes améliorations dans la politique des cabinets. On voit encore s'élever fréquemment des guerres, qui causent des ravages dans les pays qui en sont le théâtre; cependant les intervalles des paix deviennent plus longs, et l'on doit rapporter cet heureux résultat à la force et à la stabilité acquises par les différens royaumes. Plus les nations étendent leurs frontières pour former de grandes masses plus les états qui restent faibles sont exposés à devenir le théâtre de la guerre. Les Pays-Bas qui étaient divisés entre plusieurs pouvoirs soumis pourtant à l'Autriche, les états d'Allemagne, et l'Italie divisée entre tant de puissances impuissantes, s'il est permis de s'exprimer ainsi, furent bouleversés chacun à leur tour par les horreurs de la guerre.

La Prusse était devenue à cette époque une puissante monarchie. La France avait arrondi ses frontières et pris une position qui assurait sa tranquillité. L'Espagne, fortifiée naturellement par les Pyrénées et l'Océan, jouissait d'un calme profond dans la plupart de ses provinces, et sa situation était beaucoup plus satisfaisante, que lorsqu'une foule de souverains se disputaient la prééminence et établissaient dans cette presqu'île un équilibre particulier. La maison d'Autriche, en liant plus intimement la Hongrie avec ses autres domaines, était devenue dans cette partie un des remparts du monde civilisé. La Pologne avait causé les troubles de l'Europe par la faiblesse et l'instabilité de son gouvernement : elle ne pouvait attribuer qu'à elle-même ses malheurs et son état de dégradation. Elle avait de plus provoqué l'accroissement de la puissance de la Russie, dont l'excessive étendue et la population toujours croissante menacent à présent l'indépendance de toutes les nations.

Si nos considérations paraissent justes, s'il

est certain que la réunion de plusieurs petits états en un grand royaume, que la concentration du pouvoir suprême ont produit les heureux résultats que nous avons fait remarquer, ne sommes-nous pas fondés à espérer que les mêmes améliorations pourront s'effectuer dans les parties de l'Europe où elles sont à désirer, et que les petits états divisés, qui ont tout le fardeau d'un gouvernement à supporter sans qu'il leur procure aucun moyen de défense ou aucune sécurité, pourront jouir, réunis sous un seul monarque, des bienfaits d'une administration grande et forte.

En remontant aux moyens dont les derniers pouvoirs se sont servis pour acquérir quelques possessions pendant l'époque que nous venons de parcourir, nous ne les trouverons pas beaucoup plus moraux que ceux que nous avions examinés dans des temps antérieurs. Nous ne voyons partout que de violentes usurpations, excepté lorsque l'ouverture d'une succession vient donner quelques droits; encore les biens de cette succession même étaient-ils le fruit d'une usurpation précédente.

On doit donc, en proposant un plan pour rétablir l'équilibre de l'Europe, mettre de côté toute considération d'équité; car ce serait faire preuve d'ignorance des faits historiques. Il faut abandonner tout espoir d'un meilleur avenir si l'on sacrifie l'espoir et la tranquillité du monde à quelques ménagemens envers des familles privilégiées. Les mêmes causes continueront à produire les mêmes effets; la terre et les peuples qui l'habitent présenteront l'aspect d'un océan dont les vagues mobiles s'élèveront, et disparaîtront continuellement au souffle impétueux des tempêtes politiques qui l'agiteront sans cesse.

Quelques détails historiques nous conduiront de la paix d'Utrecht au traité de 1783 dans l'ouest de l'Europe, au partage de la Pologne dans l'extrémité opposée, et à la révolution française. Nous ne dissimulerons aucune partie de ce tableau, qui servira à jeter un nouveau jour sur le sujet qui nous occupe; nous chercherons à démontrer que toutes les guerres qui ont désolé l'Europe à cette époque sont provenues des défauts de sa division politique, et que tous les résultats heureux qui ont pu être obtenus ont été dus aux causes que nous avons signalées. Mais nous prions surtout le lecteur de considérer sans préjugés les améliorations que nous proposerons dans le système que nous devons développer à la fin de cet ouvrage.

QUATRIÈME ÉPOQUE.

Depuis la paix d'Utrecht en 1713, jusqu'à nos jours.

L'ÉTAT de division et de faiblesse de l'Allemagne avait favorisé les guerres qu'avait suscitées l'ambition de Louis XIV; et les troubles de la Pologne avaient favorisé celles qu'avait produites l'esprit de conquête des Suédois. Un court intervalle de paix avait suivi ces désordres; mais la tranquillité du monde fut menacée et bientôt interrompue, malgré les soins qu'on avait pris pour la conserver.

L'Angleterre joua un grand rôle dans les négociations qui eurent lieu. Les succès de ses armes dans la guerre de la succession d'Espagne, dans quelques autres contrées du continent et en Amérique, lui avaient acquis une influence qu'elle n'avait point eue jusqu'alors. On commença à s'apercevoir que la paix de l'Europe était essentielle à sa prospérité, et l'on vit que cette paix ne pouvait être durable si l'on n'apportait quelque perfectionnement dans son équilibre politique.

Nous examinerons désormais avec plus de détail les principaux événemens, parce que plus nous approchons de l'époque actuelle, plus les particularités deviennent intéressantes, et plus les défauts du système international de l'Europe nous choquent sensiblement. Le lecteur pourra remarquer que des disputes de succession ont produit, pour la plus grande partie, les guerres qui ont désolé l'Europe pendant la première moitié du 18e. siècle. Les discussions entre les maisons de France et d'Autriche relativement à la couronne d'Espagne ne furent pas plus tôt terminées, qu'il s'en éleva d'autres pour la couronne de Pologne, ensuite pour la succession de l'Autriche, puis pour la Silésie, sur laquelle le roi de Prusse faisait valoir ses droits héréditaires; enfin pour la couronne de Bavière. Ce fut ainsi que le monde fut continuellement tourmenté pour les intérêts privés des princes, mais point du tout pour l'intérêt des peuples en général. Le lecteur ne manquera pas de remarquer en même temps que, dans toutes ces querelles, ce furent les petits états qui souffrirent, et que l'Italie et l'Allemagne furent continuellement le théâtre de la guerre.

Il est évident que si de petits états ne séparaient pas des empires puissans, ces empires, en se touchant mutuellement, rencontreraient plus d'obstacles à l'exécution de leurs ambitieux projets, et seraient conséquemment moins disposés à en former. Il est facile de remarquer aussi que ce serait rendre un service à l'humanité que d'établir dans les alliances matrimoniales des maisons souveraines un système qui préviendrait les disputes de succession. Enfin, il est clair que, si l'on pouvait parvenir à tracer de grandes lignes de démarcation entre les états de l'Europe, de manière à les combiner, sinon également, au moins dans de justes proportions, on écarterait bien des sujets de guerre. Il faudrait en même temps fixer irrévocablement leurs limites respectives, et défendre que deux couronnes pussent se réunir sur une seule tête. Je reconnais les difficultés d'un pareil plan; mais ce qui paraît impossible aujourd'hui peut demain ne paraître que difficile, et peut finir un jour par sembler praticable et même aisé.

Que, si quelque antagoniste de ce plan venait alléguer la justice due aux individus, il nous soit permis de lui demander dans quel cas un individu peut réclamer des droits, lorsque ces droits sont en opposition avec la nature, la raison, en un mot, avec le bien général. Si quelque prince venait présenter ses droits fondés sur la justice, ses sujets ne pourraient-ils pas venir lui opposer les leurs fondés sur la paix, la tranquillité et le bonheur de tous? Ce serait folie que de contester cette proposition.

S'il me demandait ce que j'entends par ces mots *bien général*, je pourrais renvoyer à l'idée qu'en conçoivent tous les hommes qui ont le sens commun, au nombre desquels je supposerais mon adversaire; mais j'établirais plutôt quelques principes qui équivaudraient à une définition. Le droit privé est subordonné au droit général; et, toutes les fois que l'un ne peut exister sans l'autre, le premier doit être sacrifié. Tous les droits naturels qui appartiennent au rang de prince appartiennent réciproquement à son peuple. Quant aux autres droits, qui n'appartiennent qu'au prince et ne sont point partagés par le peuple, ils ne lui ont pourtant été accordés que pour les faire servir à l'avantage de ses sujets; et ils cessent d'être un droit lorsqu'ils tournent au préjudice de ces derniers. Nous ne voyons pas pourquoi un roi, dont les états nuisent à l'amélioration politique de l'Europe, serait traité avec plus de ménagement qu'un particulier dont on ne pourrait conserver la propriété sans blesser l'intérêt général. On ne demande point son consentement pour en disposer. On divise ses fermes pour faire une route ou un canal ; on abat ses maisons et ses manufactures, au risque de le ruiner dans sa fortune ou dans ses relations commerciales, pour ouvrir une rue, ou pour bâtir un pont utile à ses concitoyens. On examine ses réclamations, et il est obligé de se soumettre. On peut donner, dans l'un comme dans l'autre cas, des indemnités qui satisfassent la partie lésée, quoique chacun ne fasse que son devoir en sacrifiant son bien aussitôt que l'intérêt public le réclame. N'a-t-on pas vu l'Angleterre exclure une famille du trône, parce que cette famille ne pouvait régner sans contrarier l'intérêt de toute la nation ?

Loin de nous de professer ici des principes démocratiques tirés de l'égalité parmi les hommes. Nous savons trop bien que la république n'est qu'un mot dont quelques ambitieux se servent pour commander despotiquement au nom de tous. Nous nous plaisons à reconnaître au contraire qu'un pays, s'il est considérable, ne peut être tranquille s'il n'est gouverné par une famille qui ait des droits éternels au trône, et que la liberté des peuples est bien moins garantie par quelques vaines formes d'un gouvernement démocratique que par les principes d'une justice distributive transmis dans une monarchie. Si pourtant un état n'a pas la force de résister aux chocs que chaque jour il peut recevoir, il faut qu'il tombe ou qu'il se soutienne avec peine. Combien n'avons-nous pas déjà vu de ces petites principautés bouleversées et anéanties! La justice a souvent élevé la voix; mais le spécieux prétexte de la nécessité l'a réduite au silence, et a servi à excuser la violence. Combien la loi de la nécessité ne doit-elle pas mieux être écoutée lorsque la justice elle-même lui met les armes à la main, et ratifie les ordres que de toutes parts lui donne l'intérêt public! Si dans un congrès la jalousie mutuelle des grandes puissances empêche d'anéantir ces petits états, cela ne prouve pas qu'il est sage et juste de les conserver : cela donne seulement à l'une d'elles la facilité de faire cesser la paix aux dépens d'un de ces états; et cela ne donne aux guerres et aux négociations d'autre but que d'élever et de renverser alternativement ces jouets de l'ambition des conquérans.

Nous prions le lecteur de ne pas perdre de vue ces réflexions, lorsque nous entrerons dans des détails sur les affaires de l'Europe; elles le prépareront à porter un jugement éclairé sur les raisonnemens que nous lui soumettrons dans la suite.

La paix d'Utrecht (1) avait été l'ouvrage de la plupart des puissances de l'Europe, et il était naturel de supposer qu'elle avait assis la tranquillité du monde sur des bases inébranlables. Il avait été cependant impossible d'amener l'empereur et le roi d'Espagne à aucun arrangement, quoique ces deux souverains fussent principalement les deux parties intéressées. Charles VI ne voulait point reconnaître Philippe V comme roi d'Espagne, et Philippe V ne voulait point abandonner ses prétentions sur les Pays-Bas, que Charles-Quint avait laissés à la monarchie espagnole, mais que le traité d'Utrecht avait adjugés à la maison d'Autriche, qui les avait autrefois possédés lors de son alliance avec la maison de Bourgogne. Ainsi donc peu s'en fallut qu'une longue guerre, et toute la politique de tous cabinets de l'Europe, ne devinssent inutiles, et qu'il ne fût nécessaire de recourir à la force pour assurer l'exécution du traité.

---

(1) Koch, Trait., vol. 2

Philippe V était conseillé par le fameux cardinal Albéroni son ministre, homme d'un vaste génie, mais qui n'écoutait point la prudence. Il était parvenu à rétablir les finances et la marine de l'Espagne, et il avait rendu pour un moment à ce royaume toute son ancienne énergie. Enflé de ses succès, il conçut le plan de mettre de côté le traité d'Utrecht et de faire revivre les prétentions de son maître à la couronne de France. Il avait l'intention d'ôter le sceptre au duc d'Orléans, régent du royaume pendant la minorité de Louis XV, et de faire confier la garde du jeune roi à Philippe V, auquel on devait en même temps rendre les Pays-Bas. Pour déconcerter ce plan, le duc d'Orléans forma une alliance avec l'Angleterre, qui, de toutes les puissances, était la plus intéressée à l'exécution du traité. La Hollande se joignit à la confédération, et, quatre ans après le traité d'Utrecht, il devint nécessaire de former une alliance pour en assurer l'exécution : elle fut signée à la Haye, le 4 janvier 1717.

Albéroni ne fut point découragé. Il expédia une flotte contre la Sardaigne. Les Espagnols prirent terre le 22 août 1717, et s'emparèrent de l'île. Ce fut ainsi que l'empereur perdit ce pays, que la nature de son pouvoir le mettait à même de défendre à peu près comme aurait pu le faire le duc de Bavière ou le grand-mogol. La même flotte attaqua la Sicile l'année suivante pour l'enlever au duc de Savoie. Alors le cabinet de Saint-James, qui regardait le traité d'Utrecht comme son ouvrage, se concerta avec le cabinet de Versailles pour assurer la paix de l'Europe, en conciliant l'empereur, le roi d'Espagne et le duc de Savoie.

L'empereur accepta leurs propositions, mais le roi d'Espagne et le duc de Savoie les refusèrent. La Grande-Bretagne, résolue d'assurer par la force l'exécution de ses plans, négocia le fameux traité connu sous le nom de la quadruple alliance. Son objet était de faire accepter de gré ou de force à l'Espagne et à la Savoie les conditions proposées par la France et la Grande-Bretagne, auxquelles l'Autriche avait accédé : tels étaient les principaux articles.

Le roi d'Espagne devait rendre la Sardaigne à l'empereur.

Celui-ci devait renoncer à toutes ses prétentions sur les parties de la monarchie espagnole cédées à Philippe V par le traité d'Utrecht, et devait le reconnaître comme souverain légitime de l'Espagne. Philippe V de son côté devait renoncer à ses droits sur les provinces d'Italie et des Pays-Bas que le traité d'Utrecht avait cedées à l'empereur.

Comme l'extinction des familles de Médicis et de Farnèse était sur le point de rendre vacans le grand-duché de Toscane et celui de Parme et de Plaisance, il fut décidé que ces principautés seraient considérées comme des fiefs mâles de l'Empire, et, qu'à défaut d'héritiers dans la ligne masculine, ils retourneraient à don Carlos, fils aîné de Philippe V et d'Élisabeth Farnèse sa seconde femme, fille du duc de Parme. On arrêta pourtant que le prince qui les posséderait ne pourrait être en même temps roi d'Espagne; que le port de Livourne serait déclaré franc; et, pour assurer la succession à l'infant don Carlos, on plaça une garnison de six mille Suisses dans les villes principales, telles que Porto-Ferrajo, Parme et Plaisance : les Suisses étaient à la solde des hautes puissances contractantes médiatrices.

Philippe V devait renoncer à tous les droits que la paix d'Utrecht lui donnait sur la Sicile, et devait en échange prendre la Sardaigne.

Tels étaient les arrangemens proposés entre l'empereur et le roi d'Espagne. Voici ceux que l'on proposait entre l'empereur et le duc de Savoie.

Le duc de Savoie devait céder à l'empereur la Sicile, que lui avait donnée le traité d'Utrecht. L'empereur devait céder la Sardaigne au duc de Savoie, avec tous les droits de la royauté, et dans le même état qu'il la recevrait du roi d'Espagne, mais garantir le retour de cette île à la couronne d'Espagne à l'extinction de la ligne mâle dans la maison de Savoie. L'empereur devait confirmer au duc de Savoie toutes les concessions qui lui avaient été faites en Italie par le traité de Turin (1). Il devait aussi confirmer à la maison de Savoie ses droits sur la couronne d'Espagne, dans le cas de l'extinction des descendans mâles de Philippe V, sous la condition cependant que les royaumes de Sardaigne et de Savoie ne seraient jamais unis à l'Espagne, mais seraient donnés à une branche cadette de la maison.

Ces articles furent suivis d'une alliance entre la France, l'Angleterre et l'Autriche, qui confirmaient les traités d'Utrecht et de Bade. Les hautes puissances contractantes se garantissaient mutuellement leurs possessions. Le droit de succession en France restait comme il avait été reconnu par le traité d'Utrecht; il restait en

(1) 1703.

Angleterre tel qu'il était réglé par les lois du royaume : enfin, on se promettait réciproquement de se secourir en cas d'attaque. On donna trois mois à l'Espagne et à la Savoie pour accéder au traité, faute de quoi on devait leur déclarer la guerre.

Le duc de Savoie se soumit de très-mauvaise grâce à ces conditions, qu'il accepta le 10 novembre 1718.

Le roi d'Espagne fut moins docile. Le cardinal Abéroni lui persuada que cette quadruple alliance était injurieuse à sa dignité; il refusa de signer, et la guerre fut allumée.

Le 11 août 1718 la flotte anglaise, sous les ordres de l'amiral Byng, attaqua la flotte espagnole sur les côtes de la Sicile et la battit. Les Espagnols perdirent vingt-trois vaisseaux, cinq mille trois cents hommes et sept cent vingt-huit pièces de canon. En 1719, le duc de Berwick entra dans le royaume de Navarre, prit Fontarabie, toute la province de Guipuscoa, et attaqua la Catalogne. Les Anglais en même temps descendirent en Galice et s'emparèrent de Vigo.

Des mesures si promptes ébranlèrent la fermeté du roi d'Espagne, et le 26 janvier 1720 il signa la quadruple alliance. Le cardinal Albéroni fut disgracié, et les Espagnols évacuèrent la Sicile. En conséquence, le 20 février 1720, le traité de quadruple alliance fut ratifié à la Haye par toutes les parties intéressées. Ces traités de triple et quadruple alliances étaient nécessaires pour assurer l'éxecution du traité d'Utrecht; mais on n'avait point arraché la racine du mal. On avait apaisé à la vérité les discussions qui s'étaient élevées entre l'Autriche et l'Espagne; mais on avait laissé le reste de l'Europe exposé aux disputes comme il l'avait été auparavant. On avait encore laissé à la maison de Savoie un port que sa faiblesse ne lui permettait pas de conserver, et on voulait lui faire maintenir un équilibre qu'elle ne pouvait garder. Les états de l'Italie étaient restés, comme précédemment, exposés aux discordes, et, par ses prétentions sur ce pays, la maison d'Autriche laissait croire qu'elle regardait la farce jouée autrefois par Charlemagne et les papes comme un titre suffisant pour acquérir sur l'Italie un pouvoir suprême, et pour la tenir divisée, et pour ainsi dire en vasselage. Quels furent donc les résultats de toutes ces expéditions militaires et de toutes ces ruses diplomatiques? Les ministres se flattèrent vainement que leur ouvrage pourrait durer. En moins de deux ans ils se virent contraints d'entreprendre une nouvelle guerre pour assurer cette paix si solidement établie. Nous verrons dans la suite que depuis la signature du traité de la Haye, en 1720, jusqu'en 1731, les cabinets furent continuellement occupés à des négociations qui ne trouvèrent un terme que sept ans avant que les discussions pour le trône de Pologne replongeassent de nouveau toutes les nations dans les horreurs de la guerre.

Après que le roi d'Espagne eut accédé à la quadruple alliance, et que ses troupes eurent évacué la Sicile et la Sardaigne, rien ne semblait devoir troubler la tranquillité du monde. Pourtant, quoique la guerre fût finie, la paix n'existait pas encore; il subsistait beaucoup de différens, qui ne pouvaient être réglés que par un congrès, entre l'empereur, le roi d'Espagne et le duc de Savoie. On en convoqua un à Cambray en 1720; mais les dispositions de quelques cours, l'antipathie qui subsistait toujours entre celles de Vienne et de Madrid, et même les vues des puissances médiatrices, qui désiraient régler d'abord les points les plus importans, retardèrent son ouverture jusqu'en 1722.

Nous ne pouvons rapporter les excuses qui

furent mises en avant pour retarder l'ouverture du congrès, sans rougir de leur puérilité.

L'empereur ne pouvait se résoudre à renoncer à ses prétentions sur la couronne d'Espagne, et surtout à abandonner le titre frivole de *majesté catholique* auquel il semblait tenir particulièrement. Comme il ne pouvait excuser cette folie, il chercha du moins à la déguiser. A cet effet, il éleva des difficultés sur la renonciation que Philippe avait faite des Pays-Bas; et il demanda qu'elle fût confirmée par les cortès. Philippe à son tour demanda que la diète sanctionnât celle de l'empereur. Pour faire disparaître ces embarras, on signa à Paris un acte de garantie en faveur de l'empereur et du roi d'Espagne, pour suppléer à toutes les nullités qui auraient pu se rencontrer dans les renonciations de l'un ou de l'autre.

Une autre difficulté provenait des puissances médiatrices qui, jalouses des opérations de la compagnie des Indes Orientales d'Ostende, voulaient la faire abolir : mais ce furent par-dessus tout les investitures des pays de l'Italie concédés par la quadruple alliance à don Carlos, qui retardèrent l'ouverture du congrès. Toutes les parties étaient bien d'accord pour refuser à l'Italie une existence propre, et pour ainsi dire personnelle, une juste indépendance, et conséquemment une union qui seule aurait pu l'assurer. Diverses nations puissantes ont dépensé d'immenses trésors, et répandu des flots de sang pour s'arracher tour à tour ces contrées, objet de tant d'envie; mais rien n'a pu encore leur dessiller les yeux. Ne serait-il pas cependant possible de persuader aux maîtres suprêmes de la terre que le bonheur, la puissance et la tranquillité de l'Europe, ne dépendent pas moins de l'unité de certaines de ses parties que de l'harmonie du système qui est établi? Ne peut-on pas leur faire sentir qu'en réunissant ces parties, il faut leur donner un chef particulier; que des nations morcelées, divisées et continuellement régies par des étrangers, ne peuvent conserver aucun attachement pour ceux qui les gouvernent, mais doivent être au contraire toujours prêtes à secouer le joug, toutes les fois qu'elles croiront pouvoir le faire impunément?

L'empereur se repentait des promesses qu'il avait faites, et cherchait mille prétextes pour éluder ses engagemens. Son ministre en Italie lui avait fait sentir le danger que devaient courir ses possessions de Naples et de Milan, si l'on donnait le duché de Toscane et celui de Parme et de Plaisance à un infant d'Espagne, l'expédition des lettres d'investiture rencontra divers obstacles dans l'opposition du duc de Parme alors régnant, du pape et du grand-duc Gaston de Médicis. Une foule d'autres circonstances concoururent à favoriser les vues de la cour impériale. Le duc de Parme demandait que, pendant sa vie, l'empereur ne pût exercer aucune autorité dans les duchés de Parme et de Plaisance. La quadruple alliance avait déjà prévu ce cas. Le pape protesta contre une des clauses du traité qui déclarait ces duchés fiefs de l'empire ; il se récria contre l'injustice de priver l'Église de sa suprématie sur des fiefs qui lui avaient été si long-temps soumis : il ne disait pas à la vérité les fraudes et les impostures auxquelles elle en était redevable. Cette protestation fait voir assez que le temps des ruses et du fanatisme, qui avaient si long-temps ensanglanté la terre, avait fait place au règne des baïonnettes, titres irrécusables et argumens irrésistibles des souverains de ce temps-là.

Le grand-duc de Toscane prétendit ne tenir ses domaines que de Dieu seul, et refusa de reconnaître son duché comme un fief de l'empire, et don Carlos comme son héritier, au préjudice de sa sœur l'électrice palatine. La Toscane avait d'abord fait partie du royaume de Lombardie, que la jalousie des papes était parvenue à détruire; elle fit alors partie du royaume d'Italie. Mathilde qui mourut au commencement du 12e. siècle, la légua aussi à l'église. Lorsque les républiques d'Italie se furent formées, l'habileté les richesses et les crimes de la famille de Médicis lui acquirent la souveraineté de la Toscane; et voilà ce que Jean Gaston appelait un droit divin. Si celui-là l'était, ceux que l'Italie avait à une juste indépendance ne devaient pas être considérés comme tels, et ne devaient pas être écoutés dans toutes ces divines négociations. Aussi, fut-elle laissée dans un état qui la fit et la fera long-temps encore le théâtre de toutes les calamités de l'Europe.

En 1722 les ministres des différentes cours s'assemblèrent a Cambray. Le duc d'Orléans, qui venait de fiancer ses deux filles aux fils du roi d'Espagne, s'efforça, pour rendre service à ce prince, de persuader à l'empereur de faire expédier à la diète les lettres patentes d'investiture qu'avait exigées la triple alliance. Mais les formes et les conditions de cette investiture déplurent à la cour de Madrid qui, les rejeta. Ces discussions entraînèrent de nouveaux délais, et ce ne fut qu'au commencement de l'année

1724, que l'on expédia des lettres patentes conformes au désir du roi d'Espagne. Les protestations du pape et du grand-duc de Toscane forcèrent la France et l'Angleterre d'en garantir l'exécution. Si l'on réfléchit sur le caractère de ces négociations, on y trouve un entier oubli des principes qui devraient régler les cabinets des grandes puissances; et, quoiqu'on eût encore sous les yeux les suites funestes des arrangemens absurdes pris dans les temps passés, on négligeait les utiles leçons de l'histoire; et, pour donner un apanage convenable à un cadet de la maison d'Espagne, le noble et beau pays de l'Italie fut divisé, affaibli et exposé de nouveau à devenir le théâtre de guerres continuelles. Les Espagnols n'avaient pas alors un pied de terre en Italie. Quatre-vingt-douze ans se sont écoulés depuis ce temps jusqu'à nos jours. Nous examinerons les changemens survenus à ce pays durant cet intervalle, et nous apercevrons avec peine que depuis le 15e. siècle la moindre amélioration ne s'y est pas fait sentir.

Quand toutes les négociations furent terminées à la satisfaction du roi d'Espagne, les conférences s'ouvrirent à Cambray, en avril 1724; on y reconnut pour médiateurs les rois de France et d'Angleterre, et les puissances intéressées firent valoir leurs diverses prétentions. La cour de Madrid demanda que l'empereur renonçât au titre de roi d'Espagne, et à celui de grand maître de l'ordre de la Toison d'or, et qu'il abandonnât la chancellerie et le trésor de cet ordre. Elle exigea que l'on réglât les affaires relatives aux garnisons de Parme, de Plaisance et de Toscane, placées pour l'infant don Carlos; et enfin, que le congrès examinât et jugeât les prétentions incidentes élevées par le duc de Parme; que des commissaires fussent nommés pour déterminer les limites des frontières entre Parme et Milan sur les rives du Pô; que les états de Mantoue, et tous les autres petits fiefs, fussent rendus à leurs anciens possesseurs; en un mot, que toute l'Italie fût remise sur son ancien pied. L'empereur de son côté tenait à garder les titres de roi d'Espagne et de grand maître de la Toison d'or. Tout en exigeant que le roi d'Espagne renonçât aux titres qu'il tenait de l'empire, il prétendait que la grande maîtrise de l'ordre lui appartenait, parce que ses fondateurs étaient les ducs de Bourgogne dont il héritait. Il se refusait aussi à ce qu'on jugeât dans le congrès les réclamations du duc de Parme et des autres princes d'Italie, parce que, disait-il, elles n'avaient aucun rapport avec le but de la quadruple alliance ; et il demandait qu'on les renvoyât au conseil aulique ou à la diète de Ratisbonne. Il exigeait enfin que toutes les parties contractantes approuvassent la pragmatique sanction.

Les puissances maritimes, l'Angleterre et la Hollande appuyaient fortement sur la suppression de la compagnie des Indes d'Ostende.

La dissidence de ces prétentions fit naître beaucoup de difficultés entre les plénipotentiaires. Ceux des pouvoirs médiateurs admirent les demandes du duc de Parme, et les déclarèrent fondées sur la quadruple alliance : mais l'empereur se fâcha et défendit à ses ministres de s'occuper en aucune manière de cette affaire.

Ces difficultés firent voir au cabinet de Madrid qu'on ne pouvait rien traiter avec l'empereur à Cambray. Fatigué des lenteurs que la partialité des puissances médiatrices en faveur de l'empereur apportait à la décision des affaires, en octobre 1724 il envoya le baron de Riperda à Vienne pour qu'il tâchât de s'entendre avec la cour sans qu'il fût besoin de l'intervention du congrès. Vers le même temps, l'infante d'Espagne, qu'on avait fiancée à Louis XV, et qu'on avait amenée à la cour de France, où elle était considérée comme reine future de ce pays, fut tout à coup renvoyée dans sa famille. Ce procédé amena une mésintelligence entre les deux cours, à la veille d'un traité dont la France devait être la médiatrice. Philippe V rappela son ministre de Cambray, et le congrès fut dissous. Il rappela même son ambassadeur à Paris, et défendit à ses ministres près des cours étrangères d'avoir aucune communication avec ceux de France. Il donna ordre en conséquence à Riperda d'en finir avec l'empereur, et un traité séparé fut signé à Vienne entre l'Autriche et l'Espagne, le 30 avril 1726.

Quand on considère la nature de toutes ces discussions, et que l'on voit combien l'intérêt des peuples entrait pour peu dans ces querelles qui n'étaient que personnelles, n'est-on pas bien fondé à en conclure qu'il existe quelques défauts dans la politique *internationale* de l'Europe. N'y a-t-il pas déjà assez de causes réelles de discordes? Si celles qui sont inhérentes à la nature même des choses ne peuvent cesser entièrement, on peut du moins les réduire ; mais ne devrait-on pas au moins empêcher le retour de celles que l'on peut détruire entièrement?

Le traité de Vienne, qui eut lieu en 1720,

confirmait tous les articles de la quadruple alliance. Philippe renonçait aux Pays-Bas et aux états de l'Italie; l'empereur renonçait à l'Espagne et à l'Amérique méridionale : enfin, il donnait à don Carlos les duchés de Toscane, de Parme et de Plaisance. Le roi d'Espagne consentit à abandonner à l'empereur toutes ses possessions en Italie, et renonça à ses prétentions sur la Sicile; mais il voulut conserver ses droits sur la Sardaigne. Les deux parties convinrent qu'elles garderaient pendant leur vie les titres qu'elles avaient pris; mais il fut décidé qu'après leur mort leurs successeurs ne pourraient prendre que les titres attachés aux provinces qui seraient en leur possession.

L'empereur reconnut l'ordre de la succession en Espagne, conformément au traité d'Utrecht. Philippe de son côté reconnut la pragmatique sanction. Cette dernière démarche gagna entièrement le cabinet de Vienne.

Ce traité de paix fut suivi d'un autre entre l'empereur, l'Espagne et l'Empire, qui fut signé à Vienne, le 6 juin 1725; mais il ne faisait que confirmer le précédent.

Ces traités ne contenaient réellement rien qui pût choquer la France et l'Angleterre; ils étaient fondés sur celui d'Utrecht, et conformément aux principes de la triple alliance. Philippe V renonça à tous les avantages que pouvaient lui procurer les puissances médiatrices; il sacrifia à son ressentiment la cause de ses vassaux et des princes d'Italie, qu'il avait plaidée au congrès de Cambray : il abandonna même les intérêts du duc de Parme, qu'il disait inséparables de ceux de don Carlos. Quant à l'affaire de la Toison d'or, elle resta indécise, et elle l'est encore de nos jours.

Il n'y avait rien dans tout cela qui pût offenser la France ou l'Angleterre. Les deux mêmes cours firent bientôt après un traité d'alliance qui fut tenu secret. Les puissances contractantes convinrent de se secourir mutuellement en cas d'attaque. L'empereur dans ce traité promit au roi d'Espagne ses bons offices auprès des Anglais relativement à Minorque et à Gibraltar; de son côté le roi d'Espagne promit une libre entrée dans ses ports à tous les vaisseaux sous pavillon impérial, et des avantages égaux à ceux des nations les plus favorisées. Cet article avait rapport à la compagnie d'Ostende, et il fut expliqué dans un traité de commerce qu'ils signèrent le 1er. mai suivant.

Ces traités mirent fin à la mésintelligence qui pendant vingt-cinq ans avait régné entre les cours d'Autriche et d'Espagne ; mais en même temps ils excitèrent la jalousie de la France et de l'Angleterre. Le duc de Bourbon, qui gouvernait alors le premier de ces royaumes, avait été la cause du renvoi de l'infante : craignant les ressentimens du roi d'Espagne, il forma une alliance avec l'Angleterre et la Prusse, pour servir de contrepoids à la ligue formée à Vienne. Cette négociation se termina le 3 septembre 1725, et on en connaît les résultats sous le nom d'alliance du Hanovre. Les parties contractantes s'étaient mutuellement garanti leurs possessions respectives, et avaient stipulé la quantité de troupes que chacun devait fournir en cas d'attaque. Après avoir inutilement tenté d'engager l'empereur à abolir la compagnie d'Ostende, les Hollandais accédèrent à l'alliance du Hanovre, et la signèrent le 9 août 1726 : les Danois et les Suédois imitèrent leur exemple l'année suivante. La France et l'Angleterre s'engagèrent à leur fournir de grands subsides, et promirent au Danemarck le duché de Sleswick, au risque de se brouiller avec la Russie qui soutenait alors les prétentions du duc de Holstein-Gottorp. Pendant que la France et l'Angleterre faisaient ainsi tous leurs efforts pour se procurer des alliés, l'empereur ne restait pas tranquille :

il parvint à entraîner dans son parti l'impératrice Catherine Ière., qui accéda au traité de Vienne, et en garantit les clauses le 26 août 1726. L'empereur trouva aussi les moyens de persuader au roi de Prusse d'abandonner l'alliance du Hanovre. Enfin, la majeure partie des états catholiques de l'Allemagne se joignirent à lui : de sorte qu'au commencement de l'année 1727, toute l'Europe était divisée en deux confédérations, et tout semblait devoir faire présager une guerre générale.

Quelques expressions irréfléchies échappées à Riperda, qui était alors premier ministre de l'Espagne, avaient donné lieu de craindre à la cour de Londres que l'intention des alliés de l'Autriche ne fût de forcer l'Angleterre à abandonner Gibraltar, et de causer une révolution dans ce pays en rétablissant la maison des Stuarts : le roi d'Angleterre s'en plaignit hautement dans un discours au parlement. Des préparatifs de guerre furent la suite de ces reproches et de cette défiance réciproques. Les ambassadeurs furent rappelés ; l'Angleterre envoya des flottes considérables en Amérique, dans la Méditerranée et dans la Baltique. Les Espagnols, pour profiter de leurs nouvelles alliances, mirent le siége devant Gibraltar.

Dans ces conjonctures, l'impératrice Catherine vint à mourir ; et cet événement changea la face du nord de l'Europe. L'empereur, qui ne pouvait plus compter sur l'aide de la Russie, montrait peu d'inclination à secourir l'Espagne ; et ni la France ni l'Angleterre n'étaient très-disposées à la guerre.

Le cabinet britannique, au lieu de déclarer la guerre à l'Espagne, se contenta d'expédier des lettres de marque contre ses vaisseaux. En France le cardinal Fleury avait succédé au duc de Bourbon dans le ministère. Au lieu de faire diversion du côté des Pyrénées, ainsi qu'on en était convenu, ce fut par la persuasion qu'il chercha à inspirer des sentimens pacifiques au roi d'Espagne.

Le pape vint alors s'offrir comme médiateur, ses nonces négocièrent à la fois à Vienne, à Madrid et à Paris ; et ce fut dans cette dernière ville que l'on convint d'un armistice de sept ans. On devait pendant ce temps-là suspendre la compagnie d'Ostende, et tenir un congrès général à Aix-la-Chapelle, quatre mois après la signature du traité. Ce fut le 31 mai 1727 que l'on signa ces préliminaires. Le congrès que l'on avait dû tenir à Aix fut, pour la commodité du cardinal Fleury, transféré à Soissons, où il devait s'ouvrir le 14 juin 1728.

Les ministres de presque toutes les puissances étaient présens à ce congrès; et on devait espérer que les négociations seraient plus favorables à une paix générale que ne l'avaient été celles de Cambray. Le traité de Vienne avait résolu les difficultés qui avaient fait manquer ce dernier congrès, et il ne restait plus qu'à satisfaire la cour d'Espagne, conformément à la quadruple alliance, relativement aux duchés de Parme, de Plaisance et de Toscane.

Le cabinet de Vienne ne pouvait plus s'opposer à l'établissement d'un prince espagnol en Italie; il ne pouvait plus refuser la suppression de la compagnie d'Ostende, que les préliminaires avaient déjà suspendue; et l'opposition que cette cour montrait à l'introduction des forces espagnoles en Italie n'était que pour faire valoir ces concessions, et engager les autres puissances à reconnaître la pragmatique sanction.

Le cardinal Fleury, ministre d'un caractère pacifique, regardait pourtant la maison d'Autriche comme une rivale de la France. Il s'opposa donc autant qu'il le put aux vues de l'empereur et à la pragmation sanction, qui au fait devait être la base du traité conclu à Soissons: la conduite du cardinal dans cette circontance n'était pas d'accord avec ses principes. L'objet de la pragmatique sanction était de régler la succession de la maison d'Autriche et d'assurer l'unité de l'empire. Cela ne pouvait donc que donner plus de stabilité aux affaires de l'Europe; et la politique du cardinal ne pouvait alors que conduire à la guerre. Une nouvelle confusion eût pû en être le résultat; de nouveaux arrangemens s'en seraient suivis, et peut-être n'eussent-ils pas beaucoup amélioré l'équilibre de l'Europe. Les ministres ont quelquefois le tort de borner leurs vues aux avantages apparens de l'état qu'ils gouvernent, sans s'inquiéter de l'avenir, et de négliger de s'assurer de la paix et de la tranquillité des états voisins pour ne s'occuper que des intérêts de leur propre pays.

L'entêtement du cardinal et la réserve de l'Espagne firent languir les négociations de Soissons, et empêchèrent en même temps l'Autriche de tomber d'accord sur les points que le cabinet de Madrid avait le plus à cœur.

Le cardinal, pour prévenir un malheur qui était son propre ouvrage, chercha à indisposer l'Espagne contre l'Autriche, en profitant des refus que faisait cette dernière puissance d'admettre l'infant don Carlos en Italie. Il se flattait que par là il la forcerait de céder relativement au duché de Parme, sans qu'elle exigeât que l'on reconnût la pragmatique sanction ; et il ne prévit pas que cette même reconnaissance ne devait que mieux assurer à l'infant ces possessions qu'il voulait lui faire acquérir. Le cardinal Fleury était un grand homme d'état ; mais il agit dans cette circonstance comme un vieux prêtre hypocrite.

La cour d'Angleterre, qui pouvait facilement voir combien la régularité de la succession de la maison d'Autriche intéressait la paix de l'Europe, se laissa pourtant entraîner par le cardinal. Elle avait, dans un engagement solennel, reconnu la pragmatique sanction; néanmoins, le 9 novembre 1729, elle signa à Séville un traité d'alliance avec l'Espagne, dans lequel elle promettait son assistance pour mettre don Carlos en possession des trois duchés, sans que l'Espagne fût forcée de se soumettre aux conditions que l'Autriche paraissait si fort désirer; de sorte que les ministres anglais aidèrent les ministres français à détruire leur propre ouvrage. L'empereur, déchu de ses espérances, fut très-offensé par le traité de Séville. Il sentit bien l'injustice qu'il y avait à le forcer de priver ses propres sujets de leur commerce, pour favoriser quelques autres nations. Cependant, comme il savait bien que ni l'Angleterre ni la France n'étaient pas très-disposées à la guerre, il rompit ses relations avec Madrid, rappela son ambassadeur, et envoya des forces dans le Milanais, pour s'opposer aux troupes espagnoles. A la mort du duc de Parme (1) l'empereur prit possession de ses états. Le gouvernement anglais s'aperçut qu'il avait été joué par le cardinal, et entama une négociation secrète avec la cour de Vienne, de concert avec les Provinces-Unies; il s'engagea à obtenir la garantie de la pragmatique sanction, pourvu que l'empereur admît les troupes espagnoles en Italie, et abolît la compagnie d'Ostende. Ces conditions furent acceptées, et le 16 mars 1731 une nouvelle alliance fut formée entre l'Autriche, la Grande-Bretagne et la Hollande. On y régla en même temps les affaires de la Toscane. L'Angleterre et la Hollande garantirent la pragmatique sanction; et les états de l'Empire approuvèrent ce traité. Ainsi finirent, au bout de trente années, les discussions qu'avait occasionées la succession d'Espagne. En reprenant

(1) Janvier 1731.

la chaîne des événemens, on voit que l'on s'était attendu que la paix des Pyrénées en 1659 aurait mis un terme aux différens qui existaient entre la France et l'Espagne depuis le traité de Vervins, conclu en 1598 : cet espoir fut déçu. Nous devons déjà être habitués au peu de durée de tous les arrangemens diplomatiques, d'après l'histoire que nous venons d'en tracer ; mais cette habitude ne nous empêche pas de remarquer combien ces dispositions sont peu en harmonie avec le but qu'elles se proposent ; ou que du moins elles devraient se proposer. Les liaisons de la maison d'Autriche avec la maison d'Espagne, par la fille de Ferdinand et d'Isabelle, et le mariage de Louis XIV avec l'infante, lors de la paix des Pyrénées, firent verser des flots de sang humain. Quelque soit le bien que produisent ces alliances entre les maisons royales, il n'est jamais proportionné au mal qui l'accompagne ou qui le suit. Dans quelques circonstances, ces unions ont fondu deux états voisins en un seul, et ont ainsi simplifié le système européen ; mais quels peuvent être les heureux résultats d'une alliance entre deux familles dont les possessions sont éloignées les unes des autres ? Le premier des mariages dont nous venons de parler compromit fortement la liberté de l'Europe ; le second amena une guerre qui désola le monde pendant trente ans ; et toutes ces déplorables querelles furent les résultats des prétentions au trône fondées sur les droits des femmes.

Nous verrons bientôt aussi quels furent les funestes effets d'un royaume électif, et quel heureux hasard en amena la ruine.

A peine deux ans s'étaient-ils écoulés depuis le dernier traité de Vienne conclu en 1731, que de nouveaux troubles amenèrent une guerre générale. En suivant les différentes périodes de cette guerre depuis son origine jusqu'en 1738, époque à laquelle un nouveau traité conclu à Vienne la termina, on y voit tous les désavantages des contestations qui s'élèvent à l'occasion des couronnes; mais on y reconnaît surtout les inconvéniens des petits états. D'abord ils facilitent les entreprises des souverains puissans, et deviennent victimes d'événemens qui ne concernent en rien leurs propres intérêts; tandis que si, au contraire, ils faisaient partie d'un grand empire, ils ne pourraient que s'en applaudir avec toute l'Europe.

Auguste II, roi de Pologne et électeur de Saxe, mourut le 1er. février 1733. Louis XV voulut faire rendre le trône à son beau-père Stanislas Leczinski, que l'influence de Charles XII avait fait élire en 1704. La noblesse polonaise, pleine de respect pour les qualités de Stanislas, entra dans les vues de Louis; et le primat, avec la majorité des nobles, le proclamèrent leur roi le 12 septembre 1733. Cependant une faction, formée sous l'influence de l'électeur de Saxe, fils du dernier roi, quitta le champ de l'élection et fut se poster dans le petit village de Prague sur les rives de la Vistule; soutenus par une armée russe qui envahit la Pologne, ils proclamèrent Auguste III le 5 octobre suivant.

L'empereur Charles VI d'Allemagne se décida en faveur d'Auguste, qui le gagna en accédant à la pragmatique sanction; il fit marcher vers les frontières de la Pologne une armée pour le soutenir. En vain la cour de France représenta que les mesures prises par l'empereur obligeraient le roi à mettre les armes à la main, les Russes et les Autrichiens coalisés forcèrent Stanislas de quitter Varsovie pour se réfugier à Dantzick: il fut assiégé dans cette derniere ville, et la quitta en juin 1734. Le 10 octobre 1733, la France, alliée avec l'Espagne et la Sardaigne, avait déclaré la guerre à l'Autriche.

Les armées alliées attaquèrent les Autrichiens sur trois points différens : en Allemagne, en

Lombardie et dans le royaume de Naples. Les Français traversent la Lorraine, passent le Rhin, et prennent le fort de Kehl; d'un autre côté ils envahissent l'Italie, s'emparent de Pavie et forcent Milan à capituler. Ils avaient déclaré en entrant en Allemagne qu'ils n'avaient point d'intentions hostiles contre le corps germanique; néanmoins, dans cette circonstance, les membres de la confédération se joignirent à leur chef.

L'empereur voulut mettre l'Angleterre et la Hollande dans ses intérêts; mais les traités ne suffisaient pas pour forcer ces puissances à lui donner du secours. Les Hollandais promirent au roi de France de rester neutres pourvu qu'on n'envahît pas les Pays-Bas autrichiens, et qu'ainsi on ne violât pas leurs frontières; ces conventions furent arrêtées, et la neutralité fut signée à La Haye le 20 novembre 1733.

L'empereur, abandonné par l'Angleterre et la Hollande, ne put résister, fut battu sur tous les points par les Français, et paya cher son intervention dans les affaires de la Pologne.

En 1734 le duc de Berwick, qui commandait l'armée du Rhin, détacha le comte de Belle-Ile qui prit possession de Trarbach, et il s'occupa du siége de Philisbourg où il fut tué. Le maréchal

Asfeld prit le commandement, et força la ville à capituler. L'Italie devint le théâtre de la guerre ; Novare et Tortone se rendirent, et la Lombardie fut conquise.

Quelque grands que fussent les revers qu'éprouva l'empereur dans la haute Italie, ses affaires furent en bien pire état dans le royaume de Naples. L'infant don Carlos, avec une armée espagnole sous les ordres du duc de Mortemart, marcha droit à la capitale et s'en empara. Les impérialistes se retranchèrent à Bitonto dans la Pouille ; les Espagnols les y forcèrent, et cette victoire décida la conquête de ce royaume. Don Carlos passa en Sicile, s'en rendit maître en peu de jours, et fut couronné roi à Palerme le 3 juillet 1735 : et tout cela, ne l'oublions pas, parce que deux compétiteurs se disputaient la couronne de Pologne.

L'empereur Charles VI, qui avait vainement tenté d'aider la Russie à placer un Allemand sur le trône de Pologne, se vit forcé par des revers continuels à demander la paix. Un prince qui avait travaillé pendant tant d'années à assurer la succession de sa propre couronne aurait dû s'opposer à ce qu'on troublât la succession tranquille d'un royaume voisin du sien : car, en faisant le contraire, il apprenait aux autres à violer ce qu'il aurait dû s'efforcer de rendre sacré pour tout le monde.

La Grande-Bretagne et la Hollande offrirent leur médiation, et chaque puissance présenta pendant l'année 1735 des plans de paix qui tous furent rejetés. La France, qui savait combien l'empereur désirait sincèrement la paix, entama des négociations secrètes avec lui, et un traité en fut le résultat; mais il ne fut pas plus solide que tous ceux qui le précédèrent ou le suivirent. Cette insuffisance des traités prouve assez clairement qu'il existe quelques défauts dans l'état politique de l'Europe : plusieurs ont disparu il est vrai depuis le traité de Westphalie; mais il en reste encore. Il y a tout lieu d'espérer que l'on corrigera dans un temps, ce qu'on avait trouvé susceptible d'amélioration dans un autre.

L'empereur reçut la proposition d'une négociation secrète avec d'autant plus d'empressement qu'il n'acceptait qu'avec répugnance, la médiation de l'Angleterre et de la Hollande. Il gardait du ressentiment contre ces deux puissances qu'il trouvait infidèles à son égard. Les préliminaires entre la France et l'Autriche furent approuvés par la Russie et le roi de Pologne, et signés le 3 octobre 1735. Le roi d'Espagne y accéda le 1er. mai, et le roi de Sardaigne le 16 août. Ce ne fut qu'avec peine que le roi d'Espagne entra dans ces arrangemens, parce qu'on n'avait pas fait droit à ses réclamations sur les duchés de Parme, de Plaisance et de Toscane, à cause de l'invasion des deux-Siciles par don Carlos. Cette acquisition eut dû satisfaire le roi d'Espagne; mais sa conduite fit voir jusqu'où l'aveugle ambition des princes peut les entraîner, si leur politique n'a pas pour base des principes équitables. Le roi de Sardaigne se mit aussi de mauvaise humeur, parce qu'il n'avait pas obtenu un portion plus considérable de la Lombardie : mais ce n'était pas dans l'intention de rendre sa position plus respectable, comme il eût dû chercher à le faire; ce n'était que pour assouvir son avarice. Telles étaient les vues étroites et bornées des princes et des ministres sur l'état des affaires. On ne recherchait point les causes du peu de stabilité des diverses puissances, mais on s'efforçait d'attraper de côté et d'autre quelque morceau de territoire, sans s'occuper des moyens qu'on aurait pour le conserver lorsqu'une fois il serait obtenu : en un mot, aucun souverain ne cherchait à faire du bien à son pays. Jetons un coup d'œil sur la Sicile et la Sardaigne. Voyons quelle est la pauvreté, l'ignorance et la misère de ces pays, et demandons aux rois qui les gouvernent s'il ne vaudrait pas mieux vivre simple particulier, que de commander sur des hommes si dégradés.

Immédiatement après la signature des préliminaires les hostilités cessèrent; mais il fallut encore beaucoup de négociations avant que la paix fût arrêtée. Elle fut enfin signée le 8 novembre 1738, entre la France et l'Autriche; le roi de Sardaigne n'y accéda que le 3 février 1739, et les cours de Naples et de Madrid ne signèrent que le 21 août de la même année.

Ce traité donnait la Lorraine à la France; on en exceptait le comté de Falkenstein, que l'on réservait au duc de Lorraine, époux de Marie-Thérèse. Stanislas renonça à ses droits sur la couronne de Pologne; et ce fut ainsi que les droits de la diète passèrent aux baïonnettes russes. On donna à François le grand-duché de Toscane, en échange de la Lorraine; et on assura le royaume des Deux-Siciles à don Carlos et à ses héritiers.

On rendit à l'empereur Mantoue et le duché de Milan. On lui remit aussi les duchés de Parme et de Plaisance; mais on y mit la condition qu'il satisferait la maison de Guastalla, pour ses droits sur le duché de Mantoue.

Le roi de France garantit la pragmatique sanction. Le traité de paix avait mis l'Italie dans l'état où elle se trouvait encore au moment où les guerres de la révolution sont venues tout bouleverser. Le défaut de l'unité de ce pays permit alors à la France de s'emparer de toutes ses richesses et de toutes ses ressources, et facilita les nombreux succès qu'obtinrent les armées françaises dans ce pays. La faiblesse de l'Allemagne produisit les mêmes effets, et donna à la France les mêmes avantages. Quand nous viendrons à examiner le traité de Vienne en 1815, nous pourrons juger si les hommes d'état de nos jours ont senti ces vérités incontestables.

Après la fin de la guerre de Pologne, comme les différentes puissances de l'Europe avaient reconnu la pragmatique sanction, on devait croire que pour long-temps aucune dispute ne viendrait troubler la tranquillité de l'Europe; mais lorsque, le 6 septembre 1740, Charles VI mourut, la succession de l'Autriche amena une guerre générale. En considérant attentivement les circonstances de cette guerre, et en les analysant avec soin, on pourrait parvenir peut-être à trouver les défauts qui existent dans le droit politique de l'Europe. Mais si on néglige de corriger ces défauts parce que les princes ne veulent pas se résoudre à voir leurs voisins tranquilles pour le devenir eux-mêmes, on laissera le monde dans un état extrêmement favorable pour exciter continuellement la discorde, et perpétuer les guerres à l'infini. Charles VI publia en 1713 un règlement connu sous le nom de pragmatique sanction. Il y déclarait, qu'à défaut d'héritiers dans la ligne masculine, le trône devait retourner à ses filles, par préférence à son frère aîné Joseph Ier., et que la succession de l'empire autrichien, indivise, devait être dévolue à ses enfans par ordre de primogéniture.

Il eut la plus grande peine à faire approuver ce règlement par les états de tous ses domaines, et principalement par les filles de Joseph, son dernier frère et son prédécesseur, et par leurs époux les électeurs de Saxe et de Bavière. Il était cependant parvenu à le faire garantir par toute l'Europe. L'Espagne le garantit en 1725, l'impératrice de Russie et le roi de Prusse en 1726, le roi d'Angleterre et les états de Hollande lors du second traité de Vienne en 1731; l'Empire par un décret de la diète en 1732; le roi de Danemarck, par un traité séparé signé avec la Russie et l'Autriche en 1732; et la France, par un dernier traité de Vienne, en 1738.

Toutes ces garanties se trouvèrent pourtant insuffisantes, parce que l'empereur avait négligé la précaution la plus essentielle, celle de mettre ses finances et son armée sur un pied respectable. L'état d'épuisement dans lequel il laissa le trésor de son empire encouragea l'audace de divers prétendans, qui disputèrent la couronne à Marie-Thérèse, sa fille et son héritière.

Les principaux réclamans étaient d'abord l'électeur de Bavière, descendant d'Anne d'Autriche, fille de Ferdinand Ier. Il prétendait que les droits de la première femme devaient être préférés à ceux de la seconde. Il se fondait sur l'acte de mariage de cette princesse avec Albert de Bavière, et sur le testament de Ferdinand Ier. Il prétendait, qu'en vertu de ces deux actes, la succession d'Autriche devait, à défaut d'héritiers mâles, revenir à la princesse Anne et à ses decendans.

Un tel procès eût été déféré aux tribunaux si les parties eussent été de simples particuliers, et l'on aurait pu juger cette question d'après les principes de droit sur les héritages. Mais on ne pouvait admettre une pareille contestation, lorsqu'il se présentait une question de droit public d'un aussi grand intérêt. La justice ou l'injustice d'une réclamation ne sont rien lorsqu'il s'agit de la paix et du repos des empires. La loi salique a prévu sagement tous ces inconvéniens ; car il est déjà assez malheureux pour les nations d'être obligées de recourir à la guerre pour se défendre ou pour servir l'ambition de leurs chefs, sans qu'elles soient encore forcées de s'immiscer dans les affaires de succession. La plupart des discussions qui ont eu lieu dans le siècle dernier, ont eu pour causes de pareils événemens ; et l'on parviendrait à enlever une des sources les plus fécondes de la discorde entre les peuples, si on défendait aux étrangers, quels qu'ils fussent, de venir à la succession des trônes aux droits des femmes.

Le second des réclamans était l'électeur de Saxe, roi de Pologne, auquel Charles avait donné des secours pour qu'il montât sur le trône, parce qu'il avait garanti la pragmatique sanction. Il réclamait toutes les possessions autrichiennes aux droits de sa femme, qui était la fille aînée de Joseph Ier.

Si ses droits étaient réels, il avait commis une fraude indigne d'un prince, en garantissant la pragmatique sanction ; et d'ailleurs il les avait abandonnés pour devenir roi de Pologne. La reine actuelle de Wurtemberg pourrait aussi élever des prétentions sur la couronne d'Angleterre, si Georges III venait à décéder sans héritiers mâles. L'ordre de la succession de ce royaume est heureusement fondé sur une base que des étrangers tenteraient vainement d'ébranler. La Saxe fut d'une grande mauvaise foi dans ces circonstances ; et, en remontant à ces événemens, le roi de Saxe actuel peut-il dire que le démembrement de ses états était plus injuste de nos jours que ne fut autrefois la conduite de ses prédécesseurs? Il n'est pas plus à plaindre qu'un homme qui a perdu sa fortune au jeu : les contestations entre les princes, suivant le système actuel, sont comme un jeu entre des particuliers ; les uns perdent, les autres gagnent ; les uns se désolent, les autres se réjouissent ; les uns se plaignent, adressent des manifestes qu'on n'écoute point, tandis que les autres s'en moquent et s'emparent de leur gain.

Le roi d'Espagne vint aussi réclamer les royaumes de Hongrie et de Bohême. Il s'appuyait sur la convention conclue entre Philippe IX et l'archiduc Ferdinand de Gratz. Philippe, dans cet arrangement, cédait à l'archiduc son cousin les droits que sa mère Anne, fille de Maximilien II, lui avait donnés sur la Hongrie et la Bohême; mais il avait stipulé qu'on pourrait les réclamer dans le cas où l'archiduc ne laisserait pas de descendans mâles, et l'on se fondait sur ces conventions pour faire gouverner ces deux grands royaumes par un vice-roi espagnol. La cour d'Espagne cherchait, en élevant ces prétentions, à se faire accorder par l'Autriche un autre établissement en Italie pour un autre enfant, qui avait épousé une fille de Louis XV. Si les princes et leurs conseillers continuent à exciter des guerres pour des motifs aussi frivoles que ceux-là, c'est peine inutile que de chercher à établir dans l'Europe un système de distributions et de rapports qui l'exposeraient moins aux calamités de la guerre, et les nations seront livrées comme des troupeaux de bêtes brutes. Espérons cependant que le poids de l'opinion publique forcera les souverains qui ne le font pas encore, à consulter le bien général dans leurs transactions diplomatiques; et ils obtiendront par cette conduite le tribut de respect et d'obéissance qui leur est dû à juste titre.

Le roi de Sardaigne renouvela ses prétentions sur le duché de Milan; il les appuyait sur le mariage de son grand-père paternel, le duc

Charles-Emmanuel de Savoie, avec l'infante Catherine, fille de Philippe II d'Espagne. Une pareille réclamation est évidemment absurde; car le traité d'Utrecht avait disposé de ce pays en terminant la guerre de la succession. D'ailleurs, s'il eût été permis au roi de Sardaigne de remonter aux droits de sa bisaïeule pour écarter une prétendante au trône, il n'y aurait pas eu de raison pour qu'un autre prince, en remontant encore plus haut, ne pût faire valoir des prétentions tout aussi bien fondées.

Le roi de Prusse éleva des réclamations sur le duché de Silésie (1), quoiqu'il eût, comme nous l'avons vu, garanti la pragmatique sanction. Ces duchés avaient été en levés à la maison de Brandebourg dans la guerre de trente ans.

La cour de France crut trouver une occasion favorable d'humilier la maison d'Autriche, son ancienne rivale; et le maréchal de Belle-Isle, qui était à la tête du parti de la guerre dans le cabinet de Versailles, renversa la politique pacifique de son frère le cardinal Fleury.

Le 18 mai 1741, l'électeur de Bavière, le roi

---

(1) Voyez les réclamations du roi de Prusse, dans ses propres ouvrages, et M. Coxe dans son histoire de la maison d'Autriche.

de Pologne, comme électeur de Saxe, les rois de Prusse et de Sardaigne, l'électeur palatin et celui de Cologne, formèrent une alliance avec la France. On offrit la couronne d'Allemagne à l'électeur de Bavière; et, pour empêcher les Russes de porter du secours à la reine de Hongrie, les Français, en qualité de chefs de la confédération, projetèrent un plan pour le démembrement des domaines autrichiens (1). On

---

(1) M. Gentz, dans ses fragmens sur l'équilibre politique, chap. 2, dit, en parlant du système de partage: « It was not known, it was not counted upon, it was scarcely even dreaded, when in the year 1772 the partition of Poland took place. » Cette erreur est d'autant plus étonnante que, comme on le voit, on avait, dès l'an 1741, projété le partage de l'Autriche. Suivant Sully (liv. 30), Henry IV avait formé le même projet relativement à l'Autriche. Il est étonnant que M. Gentz ait oublié des faits aussi remarquables, qui détruisent tous les raisonnemens que contient son chapitre.

L'abbé de Pradt est tombé dans la même erreur, dans son vingt-quatrième chapitre du Congrès de Vienne. Il dit: « Le partage de la Pologne avait donné le premier exemple de ces attaques à l'existence des nations, attaques à peu près inconnues en Europe depuis la chute de l'empire romain et les grandes invasions des barbares. Les changemens ont presque toujours été les résultats de mariages, de successions ou d'accords pacifiques. » Mais

devait donner la Bohême et la haute Autriche à l'électeur de Bavière, le margraviat de Moravie et la haute Silésie à l'électeur de Saxe, le reste de la Silésie au roi de Prusse; enfin, la Lombardie autrichienne au roi d'Espagne. On devait laisser à Marie-Thérèse la Hongrie, les Pays-Bas, la basse Autriche et les duchés de Carynthie et de Carniole. Heureusement pour l'Europe, ce projet ne fut pas mis à exécution; on donna seulement la Silésie au roi de Prusse: mais cela ne fit qu'améliorer l'équilibre de l'Allemagne. C'était faire preuve de bien peu de

---

il oublie de dire que ces arrangemens pacifiques étaient toujours le résultat de la violence et de la guerre, et qu'ils étaient convenus entre le plus fort et le plus faible. Si le projet de partage à l'égard de l'Autriche ne fut pas exécuté comme celui à l'égard de la Pologne, n'était-ce pas un partage que le démembrement des possessions de Henri-le-Lion, sous Frédéric Ier.; les acquisitions faites par la France aux dépens du corps germanique; les dépouilles des comtes de Flandres, des ducs de Bourgogne et de Lorraine; les usurpations des princes d'Allemagne et la division de l'Empire sous Charlemagne: tous ces événemens n'étaient-ils pas des partages? Celui de la Pologne était donc une invention renouvelée des Grecs; et, si on ne l'avait pas prévu, comme M. Gentz l'assure, comment se fait-il que, dès l'an 1661, Jean-Casimir l'annonça si clairement dans son discours à la diète.

connaissance en géographie politique, que de laisser, dans ces circonstances, les Pays-Bas à la reine de Hongrie; ou bien il fallait avoir en vue des projets funestes à la tranquillité de l'Europe. Il semble en vérité qu'on avait réglé tout cela de manière à tirer les Turcs de leur apathie, et à les appeler en Allemagne. Si on eut exécuté ce plan, on aurait encore rendu plus chancelant et plus défectueux l'équilibre politique de l'Europe. Cependant, il eût été peut-être sage de donner au prétendant de Bavière toute l'Autriche, et même la Hongrie, et de former un grand empire entre les frontières méridionales de l'Allemagne et de la France, avec des provinces italiennes dont il aurait fait l'abandon. On aurait au moins découvert dans cette conduite quelques notions de ce que l'abbé de Pradt appelle un système européen.

Tels furent les motifs qui excitèrent la guerre contre Marie-Thérèse; et, lorsque nous considérons quels fâcheux résultats eût pu produire cette coalition, le peu de bien qu'elle eût pu faire si elle eut malheureusement réussi, nous ne pouvons que nous réjouir de la voir avorter entièrement.

Il n'est pas nécessaire de parler ici des réponses évasives que le gouvernement français donnait à la reine de Hongrie. Il suffit de dire qu'une armée française et bavaroise, sous les ordres de l'électeur de Bavière, entra dans l'Autriche supérieure; au lieu de marcher sur Vienne, elle envahit la Bohême, où elle fut jointe par un corps de Saxons. On s'empara de Prague, et on y couronna roi de Bohême l'électeur triomphant. Quel droit les souverains ont-ils donc de se plaindre de la violence des autres à leur égard, et des malheurs que les entreprises victorieuses d'un conquérant attirent sur eux, quand nous les voyons chaque jour envahir sans scrupule le territoire de leurs voisins.

Mais je vais même supposer qu'il y aurait de l'injustice à les priver de leurs possessions, je n'en persiste pas moins dans ce que j'ai avancé. Si les droits d'un prince sont nuisibles au bien-être des nations, et s'il devient nécessaire d'en exiger le sacrifice, pour améliorer les rapports des autres puissances entre elles, et pour prévenir les calamités d'une guerre presque éternelle, en établissant un équilibre qui pût servir de barrière à l'ambition et aux passions des princes, nous ne balançons pas à soutenir que, si l'amour de l'humanité, l'orgueil, ou tout autre sentiment, portait un prince à vouloir exécuter par la violence le projet dont nous avons parlé, il aurait droit de le faire, quelle que fut l'énormité de l'injustice qu'il faudrait commettre, quelque raison que le prince dépossédé eût de se plaindre, quoique cependant plusieurs princes aient commis assez de crimes au détriment de l'humanité, pour n'avoir pas lieu d'être étonnés qu'on en commît un en sa faveur. Le bien du monde entier et les cris de la reconnaissance de l'Europe, rendue enfin à la tranquillité, excuseraient suffisamment la violence de celui qui aurait eu le courage d'exécuter un plan noble et glorieux.

Le roi de Prusse a consigné dans ses propres ouvrages le détail de ses succès, et nous y renvoyons pour les détails. L'électeur de Bavière fut couronné roi à Francfort, sous le nom de Charles VII, le 24 janvier 1742.

Avec les subsides que la reine de Hongrie avait obtenus de l'Angleterre, elle parvint à tenir tête à tous ses ennemis : elle fit marcher une armée en Bavière contre l'empereur, et le força d'évacuer l'Autriche et la Bohême.

Marie-Thérèse chercha cependant, par l'intermédiaire de l'Angleterre, à détacher la Prusse de la coalition, en lui cédant la plus grande partie de la Silésie. Les négociations eurent un heureux succès. L'électeur de Saxe fit aussi la paix; elle lui fut accordée à la condition qu'il romprait ses liaisons avec la France. Comme tous les princes faibles il se vit forcé de changer de parti : il ne fit d'autre bien que d'amener en Allemagne une armée française qui détruisit l'équilibre, en réduisant l'Autriche à devenir une puissance du second ordre, et en n'établissant nulle part aucune compensation. Telle fut la paix de Breslau et de Berlin, qui fut conclue le 28 juin 1741, et ratifiée à Vienne le 20 décembre 1743.

Le roi de Sardaigne suivit cet exemple; il considéra que l'Espagne avait les mêmes vues que lui sur la Lombardie, et que les Autrichiens étaient des voisins moins turbulens que les Espagnols : il revint donc sur ses pas; et, après avoir été l'instrument de l'ambition de la France, il ne s'aperçut de sa mystification que lorsqu'il était trop tard. Il est clair à présent que si l'Espagne avait obtenu la Lombardie, elle n'aurait pas pu s'y maintenir lors des événemens qui se sont passés en Italie, et il est malheureux que l'expérience n'ait pas encore instruit les cabinets de l'Europe du danger qu'il y a d'élever tous ces empires éphémères.

Ce fut donc ainsi que se forma le traité de

Turin. Les Français furent abandonnés par degrés, et les Espagnols furent déçus de l'espoir qu'ils avaient de s'emparer de la Lombardie. En même temps Georges II viola sa neutralité, et donna des secours à la reine de Hongrie.

La cour d'Autriche, pour faire persister la Sardaigne dans le plan de politique qu'elle s'était tracé, jugea convenable de lui faire quelques concessions. Elle lui céda, par le traité de Worms conclu en 1734, une partie du duché de Pavie, entre Turin et le Pô, la ville de Plaisance avec une partie de son territoire située entre Pavie et le côté d'Anghiera qui se trouve dans le Milanais ; enfin, pour lui procurer dans ce pays une communication avec la mer, on lui donna la ville et le marquisat de Finale. Cette dernière concession déplut aux Génois qui possédaient cette ville. Le roi de Sardaigne abandonna alors ses prétentions sur le Milanais; mais rien n'empêche ses successeurs de les faire revivre, si l'on ne change pas le droit public actuel de l'Europe. La France, qui d'abord n'était qu'auxiliaire de la Bavière, joua alors un rôle principal, et déclara la guerre à l'Autriche. Elle marcha contre les possessions de ce pays, et prit bientôt Menin,

Ypres, Furnes, Knocque : on prépara en même temps une expédition à Dunkerque, pour soutenir le prétendant en Angleterre.

Une autre armée fut dirigée contre l'Italie, et attaqua le roi de Sardaigne. Elle battit les Piémontais, et mit le siége devant une de leurs villes. Cependant les assiégés firent une vigoureuse résistance, rompirent les digues de leurs rivières et forcèrent les Français de se retirer derrière les Alpes.

L'année suivante les Autrichiens entrèrent dans l'Alsace; le roi de France marcha à leur rencontre; des deux côtés on poussa la guerre avec vigueur. Alors le roi de Prusse viola les traités qu'il avait signés à Breslau et à Berlin, envahit de nouveau les états autrichiens et força le prince Charles de Lorraine de se retirer en Bohême.

Le roi de Prusse avait deux objets en vue lorsqu'il rompit la paix de Breslau et de Berlin : d'abord il voulait protéger l'empereur que la reine de Hongrie voulait obliger à abdiquer la couronne impériale; ensuite il voulait s'assurer la possession de la Silésie, que cette princesse paraissait vouloir reconquérir. Ces considérations l'engagèrent à s'allier de nouveau avec la France, pour s'opposer à la confédération que la Hongrie, la Pologne, l'Angleterre et la Russie, avaient formée entre elles. Dans une convention qui fut signée à Versailles, il fut convenu qu'il ferait une puissante diversion du côté de la Bohême pour forcer les Autrichiens à évacuer l'Alsace. Une armée française devait les poursuivre, tandis qu'une autre se jetterait sur la Westphalie.

Pour colorer cette rupture avec la reine, le roi de Prusse conclut avec l'empereur Charles VII un traité d'Union : il fut signé à Francfort le 22 mai 1745. Ces deux souverains convenaient d'employer tous leurs moyens pour forcer la reine à reconnaître l'empereur, et à lui rendre ses domaines héréditaires. Par suite de ce traité, en août 1744 le roi recommença ses hostilités, et envahit la Bohême : son armée se divisa en trois colonnes; une passa par la Saxe, la seconde par la Lusace, et la troisième par la Silésie. Toutes trois marchèrent sur Prague; dont elles s'emparèrent, après un siége de six jours, le 16 septembre 1744. Cependant les Autrichiens furent rejoints par l'armée saxonne; devenus supérieurs en force, ils forcèrent l'armée prussienne à évacuer Prague, dans le mois de novembre et à se retirer dans la Silésie.

Les Français avaient passé le Rhin, sous les

ordres du maréchal de Coigny; vers la fin de septembre, ils avaient mis le siége devant Fribourg. Le roi de France se mit à la tête de son armée, et au mois de novembre la ville et la citadelle furent prises. Le général prussien Sekendorf, soutenu par un corps de troupes françaises, rentra en Bavière, et l'empereur Charles VII revint à Munich.

Un événement imprévu changea la tournure des affaires au commencement de l'année 1745. Le 20 janvier l'empereur mourut, et l'union de Francfort fut conséquemment dissoute. Maximilien-Joseph, son fils et son successeur, moins ambitieux que lui, chercha à faire la paix et à s'assurer ses possessions actuelles. Il y fut d'autant plus porté que les Autrichiens avaient battu les Bavarois, et les avaient forcés de se retrancher derrière Munich, et que les Français, sous les ordres du général Ségur, avaient aussi essuyé quelques revers : il signa donc un traité à Fueslen dans le diocèse d'Ausbourg. Il devait renoncer à son alliance avec la France, et reprendre toutes ses possessions, abandonner ses prétentions sur la couronne d'Autriche, et reconnaître la pragmatique sanction et la validité des votes des électeurs de Bohême. Il promettait en même temps de donner le sien à François, époux de Marie-Thérese.

Avant la conclusion du traité de Fueslen, l'Angleterre, l'Autriche, le roi de Pologne, l'électeur de Saxe et les états de Hollande avaient signé à Varsovie une quintuple alliance qui avait pour but d'assurer la paix de l'Europe.

Il est incontestable que les désordres dont nous venons de parler provenaient d'abord du système incohérent de la confédération germanique; de la disproportion et du grand nombre des états indépendans; enfin des mariages entre les maisons régnantes et des réclamations appuyées sur les droits des femmes. Cependant, tous ces inconvéniens subsistent encore dans toute leur force, et doivent produire un jour les mêmes résultats. Le traité de 1815 n'a pas porté de remède à ces maux, et les causes que nous avons développées devront ébranler un jour sa stabilité. Dans un siècle où les lumières répandent sur toutes les sciences une vive clarté, on s'étonne de trouver si peu de philosophie dans la politique : cependant, rien ne devrait plus intéresser qu'une matière d'où peuvent dépendre la paix et le bonheur des hommes. Dans notre âge, on veut que tout repose sur des bases scientifiques certaines; et les diplomates seuls nous répondent comme les paysans irlandais : C'est ainsi qu'ont fait nos pères, et nous n'avons besoin de rien changer.

En vertu de la quadruple alliance, le roi de Pologne, en sa qualité d'électeur de Saxe, s'engagea à diriger trente mille hommes sur la Bohême, pour défendre ce royaume contre les attaques de l'ennemi. Le roi d'Angleterre promit de payer cent mille livres par an ; la Hollande en promit cinquante mille. Un autre article de cette alliance portait que, si l'on venait attaquer l'électeur de Saxe, les puissances contractantes le défendraient de tout leur pouvoir ; on invita la Russie et la Pologne à se joindre à la confédération.

Le roi de Prusse, abandonné par ses alliés et mal soutenu par la France, se tint sur la défensive. A l'ouverture de la campagne de 1745, il se retrancha dans la Silésie, où il attendit que les forces combinées des Autrichiens et des Saxons vinssent l'attaquer ; alors le prince Charles de Lorraine, qui commandait l'armée de Marie-Thérèse, pénétra dans la Silésie, et s'étendit jusqu'aux plaines de Hohenfrieden. Le roi de Prusse l'attaqua à l'improviste, le battit, et le força de se retirer en Bohême. L'armée prussienne l'y poursuivit ; mais le prince Charles prit une position si forte qu'ils n'osèrent l'attaquer, et Frédéric fut forcé de rentrer en Silésie. Les Autrichiens l'inquiétèrent dans sa retraite, et il fut obligé, malgré la disproportion de ses forces, de leur livrer combat près de Sorr, où il les défit encore.

Cependant les Français entraient en Allemagne, et donnaient à faire aux Autrichiens. Néanmoins ceux-ci reçurent des renforts, et forcèrent les Français de rétrograder. Alors François Ier. fut élu empereur; mais la Prusse et les Palatinats protestèrent fortement contre cette élection.

Le roi de Prusse se jeta de nouveau sur la Saxe; l'électeur de ce pays, dans l'espoir de partager les dépouilles de l'Autriche, avait été un des plus puissans instigateurs de la guerre qui avait eu lieu; il était devenu ensuite l'allié de cette même puissance ; dans l'un et dans l'autre parti il avait été malheureux, et c'est ce qui doit toujours arriver aux petits princes turbulens qui viennent s'immiscer dans les querelles de leurs voisins plus puissans qu'eux.

Le roi de Prusse avait entamé une négociation secrète avec la cour de Londres, pour demander à faire la paix avec l'Autriche; et ce fut dans ce but que le roi d'Angleterre signa avec lui une convention : mais la reine, dans l'espoir de recouvrer la Silésie, rejeta dédaigneusement ces propositions, et le contraignit de recourir aux armes pour avoir la paix (1): il envahit la Saxe, marcha sur Dresde, força l'électeur de s'enfuir à Prague, et s'empara de Leipzick et de Meissen.

Le prince Charles se mit en marche pour sauver Dresde, mais les Saxons étaient déjà défaits, de sorte qu'il fut forcé de battre en retraite. Dresde capitula le 17 décembre, et toute la Saxe fut mise à contribution. Alors, pour empêcher la ruine entière de l'électeur de Saxe, et la réunion de ce pays aux conquêtes de la Prusse, Marie-Thérèse se vit forcée d'accéder à la convention dont nous venons de parler.

Le 25 décembre 1745, la paix fut signée à Dresde par la médiation de l'Angleterre, entre la Prusse, l'Autriche et la Saxe. Ce traité rendait toutes ses possessions à l'électeur; et l'électrice, qui était la fille de Joseph Ier., renonçait à tous les droits que pouvait lui donner la pragmatique sanction sur la Silésie. Le traité de Dresde rendit la paix à l'Allemagne, mais la guerre

---

(1) Coxe, Histoire de la maison d'Autriche.

fut continuée dans les Pays-Bas; et les Français y furent partout victorieux.

Ils furent moins heureux en Italie; la paix avec la Prusse avait permis à l'Autriche d'envoyer des renforts contre eux et les Espagnols.

Les flottes françaises éprouvèrent plusieurs revers, et la marine fut réduite pendant quelque temps à un état si déplorable, qu'il restait à peine un vaisseau capable de prendre la mer.

Dans ce moment de crise, l'impératrice de Russie envoya une armée sous le commandement du prince de Repnin, pour secourir les Autrichiens; Ces troupes traversèrent la Pologne, la Moravie, la Bohème et le Rhin; et ce mouvement hâta la conclusion d'une paix que toutes les puissances paraissaient ardemment désirer.

Ce fut ainsi que finit cette guerre, qui, après avoir coûté si cher à ceux qui l'avaient entreprise, n'atteignit point cependant le but que l'on s'était proposé. Le roi de Prusse excepté, tous les ennemis de Marie-Thérèse furent déçus de leur espoir; on assura la possession de la Silésie au cabinet de Berlin. Le roi de Sardaigne gagna bien les parties de la Lombardie que le traité de Worms lui avait cédées, mais il perdit Finale. On rendit leurs possessions aux ducs de Modène et de Gênes; mais ils ne devaient les conserver que jusqu'à ce qu'une nouvelle invasion des Français et des Autrichiens reportât le trouble en Italie. Le traité définitif fut signé à Aix-la-Chapelle, le 18 novembre 1748 (1).

Après ce traité l'Europe resta tranquille pendant environ sept années; mais l'équilibre était si mal établi, que le plus léger mouvement devait suffire pour la replonger dans toutes les horreurs de la guerre.

La rivalité qui existait entre la France et l'Angleterre, relativement à leur marine et leurs colonies, devait nécessairement entraîner l'Europe continentale dans de nouveaux malheurs; et c'est encore une preuve de l'imperfection de son équilibre; car, s'il était bien établi, des contestations de cette sorte seraient décidées sur mer ou dans les pays qui les élèveraient.

La Grande-Bretagne jugea convenable de tailler de l'ouvrage à la France sur le continent, pour s'assurer l'empire des mers. De son côté, la France pensa qu'il était d'une

(1) Si l'on veut plus de détails sur ces événemens, il faut consulter l'abrégé des traités de paix par Koch. C'est de cet ouvrage que nous avons extrait la plus grande partie de ce que nous venons de rapporter.

bonne politique de s'emparer de l'électorat de Hanovre, pour amener l'Angleterre aux conditions qu'elle proposait. C'est aux hommes sages qu'il appartient de décider s'il est de l'avantage du roi de la Grande-Bretagne de conserver des possessions sur le continent; si cela peut avoir d'heureux résultats, il est fâcheux pour lui qu'il n'ait pas en Allemagne une étendue de territoire proportionnée à sa puissance en Angleterre : si, au contraire, cela peut être nuisible, il est à croire que le Hanovre est, pour ainsi dire, une lourde pierre attachée au cou de ce pays. Quoi qu'il en soit, la nouvelle guerre qui éclata en 1756 dura sept ans; l'Angleterre eut des revers dans le commencement, mais elle finit par obtenir des succès. Après que tout le continent eût été dévasté, et que les Russes eurent été appelés pour terminer la querelle, chaque chose fut remise à sa place, et le roi de Prusse resta maître paisible de la Silésie.

En 1761, les maisons de France et d'Espagne prirent un arrangement de famille, par lequel elles convinrent de s'aider mutuellement dans le cas où l'un des deux royaumes aurait la guerre avec la Grande-Bretagne; tel était l'état des affaires, lors de la paix signée à Hubertsbourg le 13 février 1763, et à Paris le 10 du même mois. Nous ne parlons point ici de la guerre entre les Anglais et les colonies, devenues indépendantes, parce que cet événement fit peu d'effet sur l'équilibre politique de l'Europe. La Grande-Bretagne conserva son influence, malgré la perte de ses colonies : et, quand même elle eût pu les retenir sous sa domination, il y a lieu de croire qu'elle n'eût pas joué un plus grand rôle que celui qu'elle a joué sur la scène politique du monde après le couronnement de Georges III.

Depuis le temps de César-Auguste, l'Europe n'avait point connu le calme profond et le bonheur parfait dont elle jouit après la paix de Hubertsbourg jusqu'en 1777. Les divers états ne formaient, pour ainsi dire, qu'une nation, et le terme d'étranger ne s'appliquait qu'aux habitans de l'Asie. Les individus de tous les pays se réunissaient avec une franchise et une cordialité inconnues jusqu'alors. Les souverains traitaient leurs sujets avec une affabilité sans faiblesse; les hommes de lettres étaient encouragés, les connaissances faisaient de rapides progrès, et l'esprit du siècle prenait un aspect entièrement nouveau. Ce calme profond fut tout à coup interrompu, et les défauts du droit public de l'Europe se firent encore sentir. La Bavière, que l'orgueil de son chef avait mise à deux doigts de sa ruine, devint à son tour l'objet d'une nouvelle dispute, et l'on vit précisément à la tête des prétendans, ce même pays dans lequel ses vues ambitieuses avaient porté le trouble et la confusion.

La branche cadette de la maison de Witelsbach s'éteignit le 30 septembre 1777, par la mort de Maximilien-Joseph; les discussions qu'entraîna sa succession, allumèrent une guerre qui, heureusement, ne dura que dix-sept mois, et fut terminée par un traité signé à Teschen, le 13 mai 1779.

Avant cet événement, personne ne croyait que l'ordre de succession pour la Bavière pût souffrir quelque difficulté (1); et il semblait que les droits de la branche aînée de Witelsbach n'étaient susceptibles d'aucune discussion. Les prétentions de cette branche étaient fondées d'abord sur le droit féodal, qui appelait l'électeur palatin à la succession de Bavière, comme le collatéral le plus proche du défunt, et comme un de ceux qui avaient été compris dans la première investiture, puisque leurs an-

---

(1) Voyez la seconde époque, page 171.

cêtres avaient possédé les deux états en commun avant que le traité de partage de 1329 (1) ne divisât la famille en deux branches, celle du Palatinat et celle de Bavière. Elles étaient fondées sur la bulle d'or (2), qui établissait un ordre de succession entre les deux maisons électorales, et qui avait assuré la Bavière à l'électeur palatin, au cas de l'extinction de la branche qui régnait sur ce pays. Enfin, on s'appuyait sur un contrat qui assurait la succession à la branche survivante ; cette convention, conclue lors du partage de 1329, avait été renouvellée en 1524, en 1724, en 1766, en 1771 et en 1774 ; en 1774, elle avait été confirmée par les capitulations des empereurs.

Enfin on faisait valoir encore le traité de Westphalie, art. 4, sect. 9 et 10, qui assurait à la branche palatine son ancienne dignité électorale et le haut Palatinat, et qui confirmait aussi les droits sur la succession de Bavière.

Nous trouvons, dans cet exemple, une preuve bien frappante des défauts qui existent dans le droit public des nations ; tous ces traités, tous ces droits, si solidement appuyés, ne suffi-

---

(1) Ce traité a échappé à MM. Gentz et de Pradt.

(2) Voyez Pütter, art. *Bulle d'or*.

saient pas pour assurer, sans l'intervention des étrangers, une succession à ceux auxquels elle devait être dévolue. L'empire d'Autriche s'était attiré les mêmes malheurs par le mauvais état de ses finances et de son armée. La Bavière dut les siens à la faiblesse de ses moyens, et au peu d'étendue de son territoire ; et si quelques puissances ont échoué en cherchant à s'emparer de cet état, c'est moins aux forces mêmes de la Bavière, qu'à la jalousie des puissances voisines que l'on doit attribuer le mauvais succès de leurs entreprises. Il est important d'observer que la manière dont les discussions pour les successions de Bavière et d'Autriche ont été terminées, ne donne aucune sécurité pour l'avenir, dans le cas où de semblables événemens se renouvelleraient. On peut tirer deux conséquences de ces remarques : la première, est que les traités ne suffisent pas pour maintenir l'indépendance d'un état, s'il n'a pas d'ailleurs des ressources suffisantes pour la faire respecter. La seconde, est que les successions entraîneront toujours des désordres, tant que les maisons régnantes n'auront pas renoncé à leur système d'alliance par le mariage ; quelque dure que soit cette vérité pour l'orgueil de quelques princes et princesses, elle est trop importante pour que nous puissions nous permettre de la passer sous silence.

Malgré la légitimité et l'évidence des droits de l'électeur palatin, divers prétendans vinrent réclamer la succession de Bavière. A leur tête se présentait Marie-Thérèse, puis l'électrice douairière de Saxe, et le duc de Meklenbourg-Schwerin. L'empereur réclamait comme fiefs de l'empire, ceux qui avaient été séparément accordés à la branche de Bavière, après la division des deux familles en 1329; et il prétendait que la branche palatine n'avait point été comprise dans cette donation.

L'impératrice, en sa qualité de reine de Bohème, voulait reprendre les fiefs du haut Palatinat qui tenaient à la couronne de Bohème, et qui étaient devenus vacans à l'extinction de la ligne masculine de Bavière. La même princesse, en sa qualité d'archiduchesse d'Autriche, réclamait tout le haut et le bas Palatinat, qui avaient autrefois appartenu à la branche de Shanbingen, qui s'était éteinte le 6 janvier 1425, dans la personne du duc Jean, électeur de Bavière. Elle faisait valoir aussi une investiture accordée, le 10 mars 1726, par l'empereur Sigismond à son beau-fils le duc Albert d'Autriche. Enfin elle réclamait la seigneurie de Mindcheim, située dans le cercle de Souabe, en s'appuyant sur un droit de retour, garanti par l'empereur Mathias à la maison d'Autriche, et confirmé par les empereurs ses successeurs.

L'électrice douairière de Saxe, en sa qualité de sœur du dernier duc de Bavière, réclamait toutes ses possessions de franc-alleu.

1°. Beaucoup de terres et de seigneuries purement allodiales.

2°. Les améliorations faites aux fiefs.

3°. Le droit de succéder aux biens meubles.

4°. La dette active, particulièrement treize millions de florins, dont le haut Palatinat était grevé. Pour bien entendre la nature de cet engagement, et la manière dont cette dette avait été contractée, il est nécessaire de remonter aux faits suivans.

Les dépenses qu'avait faites le duc Maximilien de Bavière, dans la guerre des trente ans, pour aider l'empereur Ferdinand II à reconquérir la Hongrie et la Bohème, furent estimées à treize millions de florins. L'empereur lui donna, pour gage de cette dette, toute la haute Autriche; mais, par un contrat passé le 26 février 1628, il reprit cette province, et lui donna en échange le haut Palatinat et le comté de Cham, qu'il avait pris sur son ennemi l'électeur palatin. Cette vente était conçue de manière que, dans le cas de l'extinction de la maison de Bavière, le haut Palatinat devait retourner à la maison impériale, ou aux collatéraux de la branche palatine. Il en résultait donc que l'héritier allodial du dernier électeur avait le droit de réclamer la somme de treize millions de florins, et un dédommagement pour les améliorations qui avaient pu être faites. Il était autorisé aussi par là à rester en possession du haut Palatinat, jusqu'à ce qu'on eût liquidé sa créance. Le quatrième article de la neuvième section du traité de Westphalie, en stipulant le retour du haut Palatinat et du comté de Cham à l'électeur Palatin, au cas de l'extinction de la branche bavaroise, réservait cependant aux héritiers allodiaux du dernier électeur, tous les droits qui pouvaient leur appartenir sur ces contrées. L'électrice douairière de Saxe, en sa qualité d'héritière du dernier duc de Bavière, se croyait donc autorisée, en vertu du traité de Westphalie, à réclamer treize millions de florins, comme une dette hypothéquée sur le haut Palatinat.

Nous trouvons, dans toutes ces discussions, une étrange confusion d'idées sur la souveraineté, et la propriété particulière ; tout cela provenait du droit que l'empereur s'était arrogé de vendre le Palatinat : cependant, ou il était souverain de l'Allemagne ou il ne l'était pas ; s'il ne l'était pas, cette vente était radicalement nulle ; et s'il l'était, c'est encore une question de savoir s'il pouvait vendre ou céder ses droits ; et pour la décider, il faudrait remonter à l'établissement de la puissance de Pharamond et de Clovis. Ce qu'il y a de certain, c'est que dans tout cela on considérait ce Palatinat comme un fief, et qu'on n'avait aucun égard aux individus qui l'habitaient, pour lesquels on n'avait pas plus de considération que pour les troupeaux qui paissaient dans ses campagnes. Un droit public, fondé sur un système aussi féodal, ressemble bien au jacobinisme. Sécurité et protection d'une part, respect et obéissance de l'autre, voilà les droits et les devoirs des princes et des peuples d'une monarchie : un système féodal, ou basé sur quelques principes féodaux, ne peut plus exister dans le dix-neuvième siècle ; et si c'est là le secret du gouvernement des petits princes de l'Allemagne, il est plus sûr pour eux de redescendre au rang de simples particuliers.

Immédiatement après la mort de l'électeur

de Bavière, et même avant que l'on élevât toutes les prétentions dont nous venons de parler, une armée autrichienne avait envahi la Bavière et le haut Palatinat; on prit possession, au nom de l'empereur et de l'impératrice-reine, de tous les comtés ou districts du pays. L'électeur palatin, intimidé par l'Autriche, reconnut la légitimité de ses prétentions, dans un traité signé à Vienne le 3 janvier 1778, et ratifié à Munich le 14 du même mois. Mais le duc de Deux-Ponts, dont le consentement était indispensable, parce qu'il était héritier présomptif du Palatinat, refusa de signer cet arrangement. Encouragé par le roi de Prusse qui lui envoya le comte de Gortz, il défendit ses droits dans une déclaration qu'il fit à la diète le 13 mars suivant. La cour de Berlin l'appuya fortement, et soutint que les prétentions de l'empereur étaient incompatibles avec la sécurité, la liberté et la constitution de la confédération germanique.

Cet événement est encore un nouvel exemple de l'inconvénient des petits états. Ce fut sans doute par jalousie contre l'Autriche, que le roi de Prusse agit comme il le fit, et sa conduite fut dictée par une adroite politique; mais qu'en résulta-t-il? ni lui ni l'Autriche ne purent affermir leurs monarchies. Les petits états d'Allemagne continuèrent à subsister, et la Prusse fut quelque temps rayée du nombre des nations de l'Europe (1), lorsqu'une suite d'événemens déplorables bouleversèrent la nation française. Le congrès de Vienne a rétabli l'ancien système de division en Allemagne, et semble avoir tout préparé pour quelque nouveau conquérant des siècles à venir ; et peut-être celui-là établira-t-il, sur la confédération du Rhin, un pouvoir plus durable que ne le fut celui de son ancien *protecteur*.

Lorsque le roi de Prusse eut pris aussi ouvertement le parti de l'électeur palatin, tout semblait devoir faire présager une guerre longue et cruelle (2). Mais l'âge avancé de Marie-Thérèse lui avait donné de l'aversion pour la guerre, et la campagne se termina sans qu'il y eût à peine une goutte de sang répandue. La branche palatine, en faveur de laquelle tous ces mouvemens s'opéraient, resta tranquille spectatrice de la querelle. La Bavière, qui était l'objet de la guerre, ne fut troublée par aucun ennemi ; et

---

(1) Depuis la bataille d'Jéna jusqu'à la chute de Bonaparte.

(2) Coxe, Hist. de la maison d'Autriche, chap. 43.

l'électeur, qui avait refusé les secours de la Prusse, en retira tout l'avantage.

En 1779 on signa trois traités qui, réunis n'en formèrent qu'un seul. Il y en eut d'abord un entre l'impératrice-reine et le roi de Prusse; un second entre l'impératrice-reine et l'électeur de Bavière, pour la succession de la Bavière et les réclamations du duc de Deux-Ponts; enfin, un troisième entre l'impératrice-reine et l'électeur de Saxe, pour la succession allodiale que réclamait la douairière.

L'électeur palatin renonça à toutes ses prétentions sur la Bavière; et ce fut ainsi qu'on laissa subsister entre la France et l'Autriche un état faible qui facilita plus tard les entreprises de Bonaparte contre la capitale de l'Allemagne. Le roi de Bavière actuel est aussi bon concierge de ces contrées que le roi de Sardaigne est bon concierge de l'Italie; et ni l'un ni l'autre n'ont une force suffisante pour bien tenir fermées les portes qui sont confiées à leurs soins.

Comme les espérances de la maison d'Autriche sur la Bavière avaient été déçues, l'empereur Joseph II chercha à obtenir par la négociation ce qu'il n'avait pu se procurer par la force. Selon nous son plan était bon; il désirait échanger les Pays-Bas contre la Bavière; et, en se fortifiant sur le haut Rhin, il se fût débarrassé de plusieurs provinces hors de sa portée, qu'il était cependant forcé de défendre. Il eut, en faveur de ce plan l'approbation de la Russie et le consentement de l'électeur palatin; mais, comme cela contrariait les vues du petit prince de Deux-Ponts, le roi de Prusse s'en mêla, et bouleversa tous ces projets. Ce monarque prétendit que cet échange mettait en danger l'équilibre politique de l'Allemagne; il s'appuya aussi sur le traité d'Utrecht qui défendait expressément que toute autre puissance que l'Autriche pût posséder les Pays-Bas. Le roi de Prusse l'emporta, et l'équilibre de l'Allemagne fut sauvé. En conséquence de cet équilibre, l'Autriche et la Hongrie furent envahies, et la Prusse fut conquise par Napoléon. Peut-être y serait-il malheureusement encore sans les glaces de la Russie et son imprudente témérité.

Après avoir suivi les événemens qui eurent lieu depuis le traité d'Utrecht jusqu'en 1779, il faut maintenant remonter au commencement du 18e. siècle, pour suivre les affaires des puissances du Nord jusqu'à la division de la Pologne.

Lors de la paix de Nystadt, à laquelle nous avons laissé les affaires de Suède dans l'époque précédente, les principales conventions étaient les mêmes que celles du traité d'Oliva : l'indépendance de la Pologne était garantie, et le trône était assuré à un Allemand.

Le sixième article portait que la Pologne et la Suède se prêteraient un mutuel appui, pour balancer la prépondérance de la Russie. La suite a prouvé comme ce plan était bien concerté.

Nous devons maintenant remarquer un fait historique qui mérite une attention particulière; c'est la guerre qui fut terminée, le 18 août 1743, par le traité d'Abo.

Les traités de Stockholm et de Nystadt paraissaient avoir établi sur des bases solides la paix des royaumes du Nord. Le Danemarck en ressentit les heureux résultats jusqu'en 1814, si l'on en excepte la folle attaque des Anglais sur Copenhague en 1807. Mais la Suède jugea à propos de prendre les armes contre la Russie au moment où toutes les grandes puissances de l'Europe étaient en guerre pour la succession de l'Autriche (1).

Pour bien concevoir les motifs de cette guerre, il faut se représenter la position dans laquelle les affaires de la Suède se trouvaient

---

(1) Koch, paix d'Abo, vol. 3.

alors. Le gouvernement était aristocratique depuis la révolution de 1720, qui s'était opérée après la mort de Charles XII. La couronne était privée de la plupart de ses prérogatives, et les rois n'étaient pour ainsi dire que les présidens du conseil qui gouvernait leur pays. Les détails de ces événemens sont trop bien connus pour que nous voulions les consigner ici; et cet ouvrage d'ailleurs n'est écrit que pour des lecteurs qui ont une connaissance approfondie de l'histoire.

Il arriva alors ce qui a presque toujours lieu lorsqu'un grand nombre de personnes sont appelées à régir un état. Deux factions se formèrent : à la tête de l'une se trouvait le comte de Horn ; l'autre avait pour chef le comte Gyllemborg. Le premier, dont la politique était pacifique, voulait entretenir la bonne intelligence entre la Russie et l'Angleterre. Le second, animé par les Français ne respirait que la guerre; il avait pour lui la majorité de la nation, et surtout la jeune noblesse. Ce parti, secondé par l'influence du comte de Saint-Severin, l'ambassadeur français, finit par l'emporter. Le comte de Horn et ses partisans se virent obligés de céder au comte de Gyllemborg et à ses amis.

Enflammés du désir de faire la guerre, les Suédois pensèrent que le moment était venu d'humilier la Russie, et de reconquérir les provinces qu'ils avaient perdues. Ils devaient profiter de la guerre qui avait éclaté entre la Turquie et cette puissance; en conséquence, ils firent un traité de subsides avec la France, et proposèrent à la Sublime-Porte une alliance défensive contre la Russie.

Les hostilités eussent commencé de suite, si les Turcs, sur lesquels les Suédois avaient compté, n'eussent pas fait la paix à Belgrade. Cependant la Russie était déchirée par des factions intérieures qui s'étaient formées à la mort de la reine Anne, lors de l'accession du jeune empereur Ivan (1). La princesse Élisabeth fille de Pierre-le-Grand voulait monter sur le trône. Elle était soutenue par la France, qui voulait occuper la Russie dans le Nord afin de l'empêcher de secourir Marie-Thérèse, dans la guerre de la succession d'Autriche : ce furent ces motifs qui portèrent le comte de Gyllemborg et son parti à déclarer la guerre. Une diète extraordinaire fut tenue à cet effet à Stockholm, le 4 août 1741. Dans le manifeste qui

(1) 1740.

fut publié à cette occasion on reprochait à la Russie plusieurs infractions au dernier traité, l'exclusion de la princesse Élisabeth et du duc de Holstein-Gottorp; enfin, l'assassinat du général Sinclair, ministre suédois près la cour ottomane.

Les Suédois commirent une grande imprudence en déclarant la guerre à une puissance aussi formidable que la Russie (1). Ils n'avaient que peu de troupes dans la Finlande qui devait être le théâtre de la guerre; et, comme on avait négligé d'y amasser des greniers, le défaut de subsistances empêchait qu'on pût réunir le peu de troupes qui se trouvaient alors dans cette province. Le comte Lowenhaupt, qui devait commander l'armée suédoise, n'était pas un homme d'un talent distingué, et tout son mérite était d'être entièrement dévoué à son parti. Mais les Suédois fondaient principalement leur espoir sur la guerre qu'ils espéraient voir se rallumer entre la Russie et la Turquie, et sur les avantages que leur promettait l'alliance de la France.

Dans la première campagne un de leurs corps fut battu, et ils perdirent Wilmanstrand.

---

(1) Koch.

La révolution qui, en 1741, renversa Ivan pour placer Élisabeth sur le trône, semblait devoir faire présager la paix, et la nouvelle impératrice n'en était pas très-éloignée. On convint d'une suspension d'armes, et les deux cabinets entamèrent une négociation.

Le ministre suédois persista dans les principes de politique qui l'avaient d'abord engagé à faire déclarer la guerre; il se persuada que la diversion que l'armée avait faite en Finlande avait beaucoup contribué à faire réussir la révolution qui plaçait Élisabeth sur le trône; et en conséquence il éleva très-haut ses prétentions. Il demanda que l'on rendît toute la Finlande, une partie de la Carélie, et la ville de Wibourg. L'impératrice, qui ne voulait céder aucune des provinces conquises par son père, offrit des indemnités en argent : elle furent refusées, et l'on recommença la guerre. La campagne de 1742 fut malheureuse pour les Suédois. Leur général fut obligé de battre en retraite devant les Russes; et, quoiqu'il eût un nombre égal de troupes, il abandonna chaque position l'une après l'autre, pour se retrancher à Helsingfors.

Les Russes le poursuivirent, et occupèrent la route d'Abo. Les Suédois, dont les communications étaient coupées, ne pouvaient plus correspondre avec leur pays que par mer; mais bientôt une flotte Russe arriva dans ces parages; et, comme les vaisseaux Suédois, ne pouvaient lutter contre cette expédition, ils se retirèrent et laissèrent ainsi leur armée bloquée par terre et par mer.

On rappela Lowenhaupt, et il fut remplacé par le général Bousquet; mais celui-ci se vit bientôt contraint de capituler honteusement. On licencia dix régimens finlandais; on ne permit qu'aux Suédois de retourner chez eux, et la Russie occupa la Finlande.

Les désastres de cette campagne tirèrent les Suédois du rêve de gloire qui les avait flattés et leur firent apercevoir l'imbécillité de ceux qui les gouvernaient.

La diète s'assembla pour délibérer sur ce qu'il y avait à faire. On pensa que le plus sûr moyen d'entrer en arrangement serait de désigner comme héritier présomptif de la couronne de Suède un prince qui pourrait convenir à Élisabeth. On offrit donc le sceptre à son neveu le duc Charles-Pierre-Ulric de Holstein-Gottorp. Mais cette acte de bassesse ne servit à rien; car l'impératrice nomma ce prince héritier présomptif de Russie. Alors il embrassa publiquement la religion grecque.

Trompés dans leurs espérances, les Suédois jetèrent les yeux sur le Danemarck, et offrirent la couronne au roi de ce pays. Par ce moyen, les deux contrées se fussent trouvées réunies. L'impératrice, qui suivait les principes de la politique russe, comprit bien que cette réunion serait un obstacle à l'agrandissement de son empire vers l'occident; et, pour l'empêcher, elle réduisit ses prétentions. Elle offrit aux Suédois de leur rendre une grande partie de leurs pays conquis, s'ils voulaient choisir Frédéric de Holstein-Gottorp, évêque de Lubeck; et ces propositions furent acceptées.

Malgré l'opposition des Décarliens et de tous ceux qui étaient du parti du roi de Danemarck, cette élection eut lieu le 4 juillet 1743, et elle hâta la conclusion de la paix d'Abo en Finlande.

C'est ainsi que les Russes, en plaçant sur les trônes de Suède et de Pologne les princes qui leur convenaient, et en se tenant à l'écart dans toutes les guerres jusqu'à ce que les puissances belligérantes fussent affaiblies, sont devenus les arbitres suprêmes de la politique de l'Europe, et ont étendu les limites de leur empire avec une effrayante rapidité.

Par le traité d'Abo les Russes gardèrent la Finlande jusqu'à Frederiksham; et, en conservant ainsi une partie de cette province, ils sont parvenus enfin à la reconquérir toute entière.

On empêcha donc la réunion des trois royaumes du Nord, et en même temps l'élection du prince de Holstein-Gottorp donna à la Russie le droit de réclamer le trône de Suède.

Les événemens dont nous venons de parler se sont passés il y a peu d'années. Il ne paraît pas cependant qu'ils aient été médités par les diplomates du congrès de Vienne de 1815 qui, loin de confirmer l'élection de Bernadotte, auraient dû au contraire assurer la succession de la Suède au Danemarck. Cet arrangement eût certainement amélioré l'équilibre politique de l'Europe, et eût empêché dans cette partie les progrès ultérieurs de la puissance colossale de la Russie.

M. Coxe, dans le commencement de son quatorzième chapitre de l'Histoire de la maison d'Autriche, déplore le démembrement de la Pologne. C'est au contraire selon nous une des plus utiles leçons que l'histoire puisse donner aux peuples. Quelle que soit la douleur que l'on éprouve en voyant un peuple grand et généreux soumis à un maître étranger, cependant, en réfléchissant sur son histoire et sur les malheurs qu'il éprouvait chaque jour, on trouve qu'il est peut-être plus heureux de vivre sous le sceptre des princes qui l'ont soumis. En Pologne, le système vicieux du gouvernement, la corruption du pouvoir administratif et du pouvoir judiciaire, cette lutte sans cesse renaissante d'intérêts divers continuellement opposés entre eux, les intrigues des ambitieux prétendans, et les arrogans priviléges de la haute noblesse; cette suite continuelle de tyrannies et de trahisons, de conspirations et de révoltes, devaient nécessairement causer l'oppression et le malheur de cette contrée. Si l'on examine la politique de la Pologne, il devient clair que ses malheurs et sa faiblesse sont dus aux défauts de sa constitution, que l'on conserva sans chercher à l'améliorer jamais; qu'enfin, l'impuissant orgueil et l'imprudente témérité du gouvernement eussent produit l'anarchie et l'esclavage du peuple, et eussent enfin amené les étrangers vainqueurs dans le pays. Cet événement, que l'on prévoyait depuis long-temps, ne fut donc point malheureux (1). Personne n'eût jamais conçu

(1) Par un hasard extraordinaire, ou plutôt par la jalousie des puissances continentales, la Turquie reste

l'idée d'un équilibre, si on eût pu se fier à la vertu des états voisins pour que l'indépendance des peuples fût garantie. Si donc on reconnaît la nécessité d'un équilibre, c'est reconnaître en même temps la possibilité d'une injuste agression. Nous convenons que de pareilles réflexions sont affligeantes pour la morale, mais ce n'est point par de vaines déclamations que l'on pourra porter un remède au mal. Tous les reproches que l'on pourrait faire à la Russie, à la Prusse et à l'Autriche, seraient certainement bien fondés, mais ne forceraient pourtant aucune de ces puissances à rendre les fruits de son injustice. Le mal est fait; il est sans remède, et si quelque occasion semblable allait se présenter dans quelque autre partie de la terre, les puissances voisines seraient toutes prêtes à faire comme celles dont nous venons de parler, sans que tous les moralistes du monde pussent les en empêcher. On ne pourrait y parvenir

---

comme une vieille tour qui penche vers sa ruine : mais, dans l'état actuel des choses, il est difficile qu'elle puisse subsister long-temps. Les rapides progrès de l'esprit humain doivent bientôt la faire écrouler, et la remplacer par un édifice d'une structure un peu plus moderne.

qu'en développant et en appliquant les principes d'une saine et bonne politique (1).

La confusion et l'anarchie qui régnaient en Pologne excitèrent la cupidité et l'ambition des puissances voisines, qui cherchèrent à profiter de ces désordres. Il est clair cependant que ce fut Frédéric, roi de Prusse, qui le premier conçut l'idée d'un partage. Il est inutile de détailler ici les moyens dont il se servit pour faire adopter son plan par les autres cours. Des disputes de religion commencèrent par provoquer une influence étrangère. Lorsque le projet de démembrement fut arrêté, on plaça, sous prétexte d'arrêter les excursions des Polonais, des cordons de troupes tout le long des frontières. On voulait aussi, disait-on, empêcher les progrès de la peste qui ravageait les frontières de la Turquie et les pays environnans. Cependant les Prussiens et les Autrichiens levaient des contributions sur la Pologne ; laligne prussienne s'étendait depuis Crossen jusqu'à l'autre côté de la Vistule : le roi voulait défendre une province qui touchait ses possessions en Allemagne (2).

Lorsque Frédéric vit en 1771 divers dis-

---

(1) Voyez Coxe, Hist. de la maison d'Autr. chap. 40.
(2) Koch, vol. 3.

tricts de la Pologne occupés par l'armée autrichienne, il conçut l'idée de la démembrer, pour détourner une guerre générale qui était sur le point d'éclater. La cour de Vienne voulait empêcher la Russie de transporter derrière le Danube le théâtre de la guerre avec les Turcs: elle voulait même que ceux-ci rentrassent en possession de la Valachie et de la Moldavie. Elle prétendait que cela était nécessaire pour maintenir l'équilibre de l'Europe, mais elle espérait bien forcer plus tard la sublime-porte à lui céder ces provinces qu'elle avait été obligée d'abandonner lors du traité de Belgrade.

Quand la Russie et l'Autriche eurent commencé la guerre, le roi de Prusse vit qu'il lui serait difficile de n'y pas prendre part, à cause des traités qui avaient été faits entre l'impératrice et lui. Pour concilier ces puissances, il les invita à se joindre à lui dans le partage de la Pologne. Il fit voir à la Russie qu'elle trouverait un ample dédommagement des provinces qu'elle serait forcée de céder à la Turquie pour avoir la paix. Il fit envisager d'un autre côté à l'Autriche que les avantages considérables qu'elle devait se promettre dans le démembrement vaudraient bien pour elle l'alliance de la Turquie.

Si la Pologne avait été dans un état florissant

cette idée ne serait pas venue au roi de Prusse. Si ce royaume eût pu agir par lui-même il se serait tenu dans une attitude qui eût commandé le respect; mais les Polonais s'obstinèrent à conserver un gouvernement qui ne pouvait convenir à des hommes réunis en société. Ce ne fut pas la Prusse qui excita l'anarchie en Pologne; mais il était de son intérêt, aussi-bien que de celui de tous les voisins, d'en profiter pour son propre avantage. Le roi de Prusse a appuyé sa conduite politique sur d'excellentes raisons que le lecteur pourra voir dans les œuvres posthumes (1) qu'il a publiées lui-même. Il communiqua son projet à l'impératrice de Russie qu'il trouva disposée à entrer dans ses vues. Cette princesse pensait que c'était un expédient pour se tirer de la situation délicate dans laquelle elle se trouvait vis-à-vis de la cour de Vienne; et elle voyait dans cette entreprise des moyens d'étendre son empire sans danger et d'indemniser le roi de Prusse des subsides qu'il lui avait fournis. Cependant, elle se borna alors à déclarer qu'avant de prendre un parti, elle désirait que le roi sondât les dispositions de l'Autriche.

---

(1) Vol. 8, page 88, édit. de Berlin.

Le prince de Kaunitz était alors trop plein de son projet d'alliance avec la Porte pour bien recevoir les propositions de Frédéric. Il regardait ce plan comme hérissé de difficultés insurmontables, et il craignait d'ailleurs que cela ne nuisît à l'alliance qu'il avait formée avec la France. Il déclara en conséquence que la cour de Vienne, loin d'adopter ces propositions, qui ne tendaient qu'à embrouiller les affaires de l'Europe, était prête au contraire à évacuer les districts qu'elle occupait en Pologne, pourvu que les autres puissances en fissent autant (1).

Cette note du ministre d'Autriche ne découragea pas Frédéric. Il prévit bien que le cabinet de Vienne changerait de sentiment aussitôt que la Prusse et la Russie seraient d'accord, et qu'il aimerait mieux prendre sa part dans le démembrement que de s'attirer deux ennemis aussi formidables : il renouvela donc ses négociations avec Saint-Pétersbourg. Plusieurs événemens secondèrent ses vues. Les mouvemens de l'armée de Hongrie, les difficultés que l'Autriche apportait, en sa qualité de médiatrice, à la paix entre la Russie et le grand-seigneur,

(1) Voyez Favier, Polit. des cabinets.

le ton impérieux que prenait cette puissance en s'expliquant sur les négociations, le traité de subsides que l'on supposait devoir se conclure entre les cabinets de Vienne et de Constantinople ; toutes ces circonstances firent craindre à l'impératrice qu'une rupture avec l'Autriche ne fût inévitable. Sentant en conséquence qu'elle aurait besoin du secours de la Prusse, elle n'hésita pas plus long-temps à entamer de suite avec le roi des négociations pour le partage de la Pologne. Cependant ces négociations furent longues et délicates : elles occupèrent les deux cabinets depuis juin 1771 jusqu'en janvier 1772.

D'un côté, la Prusse se plaignait de l'étendue que la Russie voulait donner à ses nouvelles conquêtes ; d'un autre côté, les Russes trouvaient mauvais que les villes de Dantzick et de Thorn fussent dans la partie que la Prusse réclamait. Il y eut une longue discussion au sujet de Dantzick, dont les Russes avaient garanti la franchise, et dont les Anglais soutenaient secrètement les droits. L'impératrice demandait que Frédéric l'aidât de toutes ses forces dans le cas d'une attaque de la part de l'Autriche ; mais elle ne voulait point s'engager à lui donner une assistance réciproque avant que la paix avec la Porte ne fût signée. Le roi de Prusse désirait surtout engager la Russie à rendre la Valachie et la Moldavie, parce que cette restitution était nécessaire pour détourner une guerre générale, et pour porter l'Autriche à prendre part au démembrement de la Pologne.

Lorsque les Russes eurent cédé sur le point principal, le roi de Prusse ne fit plus de difficulté de leur promettre des secours sans bornes. Il voyait bien que la restitution des conquêtes de la Russie entre le Dniester et le Danube confirmerait l'Autriche dans les dispositions pacifiques qu'elle avait déjà. De son côté Frédéric abandonna ses prétentions sur Dantzick; il savait bien que, maître du cours de la Vistule et du port de cette ville, il ne pouvait manquer de s'emparer, un peu plus tôt ou un peu plus tard, de la forteresse. Il pensa donc que ce n'était pas la peine de faire traîner en longueur une négociation de cette importance pour un léger avantage, qui au fait n'était que différé.

La Prusse et la Russie signèrent le 17 février 1772 un pacte qui fixait les limites respectives de la part que chaque puissance devait avoir, et qu'elles se garantissaient mutuellement. On convint que l'on inviterait l'Autriche à prendre une part. Le roi de Prusse promit d'envoyer vingt mille hommes pour aider les Russes dans le cas où la guerre deviendrait générale, et de se déclarer même ouvertement contre les Autrichiens, si ce secours n'était pas suffisant.

Lorsque ce pacte fut signé entre les cours de Berlin et de Pétersbourg, le prince de Kaunitz se vit réduit à l'alternative d'une guerre avec la Russie et la Prusse, ou du partage de la Pologne; quoiqu'il fût bien convaincu que ce dernier parti était bien préférable, cependant, la crainte qu'il avait d'exciter quelque mésintelligence avec la cour de France le tint long-temps dans l'incertitude.

La rapidité avec laquelle la Prusse remontait sa cavalerie fit voir à la cour de Vienne que le roi avait pris une résolution décisive, et qu'il n'y avait d'autre moyen d'empêcher le partage de la Pologne que de déclarer la guerre aux deux puissances. Cependant, comme l'Autriche n'avait pas un allié sur lequel elle pût compter, cette conduite eût été inconséquente de sa part. Elle se vit donc forcée de concourir au partage pour maintenir une sorte d'équilibre entre elle et les copartageans.

En faisant cette démarche le prince de Kaunitz exigeât qu'on signât un acte qui garantît la parfaite égalité des partages. Lorsque ce point eut été arrêté, on entama une négociation pour convenir de moyens d'exécution.

Il fallut modérer les excessives prétentions de la cour de Vienne, qui d'abord s'était montrée si scrupuleuse, et qui alors voulait avoir plus du tiers de la Pologne; et ce ne fut qu'avec beaucoup de peine que les autres puissances parvinrent à faire renoncer l'Autriche aux palatinats de Lublin, de Chelm et de Belez, qu'elles s'étaient réservés. Lorsque tout fut d'accord, on résolut de ne pas perdre de temps pour arrêter la convention de démembrement; et le $\frac{\text{25 juillet}}{\text{5 août}}$ 1772 les ministres des trois cours signèrent un traité à Pétersbourg. Le préambule portait : « Que l'esprit de faction, de » vertige et de discorde qui agitait la Pologne » depuis quelques années prenait chaque jour » un nouvel accroissement, et donnait lieu de » craindre qu'une prochaine dissolution de cet » état ne vînt troubler la bonne harmonie » existant entre les puissances voisines; que » ces puissances avaient des droits aussi anciens » que légitimes sur la Pologne, pour lesquels » elles n'avaient jamais pu obtenir aucune in» demnité, et qu'elles étaient sur le point de » perdre irrévocablement; qu'elles se devaient

» à elles-mêmes de faire respecter leurs droits, » et en même temps de prendre des mesures » pour rétablir la tranquillité, et pour donner » à la Pologne une existence politique qui pût » convenir aux intérêts de ses voisins. »

Ce traité s'occupait ensuite de régler les frontières de districts qui devaient tomber dans le lot de chacune des parties contractantes, qui se garantissaient mutuellement leurs nouvelles acquisitions, et s'engageaient à agir de concert pour rétablir le bon ordre et la paix dans l'intérieur.

L'impératrice de Russie, pour hâter la paix avec la Turquie, et pour engager l'impératrice-reine et le roi de Prusse à l'accélérer par leurs bons offices, consentait à ne plus insister sur la possession ou même l'indépendance de la Valachie et de la Moldavie. Le 1er septembre 1772 (vieux style), fut le jour désigné par les puissances pour prendre possession des places et districts de la Pologne, et on convint de tenir jusque-là le traité secret.

En conformité de ces dispositions, la déclaration et les lettres patentes des trois cours furent présentées à Varsovie dans le mois de septembre 1772; en même temps les armées des trois puissances prirent possession de la

Pologne, dont le démembrement avait été convenu; et l'on publia les pièces justificatives qui établissaient les droits de chacune sur le pays qu'elle occupait.

Une diète fut convoquée et ouvrit ses conférences à Varsovie; on forma, sous les auspices des trois cours, une confédération à laquelle le roi et les nobles furent forcés d'accéder. La diète nomma un comité tiré du sénat et des chevaliers, qu'elle chargea du soin de transiger avec les puissances partageantes sur les articles du traité par lequel la république devait céder les provinces dont on avait pris possession. Ce traité fut signé à Varsovie le 18 septembre 1773, et fut après ratifié par la diète.

On suspendit la délibération sur quelques articles qui regardaient les souverains et leurs sujets, la constitution de Pologne et des questions délicates sur la diversité des religions; mais nous ne nous occuperons point de ces particularités qui n'ont pasun rapport direct avec notre objet.

Le roi et la république de Pologne cédèrent à l'Autriche, par lettres patentes du 11 septembre 1772, toute la rive droite de la Vistule, depuis les frontières de la Silésie jusque derrière Sendomir, et jusqu'au confluent de la Tar.

Ensuite on tirait une ligne de démarcation par Francopol, Zamosc et Rubieszow jusqu'à la Bug. De là on suivait l'ancienne frontière de la Russie Rouge, derrière cette rivière, qui servait aussi de limite à la Podolie et à la Volhynie, jusque dans le voisinage de Zbarag. Puis là on tirait une ligne le long de la rivière de Podgorge jusqu'à son confluent avec le Dniester; enfin, on suivait l'ancienne frontière de la Moldavie.

Les domaines cédés à l'Autriche par ce traité contenaient treize villes de la Province de Zips, qu'en 1442 Sigismond, roi de Hongrie, avait données en gage aux Polonais; près de la moitié de la Russie Rouge, et une grande partie des provinces de Belet, de la Pocutie et de la Podolie. Les villes du pays de Zips furent rendues à la Hongrie d'où on les avait distraites. Le reste de ce pays, forma des provinces que l'on appela Gallicie et Ludomerie. Ces états étaient d'environ mille trois cents lieues impériales carrées, et contenaient une population de deux millions sept cents mille âmes. Mais l'Autriche eut encore un avantage particulier, en s'emparant des mines de sel de Wieliska, de Bochnia et de Sambor, qui approvisionnaient toute la Pologne. Le traité avec la Russie donnait à cette puissance : le reste de la Livonie polonaise et la partie du palatinat de Polosk située derrière la Dwina ; le palatinat de Witepsk ; de sorte que la Dwina devînt frontière des deux états, et la limite provinciale qui sépare les deux palatinats jusqu'à celui où ceux de Witepsk ; Polosk et Minsk se touchent entre eux. De ce point les limites des deux états furent tracées en droite ligne jusqu'à la source de la rivière de Drujec, dans le voisinage d'Ordowa. On suivit ensuite cette rivière jusqu'à son confluent avec le Dniéper, qui servait pour ligne de démarcation entre le reste de la frontière des deux états.

La Russie, outre la Livonie polonaise, obtint aussi la plus grande partie du palatinat de Witepsk et de celui de Polosk, tout celui de Misislow , et les deux extrémités de celui de Minsk. Toutes ces contrées et ces districts forment actuellement le gouvernement de Polosk et de Mohilow ; l'étendue de ce pays était plus grande que celle des domaines obtenus par l'Autriche ; mais sa populatiou n'excédait guère un million huit cent mille âmes.

A l'exception de la ville de Dantzick, la Prusse obtint toute la Poméranie, le district de la Grande-Pologne, qui se trouvait sur le côté prussien de la Nètre. On suivit cette rivière, depuis les frontières de la Nouvelle-Marche jusqu'à la Vistule près de Fondor et de Solitz, de sorte que la Nètre formait la frontière de la Prusse et lui appartenait. Elle eut en outre le palatinat de Mariembourg, la ville d'Elbe, l'évêché de Warm, et le palatinat de Culm, excepté la ville de Thorn qui, avec ses dépendances, resta à la Pologne.

La partie de ce pays qui ne fut pas démembrée était trop faible en elle-même pour éviter les malheurs nouveaux qui rayèrent bientôt après les Polonais de la liste des nations.

Pendant l'intervalle qui s'écoula entre le premier et le second démembremens, la Russie chercha à s'agrandir. Par la guerre qui s'éleva en 1787, non-seulement elle s'assura la possession de la Crimée et la navigation de la mer Noire; mais encore, par les échecs qu'elle fit éprouver aux Suédois, elle parvint à compléter les lignes de circonvallation qu'elle a tracées depuis un siècle autour de l'Europe.

Au mois de mai 1791, les Polonais voulurent profiter de la guerre qui s'était élevée entre la Porte et la Russie : les hommes sages sentirent les inconvéniens de l'ancien système de gouvernement, et cherchèrent à l'améliorer. On créa une nouvelle constitution qui rendait la couronne héréditaire, et abolissait le *liberum veto*. Quelque défectueuse que fût encore cette nouvelle organisation, cependant c'était un grand perfectionnement. Les puissances copartageantes s'en alarmèrent ; elles exigèrent que l'on rétablît l'ancien système qui leur avait fourni le prétexte de diviser la Pologne, et elles s'opposèrent à ce qu'on leur donnât cette sécurité, qu'elles avaient, disaient-elles, voulu obtenir par leur agression injuste. Les Polonais qui n'étaient point préparés à la guerre, et que les nobles empêchaient encore de combattre, parce qu'ils craignaient de donner des armes aux paysans, furent battus par leurs ennemis, et la Pologne fut anéantie.

Voilà les événemens qui changèrent la face de l'Europe jusqu'aux guerres de la révolution. Le partage de la Pologne fut le dernier acte qui se fit d'après les anciens principes. On est convenu de déplorer la misérable destinée de ce pays ; cependant on ne peut nier que les nobles le tenaient tellement asservi, qu'il a été, pour ainsi dire, tiré de dessous leurs pieds. Si les hommes éclairés d'une nation, anéantissent ses moyens de défense, pour leur propre intérêt mal dirigé, ils ne doivent pas se plaindre qu'on leur ôte un pouvoir dont ils n'ont pas su user avec discrétion.

Le sort de la Pologne n'a pu faire souffrir que l'orgueil national de ceux qui l'habitaient. A la vérité les nobles ont perdu leur indépendance illégale : mais les paysans, même dans la partie russe, sont gouvernés par des lois plus douces que ne l'étaient celles des nobles ; et certainement ceux-ci ne sont pas à plaindre, parce qu'on les a privés des moyens d'exciter plus long-temps le trouble et la discorde dans leur pays.

Nous terminerons notre époque par le partage de la Pologne. La révolution française est si bien connue, et ses principaux détails sont si bien gravés dans la mémoire des hommes, qu'il serait superflu de la rappeler ici. Nous nous occuperons donc dans le prochain chapitre de tirer des conséquences du tableau que nous venons de tracer, et de faire sentir les défauts qui existent dans le système politique de l'Europe ; et, quoique les moyens que nous proposerons pour les faire disparaître ne soient pas d'une exécution facile, nous démontrerons cependant qu'il faut y recourir, ou renoncer à l'espoir de voir s'améliorer un jour la politique des nations.

CONCLUSION.

Je me doute bien d'abord que ce projet sera regardé comme une de ces magnifiques chimères, de ces oisives spéculations politiques auxquelles se livre un esprit ami des idées singulières. Ceux qui en jugeront ainsi ne peuvent être que cette sorte de gens à qui la première impression d'une imagination prévenue tient lieu de règle, ou ceux à qui l'éloignement des temps et l'ignorance des circonstances feront confondre la plus sage et la plus noble des entreprises avec ces capricieux projets dont on a vu de tout temps se repaître les princes entêtés de leur pouvoir.

MÉMOIRES DE SULLY, liv. XXX.

Le lecteur, qui a eu la patience de lire avec attention ce qui précède, doit prévoir déjà les conséquences qui vont suivre. Nous avons cherché à faire voir ce qu'il y a de défectueux dans le système politique de l'Europe. Cette masse compliquée, fruit indigeste d'une foule de circonstances fortuites, est parvenue jusqu'à notre âge avec tous ses défauts, sans que la prudence ou le génie de quelque homme d'état ait cherché à l'améliorer. Si donc jamais quelques-uns des membres puissans de la confédération européenne cherchaient à rémédier à ses vices, il est évident qu'il faudrait se garder de suivre la route qui a été tracée jusqu'ici, et anéantir un système politique qui se ressent encore de la barbarie de son origine, et qui doit produire, comme il l'a déjà fait, de funestes résultats.

Nous avons vu les réclamations qui ont été élevées dans tous les siècles pour disputer la légitimité des droits de ceux qui sont en possession du territoire de l'Europe; nous avous vu ce mélange confus de droits acquis par l'épée et de droits fondés sur les lois. Nous avons vu des pays conquis par la force des armes, d'autres hypothéqués pour de l'argent, d'autres séparés du corps politique auquel ils appartenaient pour devenir l'apanage de quelque cadet de famille; une série de dotations et de lettres patentes est encore venue augmenter la confusion, et créer une foule d'intérêts opposés et incompatibles entre eux. Des discussions interminables se sont élevées et ont empêché des sociétés nombreuses de prendre les formes politiques qui pouvaient convenir le mieux à leur situation géographique et leurs intérêts relatifs. D'autres fois nous avons vu des masses considérables de territoire, lors de l'extinction d'une famille régnante, passer sous une domination étrangère, et quelquefois consolider un système, en donnant une force convenable à des royaumes voisins; mais quelquefois aussi bouleverser l'équilibre établi, détruire toutes les relations existantes, et désoler le continent par une suite de guerres désastreuses.

Si maintenant nous venons à considérer l'état actuel de l'Europe, nous ne pouvons nous dissimuler que les causes qui ont produit les funestes effets dont nous venons de parler existent encore dans toute leur force, et peuvent donner un jour les mêmes résultats. Nous pouvons craindre que quelque puissance colossale ne s'élève sur les ruines d'une autre, et n'épuise encore les nations de l'Europe par des guerres longues et sanglantes. L'exemple de la France nous a donné une leçon, et il est assez récent pour que nous y fassions attention. Il suffit de jeter les yeux sur une carte d'Europe du temps de l'empire français pour voir ce qui facilita les succès de Bonaparte. Ce fut d'abord l'état de bouleversement de l'Italie; en second lieu, la formation de la confédération du Rhin ; et enfin, tous ces petits états faibles, que leur défaut d'union rendit incapables de lui résister, et qui devinrent conséquemment ses alliés, ou pour mieux dire ses vassaux. « Les Cananéens » furent détruits, nous dit Montesquieu (1),

(1) Esprit des Lois, liv. 9, chap. 2.

» parce que c'étaient de petites monarchies qui » ne s'étaient pas confédérées, et qui ne se » défendirent pas en commun. C'est que la » nature des petites monarchies n'est pas la » confédération. La république fédérative d'Al- » lemagne est composée de villes libres et de » petits états soumis à des princes. L'expé- » rience fait voir qu'elle est plus imparfaite que » celles de Hollande et de Suisse. »

Le congrès de Vienne a pourtant tout rétabli sans aucune amélioration sensible. La confédération du Rhin est dissoute, mais ses matériaux restent, et l'Italie a changé de maîtres sans changer de sort. Si dans ce momient-ci il n'y a pas lieu de craindre qu'une armée française envahisse l'Italie, c'est parce que toute cette contrée est entièrement soumise à la domination de l'Autriche; car, de quelque nature que l'on suppose les relations des cabinets de Vienne et de Naples, il est clair que l'un doit exercer sur l'autre une puissante influence. Cette influence sera-t-elle de longue durée? donnera-t-elle plus de pouvoir à l'Autriche, et plus de sécurité à l'Italie? C'est ce que l'histoire du temps à venir nous apprendra.

L'électeur de Hanovre a obtenu le titre de roi; il a augmenté ses misérables et tristes plaines sablonneuses d'une ou de deux provinces qui n'ajoutent rien à son pouvoir. Si jamais la maison de Brandebourg allait partager le sort de la Pologne, et se trouvait forcée de céder aux Russes la Prusse orientale et occidentale, ce que ceux-ci peuvent exiger d'un moment à l'autre pour la moindre faute du cabinet de Berlin à leur égard, on créerait alors un autre prince pour les pays de la rive occidentale de l'Elbe, et toute cette partie de l'Europe deviendrait la plus faible et la plus ouverte aux agressions de l'étranger. Au milieu de tous les maux produits par les divisions d'un pays entre plusieurs petits princes on remarque surtout que ces courageux monarques sont toujours prêts à marcher avec le plus fort dans un pays conquis; mais que si quelque puissance supérieure vient à se présenter, ils s'enfuient tous à tire-d'aile, comme une bande de corbeaux et de vautours qui, acharnés à un cadavre, aperçoivent de loin le fusil du chasseur.

Dans les différentes époques que nous avons parcourues, nous avons toujours vu que la confédération germanique était trop faible pour empêcher les étrangers de s'immiscer dans sa politique intérieure. On a donc lieu d'être étonné que les leçons de l'histoire n'aient pas fait plus d'impression sur ceux qui sont à la tête des affaires publiques, et qui tous les jours s'occupent fastueusement dans des congrès d'assurer la paix et la tranquillité du monde. Comment est-il possible qu'ils ne sentent pas les inconvéniens de la souveraineté féodale de l'empereur sur les princes de l'Allemagne? Cependant, depuis les guerres de la révolution, qui ont désuni les liens qui étaient évidemment la cause du mal, on ne peut plus prétendre qu'il est impossible de faire disparaître les autres défauts du système européen.

La féodalité sert à diviser les états sans suivre aucune règle d'équilibre; un accident, un caprice, les chances de la guerre, les événemens dans les familles, tout concourt encore à embrouiller ce chaos. Il en est résulté une suite interminable d'altercations et de traités qui se succèdent rapidement, mais sans que les intérêts de pays entrent pour rien dans leur confection. Aujourd'hui, des frontières de la Hollande aux rives de l'Elbe, des villes et des districts sont divisés en petits états particuliers; l'esprit national s'est éteint parmi les habitans; chaque partie est faible en elle-même, et sa forme l'expose à des changemens et à des contestations continuelles. Elle ne peut être utile ni à elle, ni aux autres; mais elle doit plier aux moindres tempêtes politiques qui agitent notre globe.

Si tous ces petits états ne présentaient pas un théâtre si favorable pour la guerre, les souverains puissans se verraient forcés d'attaquer le territoire de souverains aussi puissans qu'eux; et alors non-seulement le système européen serait mieux établi, mais encore la diversité des intérêts opposés serait moins grande, et ne produirait plus les arrangemens bizarres qui ont été jusqu'ici le résultat des traités. Les états de l'Europe, devenus plus solides et plus fermes, seraient moins exposés à être anéantis par un choc imprévu; et, quelque grands que seraient les différens qui pourraient s'élever, il serait si difficile de rien gagner par la force que les négociations prendraient un caractère plus sérieux et plus tranquille.

Ce sont les raisons que nous venons d'énumérer qui nous font penser que le traité conclu à Vienne ne durera pas plus que n'a duré le traité d'Utrecht. Il n'est pas très-probable que les remèdes que nous proposons soient pris en considération; mais, en attendant qu'un congrès général de toutes les puissances de l'Europe s'occupe des causes qui l'ont si souvent troublée, supposons que l'état de choses actuel continue à subsister. Les occasions fréquentes que la Russie aura de s'immiscer dans les affaires de l'Allemagne confirmeront nos raisonnemens à l'égard de ce pays. La nouvelle confédération, malgré l'abolition des investitures féodales et de la suprématie de l'empereur, a conservé une grande partie des défauts que l'ancienne avait au traité de Westphalie; et il s'y en est joint encore de nouveaux. Le corps amphictyonique qui siége maintenant à Francfort, n'a pas le pouvoir de faire exécuter ses décrets; l'empereur, qui n'a que quatre voix, jette cependant tout le monde dans la défiance, et l'intervention des étrangers est aussi à craindre que jamais. Si les discussions regardent la France, le théâtre de la guerre sera l'Italie et le haut Rhin; si c'est la Russie, c'est dans la Saxe et dans la Silésie que l'on se battra; et alors la Prusse deviendra l'instrument ou la victime de l'ambition du cabinet de Saint-Pétersbourg.

Quand un petit espace de pays est occupé par un nombre considérable de princes dont les possessions se croisent et se confondent, il est difficile qu'il puisse résister à un grand corps politique uniforme. La Hollande, le pays d'Oldembourg, Cologne, Trèves, Mentz, Hesse-

Cassel, le Hanovre, la Saxe, les duchés de Brunswick et d'Osnabrug, réunis en un seul royaume avec les Pays-Bas, formeraient peut-être une puissance capable de s'opposer aux invasions des Français ; mais, divisés, tous ces pays ne peuvent que se soumettre.

La postérité aura lieu sans doute de s'étonner qu'après que des dangers imminens eurent menacé la liberté de l'Europe, et que les défauts de son équilibre eurent été manifestés par l'expérience, les monarques des principales puissances réunis en congrès n'aient pas anéanti les causes d'un mal dont les suites funestes étaient encore sous leurs yeux, et n'aient pris aucune précaution pour s'en garantir dans la suite. Que le lecteur examine la carte de l'Europe d'après les derniers traités; qu'il pèse les considérations que nous lui avons soumises dans notre quatrième époque; qu'il les applique à cette carte, et qu'il se demande s'il y a lieu d'espérer que le traité de Vienne puisse durer un instant de plus que tous ceux qui l'ont précédé. Il est vrai que les tumultueuses assemblées de la Pologne n'auront plus de roi à élire; mais ce pays appartient presqu'en entier à la Russie, et le trône de Pologne, maintenant héréditaire, a toutes les ressources des vastes contrées qui se trouvent derrière lui.

Il est vrai que ces contrées sont en arrière de la civilisation, du luxe et des richesses de tous les autres pays de l'Europe; mais elles ont des hommes et des armes, et avec cela il est bien facile d'avoir le reste.

Les intérêts du monde civilisé sont de défendre et de conserver les avantages dont il jouit; et pour cela, il faut augmenter sa force en unissant ses parties, et veiller aux mouvemens de la Russie pour empêcher ses empiétemens ultérieurs. La portion de la Pologne qu'elle a acquise par le traité de Vienne, aux dépens de l'Autriche et de la Prusse, met entièrement à sa disposition cette dernière puissance. La séparation de la Prusse et de la Silésie par le duché de Varsovie anéantit les frontières de ce pays. Dans le Nord, la Finlande jusqu'au golfe de Bosnie est soumise au maître de la Pologne. Ainsi donc, au résultat, c'est la Prusse et l'Autriche qui ont perdu par la destruction de l'indépendance des Polonais.

Il existe maintenant quatre grandes puissances : la France, l'Angleterre, la Russie et l'Autriche.

La Prusse et la masse scandinave dans le nord, la Turquie et l'Espagne dans le midi, ne sont que des puissances secondaires. Tous les autres petits états ne sont que des rouages qui ne font que compliquer et embarrasser la marche de la machine politique.

L'Europe doit devenir un jour la victime de ses révolutions intérieures si quelques souverains ne prennent pas le parti de les prévenir. L'Autriche, la Prusse, la France et l'Angleterre doivent donc s'unir pour cet objet. Les princes doivent mettre de côté tout sentiment de jalousie, et concourir ensemble à faire dans l'Europe un partage géographique et politique qui puisse avoir d'heureux résultats, et se faire franchement l'abandon réciproque des droits que chacune des parties pourrait avoir sur les possessions d'un autre. On pourrait former un royaume considérable avec la Hollande et les Pays-Bas, qui se prolongerait le long de la frontière française jusqu'à Landau ou Philisbourg sur le Rhin, qui suivrait de là une ligne droite jusqu'à Bamberg, en traversant le duché de Wurtzbourg, qui s'étendrait ensuite entre Cobourg et Culmbac, en suivant la chaîne des montagnes de la Bohême jusqu'à Teschen; et qui enfin de là continuerait de suivre la rive droite de l'Elbe jusqu'à la mer.

Il faudrait donner à l'empereur tout le midi de l'Allemagne, et le Rhin pour limite jusqu'à

Bâle. De Bâle toute la partie orientale, le Tyrol la Carinthie, la Carniole, la Croatie, l'Esclavonie, en suivant la rive droite de la Save jusqu'à sa jonction avec le Danube à Belgrade. On suivrait la rive droite du Danube jusqu'au Pont-Euxin ; il faudrait y joindre la Valachie, et la Moldavie, dont les montagnes compléteraient sa frontière.

Il faudrait donner à la Prusse depuis la rive droite de l'Elbe jusqu'à l'extrémité sud-est de la Gallicie inclusivement. On lui donnerait au nord jusqu'au duché de Varsovie, de manière à en faire le boulevard de l'Europe contre les incursions des Scythes.

Il faudrait ne faire de l'Italie qu'un seul royaume, et donner le trône à la maison de Naples ou à la maison de Savoie. On donnerait à la famille dépossédée la Sicile et la Sardaigne.

Il faudrait ajouter à la France le reste de la Savoie, le canton de Genève et le comté de Nice.

Le lecteur sera peut-être étonné de l'étendue de pays que nous donnons à la maison d'Autriche ; mais si ce plan s'exécutait, cette puissance serait à peine encore assez forte pour résister à la Russie. Il faut aussi se rappeler que dans notre partage l'Autriche n'a que très-peu de côtes, et que les richesses d'un pays privé des ressources du commerce maritime sont toujours inférieures à celles d'un pays qui jouit de cet avantage. Les puissances maritimes peuvent agir sur toutes les parties du globe; et les puissances de terre ne peuvent s'occuper que de leurs voisins : leur étendue et leurs ressources sont donc bien moins à redouter.

Ce qui pourrait s'opposer à la réunion de l'Italie serait l'embarras de se défaire du pape. Comme les états catholiques le regardent comme le chef suprême de l'église, quand même on le priverait de son pouvoir temporel, il faudrait bien le placer quelque part. On pourrait l'établir dans les domaines d'un prince ou d'un autre, dont il deviendrait alors le sujet. Mais, dans ce cas, les autres états catholiques se trouveraient gouvernés, quant aux affaires spirituelles, par un homme qui serait peut-être sous la dépendance de leur rival ou de leur ennemi : c'est pour cette raison qu'on a donné au pape un pouvoir temporel. Mais, sous ce rapport, pourvu que le pontife réside dans un territoire dont il soit le maître, et où il soit absolument indépendant, l'étendue de ses domaines est de peu d'importance pour sa considération; il suffit qu'il puisse rester neutre entre les parties, qui seront d'accord pour le maintenir dans ses domaines. Si l'on admet ces raisonnemens, Majorque, Minorque et Ivica pourraient devenir son partage, et ces îles seraient alors la terre sainte de l'Europe. C'est ainsi que les états de la Grèce avaient destiné Délos pour être le point central de leur religion ; et l'Europe chrétienne ne saurait mieux faire que de disposer des îles Baléares pour une aussi pieuse destination.

Il faudrait avec le Danemarck, la Suède et la Norwége, former ce qu'on pourrait appeler le royaume de Scandinavie : le reste l'Europe resterait dans l'état où il se trouve actuellement.

Ce serait vainement que l'on chercherait à nier l'origine d'une foule de guerres désastreuses qui ont eu pour cause des disputes de succession. Les annales des royaumes de l'Europe, la Turquie exceptée, en sont remplies. Le mariages entre les maisons régnantes sont une des sources les plus fécondes de ces calamités. Il serait donc à désirer que tous les souverains de l'Europe s'engageassent de la manière la plus formelle à empêcher tous ces mariages à l'avenir. Il faudrait que l'on isolât le plus possible chaque état, et que chaque maison royale se pourvût d'héritiers sans troubler la tranquillité du monde.

La conduite des Turcs, qui donnent à leurs souverains des femmes géorgiennes et circassiennes, est peut-être la plus sage, quoiqu'elle paraisse répugner à nos mœurs européennes. Il faut cependant convenir que cet usage a servi à conserver l'empire ottoman. Si les sultans avaient épousé des princesses d'Europe, des disputes, comme il s'en est élevé dans tous les états de l'Europe, se seraient élevées pour la succession; et il n'y a pas de doute que quelques petits princes d'Allemagne seraient devenus renégats pour monter sur le trône de Constantinople. Quelque bizarre que paraisse cette réflexion, elle est pourtant juste; et c'est un des exemples, rares à la vérité, de la supériorité de la législation musulmane sur la législation européenne. Jamais on n'entend parler dans leur histoire de réclamations élevées par des cousins, des nièces et des petites-filles.

Les princes de l'Europe pourraient peut-être trouver moyen de perpétuer leur race sans acheter des femmes esclaves, et sans signer avec un contrat de mariage le *kati sherif* d'un millier de leurs créatures. Mais nous reprochons aux sultans d'étrangler trois ou quatre de leurs frères pour s'assurer le trône, et nous ne reprochons pas aux sultans européens le sang de tant d'hommes versé pour des alliances étrangères.

Nous avons déjà fait remarquer les avantages de la loi salique. A l'extinction de la dynastie capétienne, lorsque Édouard III d'Angleterre réclama le trône de France, aux droits de sa mère Isabelle, sœur de Charles IV, on voulut contester cette disposition fondamentale de la monarchie française. Henri V et son fils eurent bien quelques possessions en France ; mais bientôt tous les Anglais furent chassés de ce pays. Depuis ce temps la loi salique a toujours sauvé la couronne de toute espèce de discussion.

Il est étonnant que les autres royaumes de l'Europe n'aient pas remarqué les heureux effets de cette loi, et que pas un ne l'ait adoptée. Si elle eût été en vigueur avant la fin du 17e. siècle, on aurait détourné trois guerres de succession. On aurait peut-être ajouté aux difficultés qu'éprouva l'établissement de la pragmatique sanction ; mais à l'extinction de la dynastie de Hapsburg, comme les femmes eussent été exclues, Charles de Lorraine eût succédé au trône, ainsi que l'ont fait en France les premiers fondateurs des dynasties.

Si la loi salique, modifiée par certaines circonstances, devenait une disposition fondamentale pour tous les états monarchiques, elle serait, avec le système de partage dont nous avons parlé, une des bases les plus solides du traité général d'union que nous proposons pour le repos et la sécurité du continent, traité qui nous semble indispensable si l'on veut que la tranquillité de l'Europe ne soit pas interrompue.

Apportons un exemple à l'appui de ces réflexions. Supposons pour un moment que la famille régnante en Angleterre vienne à s'éteindre, les princes de Savoie réclameraient comme descendans de la fille de Jacques Ier., et les rois de Danemarck comme descendans de de la sœur de Georges III.

Si l'on admettait les prétentions de la première de ces maisons, comment concilier les intérêts opposés du Hanovre, de l'Angleterre et de la Savoie, réunis sur une seule tête? Quelquefois ce dernier état, craignant l'Autriche, s'allie à la France; quelquefois, par la crainte de la France, il s'allie à l'Autriche. Le roi d'Angleterre, devenu alors portier des Alpes, serait obligé d'épuiser toutes les ressources de la Grande-Bretagne, pour soutenir ce pouvoir chancelant. La France et l'Autriche ne manqueraient pas de s'unir pour s'emparer des possessions anglaises en Italie. Il en résulterait de nouvelles guerres en Lombardie entre les deux puissances qui se disputeraient le pouvoir dans la péninsule.

Si l'on admettait les prétentions des princes du Danemarck, comment pourraient-ils accroître les forces de l'Angleterre ? Ils l'entraîneraient, au contraire, dans toutes les discussions qui pourraient avoir lieu entre les puissances du Nord; le Hanovre serait peut-être compromis, et toutes ces disputes ouvriraient un champ plus vaste à l'ambition de la Russie.

Il résulte donc de ce qui précède que l'on ne peut établir un système politique durable, si l'on ne combine pas les états de l'Europe de manière à ce que chacun n'ait besoin que de ses propres forces pour se soutenir, et si par des lois irrévocables on n'exclut pas des successions tous les princes étrangers. Il nous semble difficile, pour ne pas dire impossible, de fonder le droit public sur des bases autres que celles que nous venons d'exposer. Il est difficile de se refuser à reconnaître la nécessité d'asseoir sur d'autres principes l'état du monde civilisé, quand on vient à considérer à quelles irruptions et à quel concours bizarre de circonstances il doit sa forme et ses relations actuelles. Les grandes puissances de l'Europe peuvent, sans l'assistance de la Russie, faire tout ce qu'elles jugeront utile, si elles sont bien d'accord sur les déterminations qu'elles veulent prendre.

Les souverains ne doivent-ils pas sentir qu'en agissant de concert pour se diviser entre eux tout le continent, et pour fixer les bornes irrévocables de leurs états, ils retireraient beaucoup plus d'avantages qu'ils ne s'en procurent en se déchirant mutuellement. Alors tous pourraient s'assurer dans leurs possessions une existence et un gouvernement indépendans; ils pourraient affermir à jamais la sécurité et la paix de leur pays, donner des encouragemens et de l'accroissement à la prospérité nationale, se faire respecter au dehors par leur conduite politique; et, soutenus par l'esprit public de leurs peuples, venger s'il le fallait leurs droits outragés : ils pourraient enfin assurer à la fois l'inviolabilité de leur pays et de la constitution qui le régirait. Les successions ne fomenteraient plus de nouvelles discordes, puisque chaque maison régnante serait indépendante et sans liaison avec les autres familles souveraines. Si malheureusement quelques guerres civiles venaient à éclater, le pouvoir exécutif suffirait peut-être pour les comprimer; mais si elles devenaient dangereuses, elles seraient facilement étouffées par les puissances voisines. Si quelques différends venaient à s'élever par rapport aux relations commerciales, ils se videraient sur mer, ou ils seraient apaisés dans les cabinets.

C'est sans doute une chimère que de chercher à abolir entièrement la guerre; mais au moins tous les traités entre les nations ont eu pour objet de diminuer les causes qui la font naître. Il est donc important de rechercher quels sont les moyens les plus probables de parvenir à ce but. Ce serait déjà un grand point de gagné que d'empêcher les nations de l'Europe de se faire la guerre entre elles, quand même elles devraient aller porter ailleurs tous les maux qui accompagnent et qui suivent ce fléau de la société. Les progrès de la civilisation seraient pour les peuples qui en deviendraient les victimes une compensation des malheurs que les Européens pourraient leur causer. La Turquie, l'Égypte, la Perse et la côte septentrionale de l'Afrique, seraient alors le théâtre de la guerre; et, au lieu de dévaster l'intérieur de l'Europe, les armées colonisées iraient servir à répandre le perfectionnement et les lumières sur toute la surface de la terre.

La côte d'Afrique, depuis le détroit de Gibraltar jusqu'aux bouches du Nil, fit autrefois partie du monde civilisé. Que les nations de l'Europe, au lieu de se disputer un pouce ou deux de terre, considèrent ces bandes grossières de Turcs et de Tatars qui, depuis trois siècles, souillent le berceau des sciences et des arts. Le noble et beau pays de la Grèce et l'antique et fertile Égypte gémissent sous le joug féroce de ces despotes stupides. Le fanatisme et l'ignorance les empêchent de repousser un fléau qui dévore la plupart d'entre eux et qui menace continuellement les nations avec lesquelles ils communiquent (1), et pourtant depuis trois cents ans, grâces à nos discordes, ils nous importunent de leur dangereux voisinage.

Que l'on regarde quelle immense étendue de terrain se trouve entre la pointe méridionale de la Grèce et la rive droite du Danube. Ce pays avec toutes les îles qui l'avoisinent ne suffirait-il pas pour indemniser tous les princes qui auraient à souffrir du plan de partage que

---

(2) Quelques symptômes de peste viennent de se manifester à Venise dans le courant de décembre 1818.

nous proposons. Les immenses plages de l'Afrique septentrionale n'offrent-elles pas des ressources et une perspective séduisante à une nation que son esprit ou sa population forcerait de coloniser? Quand on considère les rapides progrès des Américains et les établissemens nombreux que chaque jour ils forment sur le nouveau continent, et qu'on reporte ensuite ses regards sur l'Europe où l'on trouve des peuples resserrés dans des limites étroites qui les circonscrivent, on ne peut s'empêcher de plaindre la petitesse des vues de ceux dont la politique pitoyable se borne à des subterfuges ridicules dans leurs mutuelles relations.

Si les souverains de l'Autriche, de la France, de l'Angleterre et de la Prussse, voulaient fortement se réunir pour exécuter le plan que nous proposons, et que l'on pourrait sans doute corriger et améliorer, il n'y a pas de doute que la Russie même, avec ses milliers de Cosaques, ne pourrait pas s'opposer à cette entreprise.

Il est vrai que quelques princes se trouveraient privés de leurs domaines. On pourrait indemniser avec les pays dont nous avons parlé, ceux qui auraient perdu des états considérables, tels que la Bavière, le Wurtemberg, les principautés de Hesse-Cassel, de Darmstadt et quelques autres. Mais quant au reste des petits souverains de l'Allemagne, il faudrait qu'ils se contentassent de prendre les premiers rangs dans une monarchie. Il faudrait se résoudre à leur faire perdre leur suprématie et leur *Jus de non appellando*, le droit de faire frapper pour quelques sous d'une mauvaise monnaie; et enfin celui de commander un corps d'armée de douze ou quatorze soldats. Mais aussi il jouiraient de leurs revenus avec plus de sécurité et n'auraient pas à soutenir le faste d'une ridicule grandeur.

On sait que Henri IV avait conçu un projet pour assurer la tranquillité du monde; mais il avait beaucoup d'obstacles à combattre. Il lui fallait d'abord le consentement d'un trop grand nombre de princes; en second lieu, des forces militaires trop considérables pour mettre son projet à exécution; et il avait divisé l'Europe en un trop grand nombre d'états pour que la paix eût pu être de longue durée.

Il la partageait de cette manière : six grandes monarchies héréditaires; la France, l'Espagne, l'Angleterre, le Danemarck, la Suède et la

Lombardie. Cinq monarchies électives : l'Empire ; la Papauté, la Pologne, la Hongrie et la Bohème. Enfin quatre républiques : Venise, l'Italie ducale, la Suisse et la Hollande.

Tous ces états devaient se soumettre à un conseil amphictyonique qui aurait jugé leurs différens ; mais on n'avait pas avisé aux moyens de faire exécuter les décrets de ce conseil car, si on lui eût donné la force, il se serait alors trouvé en état de faire la loi aux souverains de qui il tenait ses pouvoirs. Pour bien concevoir ce plan, il faut lire avec attention le troisième volume des mémoires de Sully ; mais, pour peu qu'on ait médité le contenu de notre ouvrage, il est facile de prévoir la difficulté de l'exécution du plan de Henri IV, ou au moins le peu de probabilité d'un heureux résultat.

On peut cependant tirer de là une conséquence : si Henri se fût occupé de cet objet, et s'il eût pu entraîner la reine Élisabeth, et tant d'autres souverains, dans cette entreprise dans un temps où il était privé des moyens que nous avons à notre disposition, combien cela ne serait-il pas maintenant plus facile pour nous, si les gouvernemens de l'Europe avaient senti assez fortement les imperfections du système politique, pour chercher à l'améliorer par le moyen des partages. Si on avait pu espérer alors engager tant de personnes différentes à l'exécution d'un plan aussi vaste et aussi difficile, combien ne serait-il pas maintenant plus aisé d'unir pour le même but cinq des plus grandes puissances du monde, et de les porter à diviser l'Europe d'après des principes beaucoup plus simples, et qui promettent de bien plus heureuses suites.

Quelques personnes viendront peut-être crier à l'injustice; mais nous les prions d'abord de remonter aux sources du pouvoir de la plupart des maisons régnantes de l'Europe, et de nous dire si elles sont parfaitement pures. Nous leur demanderons ensuite si ce n'est pas écouter la voix de la justice que de chercher à arrêter les flots de sang qui coulent chaque jour sans nécessité, en établissant le système international de l'Europe sur des principes plus satisfaisans. Qu'ils réfutent donc cette haute maxime politique, *Salus populi suprema lex esto*. Ils veulent soutenir la cause des princes qui n'ont pas les moyens de remplir les conditions qui leur sont imposées dans le contrat tacite formé entre eux et leurs peuples, et qui ne peuvent donner à leurs sujets la protection qu'ils leur doivent, en retour du tribut de respect et d'obéissance que ceux-ci sont forcés de leur payer ; mais nous pouvons faire valoir un argument plus décisif en faveur de notre système. Nous demanderons à nos adversaires qui réclament à grands cris les principes de morale auxquels ils veulent nous astreindre ; nous leur demanderons, dis-je, pourquoi au dernier traité de Vienne on a donné à la Russie le duché de Varsovie et la moitié de la Gallicie ? Pourquoi on a enlevé au roi de Saxe la moitié de ses états? Pourquoi on a donné arbitrairement au roi de Prusse et au duc de Darmstadt, les électorats ecclésiastiques de Metz, de Cologne et de Trèves? Pourquoi on a sacrifié au roi de Sardaigne et à l'empereur l'indépendance des républiques de Gênes et de Venise? Pourquoi on a livré la Norwége à la Suède ? Pourquoi on a donné la Poméranie au roi de Prusse. Si on a pu faire tous ces changemens dans l'intérêt des princes, et point du tout dans celui de la justice ou de la tranquillité de l'Europe, comment se ferait-on un scrupule d'exécuter nos projets?

La justice et la morale ont autant à faire ici que dans une question de physique, de chimie ou d'architecture : jamais elles n'ont dirigé les opérations d'un congrès. Si donc les inconvéniens d'une division se font généralement sentir, et si les hommes sages pensent que l'on doit les corriger, il n'y a pas à consulter la justice; et cependant ne peut-on pas dire que sous un point de vue plus élevé, cette même justice exige que l'on mette de côté toute considération particulière, pour faire quelque chose en faveur du bien général. On doit toujours négliger les intérêts secondaires quand il s'agit d'un intérêt majeur; mais il nous semble inutile d'insister davantage sur cette proposition dont la vérité est évidente, et qu'une foule d'argumens, que nous abandonnons à la sagacité du lecteur, viendraient soutenir encore s'il en était besoin. Les princes en appellent toujours au patriotisme, à l'amour et à l'esprit public de leurs sujets; mais si c'est la vertu et le devoir dans les peuples d'aimer leur roi et leur pays, la vertu et le devoir d'un roi n'est pas moins de veiller aux intérêts généraux de son empire, qui sont intimement liés avec ceux des états voisins; car l'intérêt bien entendu d'une nation ne peut être séparé de celui des autres; et un roi qui est véritablement le père de son peuple doit être le bienfaiteur de tous les hommes.

L'Angleterre a possédé pendant quelque temps diverses provinces françaises, qui conséquemment étaient séparées du corps de la Grande-Bretagne, quoiqu'elles appartinssent à son roi. Aussitôt que la monarchie française, long-temps affaiblie par la division du royaume en grands fiefs, se fut affermie, le principe simplifiant concentra la puissance des rois de France, et les provinces retournèrent à leurs maîtres légitimes : il en sera de même du Hanovre. L'Angleterre perdra infailliblement ce pays, si l'Allemagne vient à se consolider; à moins qu'avant tout cela la Russie ne culbute le système européen.

L'abbé de Pradt a tracé un tableau de ce dernier empire avec beaucoup de vérité : c'est la partie la plus intéressante de l'ouvrage qu'il a publié sur le congrès de Vienne. Il y a beaucoup de choses justes dans ce livre; mais il paraît écrit avec trop d'emportement, et l'on voit que l'auteur parle aux passions des hommes plutôt que de parler à leur raison. Plusieurs écrivains cherchent à imiter le style de Rousseau et ils affectent d'être très-profonds en cherchant à *saisir un aperçu*; mais on ne doit pas oublier qu'en politique c'est l'histoire que l'on doit prendre pour base de ses raisonnemens. Si l'on ôtait de l'ouvrage de M. de Pradt toutes les déclamations qu'il contient, on pourrait réduire ses deux volumes à un très-petit livre qui n'aurait ni l'étenduè, ni les développemens, ni la profondeur que demandait son sujet.

Nous devons cependant rendre justice à la manière dont cet auteur a envisagé la Russie. Une nation aussi barbare, commandée par des chefs civilisés et habitant des régions glacées et stériles, doit, comme il l'observe très-bien, avoir naturellement une tendance à émigrer vers des parties de la terre plus favorisées de la nature. On peut ajouter encore que tel est l'état des hordes du Nord, que la guerre est inhérente à leurs habitudes et à leur situation. Si la Russie n'avait pas des vues sur l'Ouest; si elle ne cherchait pas à devenir l'arbitre suprême de l'Europe, elle ne se serait pas emparée de la Finlande et la de Pologne. Si elle n'avait que des richesses en vue, elle pouvait en trouver de beaucoup plus considérables du côté de l'Orient.

Les Russes sont maintenant placés de manière à s'immiscer à la fois dans les affaires de la Suède, de la Prusse, de l'Autriche et de la

Turquie. La division de l'Allemagne en une multitude de petits états, qui recherchent toujours l'appui du plus fort, a tout préparé pour elle dans cette partie de l'Europe. M. l'abbé de Pradt a encore observé avec bien de la raison que, tandis que les diplomates du congrès de Vienne ont pris tant de précautions contre la France, il semble qu'ils n'ont pas aperçu ou qu'ils ont méconnu le danger de l'immense empire russe, qui chaque jour s'accroît encore.

Nous n'avons pas voulu dogmatiser en écrivant ce livre, et nous avons toujours pris soin de nous appuyer sur des faits historiques. Les conclusions que nous avons tirées de ces faits nous paraissent justes; mais au reste le lecteur peut tirer comme nous, à son tour, les conséquences qui lui paraîtront naturelles.

Les principes de cet ouvrage déplairont peut-être à beaucoup de lecteurs, et sans doute on y découvrira des erreurs qui, nous l'espérons, seront corrigées; mais, quel que soit le sort qui l'attende dans l'opinion publique, du moins nous croyons avoir prouvé d'une manière incontestable qu'il existe des imperfections choquantes dans le système de l'Europe. Si nous n'avons pas traité le sujet d'une manière satisfaisante pour tout le monde, nous avons peut-être du moins émis quelques vues qui, partagées, développées et mises en pratique par des politiques plus habiles, pourront peut-être un jour tourner à l'avantage du bien général.

FIN.

TABLE.

FIN DE LA TABLE.

www.ingramcontent.com/pod-product-compliance
Ingram Content Group UK Ltd.
Pitfield, Milton Keynes, MK11 3LW, UK
UKHW012151240726
13966UKWH00002B/262

9 782012 392625